ERI 독해가

문해력 이다

3단계 기본

초등 3 ~ 4학년 권장

KB196711

교 재
내 용   교재 내용 문의는 EBS 초등사이트
문 의   (primary.ebs.co.kr)의 교재 Q&A 서비스를
           활용하시기 바랍니다.

교 재
정 오 표   발행 이후 발견된 정오 사항을 EBS 초등사이트
공 지   정오표 코너에서 알려 드립니다.
           교재 검색 → 교재 선택 → 정오표

교 재
정 정   공지된 정오 내용 외에 발견된 정오 사항이
신 청   있다면 EBS 초등사이트를 통해 알려 주세요.
           교재 검색 → 교재 선택 → 교재 Q&A

평생을 살아가는 힘,
문해력을 키워 주세요!

문해력을 가장 잘 아는 EBS가 만든 문해력 시리즈

예비 초등 ~ 중학

문해력을 이루는 핵심 분야별 / 학습 단계별 교재

| 어휘 | 쓰기 | ERI 독해 | 배경지식 | 디지털독해 |

우리 아이의 **문해력 수준은?**

더욱 효과적인 문해력 학습을 위한
EBS 문해력 진단 테스트

https://primary.ebs.co.kr/course/literacy

간단하게 문해력 수준을 확인하고
권장 단계에 맞추어 체계적 학습을 시작하세요!

NEW

등급으로 확인하는
문해력 수준

문해력
등급 평가

초1 - 중1

ERI 독해가

문해력
이다

3단계 기본

초등 3 ~ 4학년 권장

교과서를 혼자 읽지 못하는 우리 아이?
평생을 살아가는 힘, '문해력'을 키워 주세요!

'ERI 독해가 문해력이다'
독해 학습으로 문해력 키우기

**학습 수준에 따라
체계적인 독해 학습이 가능합니다.**

단순히 많은 글을 읽고 문제를 푸는 것만으로는 문해력이 늘지 않습니다.
쉬운 글부터 어려운 글까지, 글의 난이도에 따라 체계적인 단계 학습이 가능하도록 구성하였습니다.

**특허받은 독해 능력 수치 산출 프로그램(특허 번호 제10-2309633)을 통해
과학적으로 구성하였습니다.**

EBS가 전국 문해력 전문가, 이화여대 산학협력단과 공동 개발한 ERI(EBS Reading Index) 지수에 따라 과학적인 독해 학습이 가능합니다.

**다양한 교과의 핵심 개념과 소재를 반영한
학년별 2권×4주 학습으로 풍부한 독해 훈련이 가능합니다.**

독해의 3대 요소인 '낱말', '문장', '배경지식'의 수준을 고려하여 기본, 심화 단계로 구성하였습니다.
인문, 사회, 과학, 예술 영역 교과의 핵심 개념과 소재를 다룬, 다양한 글을 골고루 수록하였습니다.

**관용 표현, 교과서 한자어까지 문제를 통해
어휘력의 깊이와 넓이를 동시에 키워 줍니다.**

독해 능력의 40% 이상을 차지하는 어휘력은 독해 학습에 필수적입니다.
다양한 어휘 관련 문제로 어휘 학습까지 놓치지 않도록 하였습니다.

**'한눈에 보는 읽기 방법'과 'STEAM 독해'로
문해력을 UP!**

읽기 방법을 그림으로 표현한 '한눈에 보는 읽기 방법'으로 독해의 기본 원리를 확실히 잡을 수 있도록 하였습니다. 또한 지문 하나로 여러 과목을 동시에 학습하는 'STEAM 독해'를 통해 융합 사고력을 키우고, 문해력과 함께 문제 해결 능력을 쭈욱 올릴 수 있도록 하였습니다.

ERI 지수가 무엇인가요?

ERI(EBS Reading Index) 지수는
아이들이 읽는 글의 난이도를 낱말, 문장, 배경지식에 따라 등급화하여 정량화하고, 독해 전문가들이 정성평가를 통해 최종 보정한 수치로서 EBS가 전국 문해력 전문가, 이화여대 산학협력단과 공동 개발하였습니다.

ERI 지수는 어떻게 산정되나요?

각 학년마다 꼭 알아야 하는 읽기 방법, 교과의 핵심 개념과 학습 요소들을 중심으로 체계적으로 지문을 구성합니다.
구성된 지문의 낱말 수준과 문장의 복잡도, 배경지식이 학년 수준에 적합한지 여부를 계산합니다. 전문가들의 최종 정성평가와 보정을 거쳐 최종 지수와 적정 학년 수준과 단계가 산정됩니다.

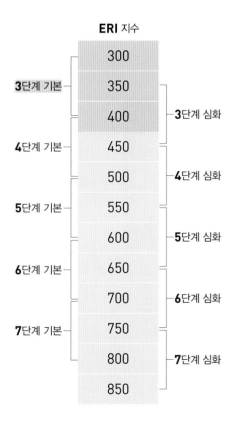

교재명	ERI 지수 범위	학년 수준
3단계 기본	300 이상~400 미만	초등 3~4학년
3단계 심화	350 이상~450 미만	초등 3~4학년
4단계 기본	400 이상~500 미만	초등 4~5학년
4단계 심화	450 이상~550 미만	초등 4~5학년
5단계 기본	500 이상~600 미만	초등 5~6학년
5단계 심화	550 이상~650 미만	초등 5~6학년
6단계 기본	600 이상~700 미만	초등 6학년 ~중학 1학년
6단계 심화	650 이상~750 미만	초등 6학년 ~중학 1학년
7단계 기본	700 이상~800 미만	중학 1~2학년
7단계 심화	750 이상~850 미만	중학 1~2학년

이 책의 구성과 특징

회차별 지문을 미리 확인하고 공부 계획을 짤 수 있도록 했어요.

낱말, 문장, 배경지식 각각의 수준이 학년 수준 내에서 어느 정도인지 막대그래프로 표현했어요.

막대그래프가 제일 높은 것을 어떻게 공부해야 할지 안내했어요.

이번 주 지문들의 수준이 어느 정도인지 한눈에 볼 수 있어요.

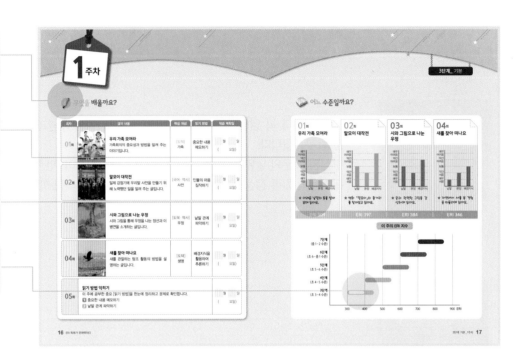

지문을 이해하는 데 도움을 주는 사진이나 그림을 넣었어요.

지문의 핵심 개념, 내용, 읽기 방법을 간단히 요약했어요.

지문의 핵심 개념을 미리 떠올리고 확인할 수 있도록 문제로 구성했어요.

간단한 문제로 핵심 읽기 방법을 확인할 수 있게 했어요.

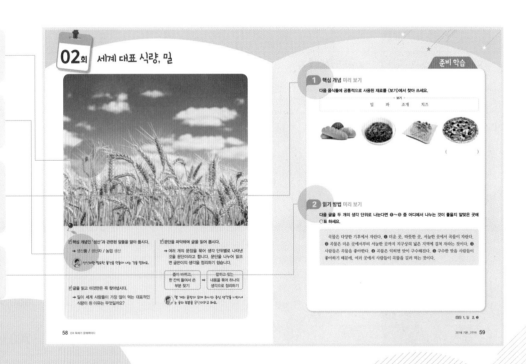

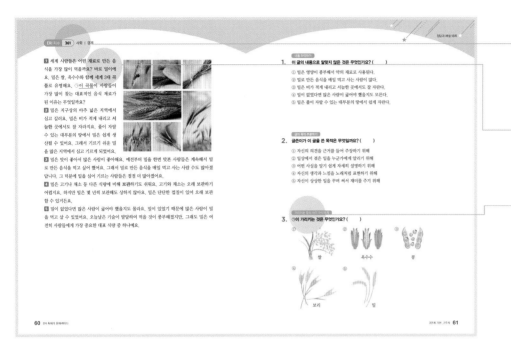

지문의 ERI 지수와 해당 영역, 교과를 표시하여 글의 난이도 수준과 교과서 학습 연계를 나타냈어요.

어려운 낱말에는 노란 형광색 표시를 했어요.

다양한 읽기 방법을 적용한 문제들로 지문을 꼼꼼히 이해하고 사고력을 확장할 수 있게 했어요.

핵심 읽기 방법을 적용한 문제를 제시했어요.

지문의 노란 형광색으로 표시한 어려운 낱말들을 공부하도록 했어요.

지문 내용과 관련된 속담, 관용어, 사자성어 등 관용 표현을 공부하도록 했어요.

지문과 관련된 한자어를 익히고 쓰는 연습을 하도록 했어요.

한 주를 정리하며 그동안 배웠던
핵심 읽기 방법 두 개를 심화하여
공부할 수 있도록 했어요.

읽기 방법과 관련된 개념과 과정
을 간단히 요약하여 정리했어요.

읽기 방법을 적용한 문제로 문해
력을 향상시킬 수 있도록 구성했
어요.

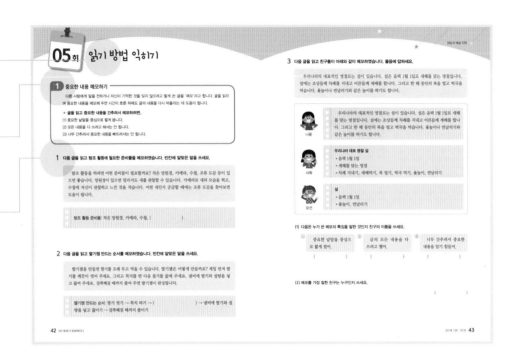

사회, 과학, 수학, 미술, 음악 등 다
양한 교과의 내용을 융합한 지문
과 문제들로 지식과 사고력을 확
장할 수 있게 했어요.

쓰기, 그리기, 표시하기 등 다양한
유형의 문제를 제시하여 학교 수업
과 연관될 수 있도록 구성했어요.

이 책의 차례

중요한 내용 메모하기

★ 글을 읽으며 중요한 내용을 메모해 두면 나중에 글의 내용을 다시 떠올리는 데 도움이 됩니다.

낱말 관계 파악하기

★ 낱말 사이에는 뜻이 비슷한 관계, 뜻이 반대되는 관계, 하나가 다른 것을 포함하는 관계 등이 있습니다.

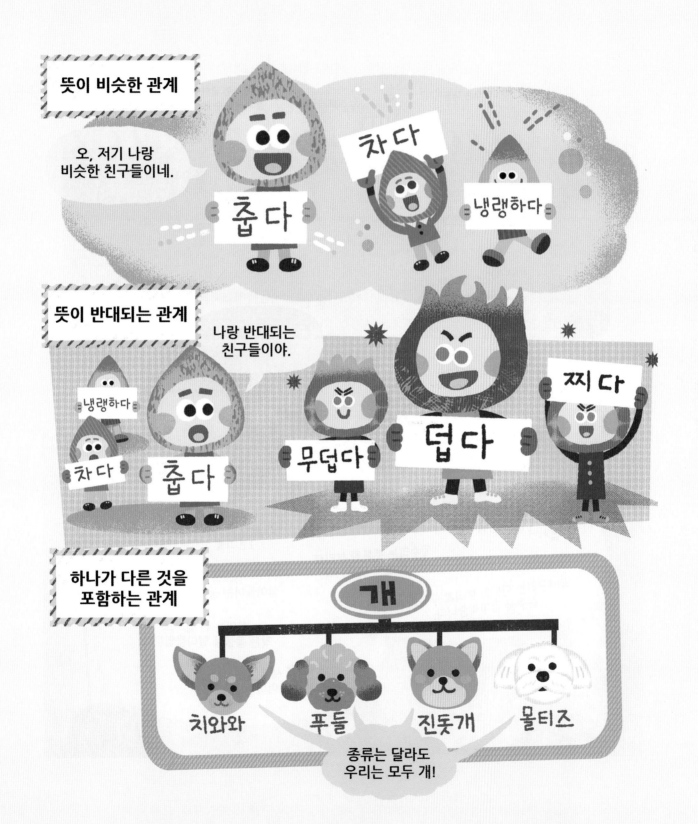

문단 파악하기

★ 글을 읽을 때 문단을 고려해서 읽으면 글 내용을 정확하고 쉽게 이해할 수 있습니다.

자연스럽지 않은 내용 파악하기

★ 글의 전체적인 흐름에 어울리지 않는 부분이 있다면 구분해 낼 수 있어야 합니다.

사실과 의견 구분하기

★ 사실은 실제로 있었던 일을, 의견은 어떤 일이나 대상에 대한 생각이나 느낌을 말합니다.

중심 문장과 뒷받침 문장 구분하기

★ 중심 문장은 문단을 대표하는 문장이고, 뒷받침 문장은 중심 문장의 내용을 보충해 주는 문장입니다.

문장 관계 파악하기

★ 글의 의미를 정확하게 이해하기 위해서는 문장들의 관계를 파악해야 합니다.

인물에게 질문하기

★ 등장인물에게 궁금한 것을 스스로 묻고 답하며 읽으면 글을 깊이 있게 이해할 수 있습니다.

1 주차

 무엇을 **배울까요?**

회차	글의 내용	핵심 개념	읽기 방법	학습 계획일
01회	**우리 가족 모여라** 가족회의의 중요성과 방법을 알려 주는 이야기입니다.	[도덕] 가족	중요한 내용 메모하기	월 일 (요일)
02회	**말모이 대작전** 일제 강점기에 우리말 사전을 만들기 위해 노력했던 일을 알려 주는 글입니다.	[국어·역사] 사전	인물의 마음 짐작하기	월 일 (요일)
03회	**시와 그림으로 나눈 우정** 시와 그림을 통해 우정을 나눈 정선과 이병연을 소개하는 글입니다.	[도덕·역사] 우정	낱말 관계 파악하기	월 일 (요일)
04회	**새를 찾아 떠나요** 새를 관찰하는 탐조 활동의 방법을 설명하는 글입니다.	[도덕] 생명	배경지식을 활용하여 추론하기	월 일 (요일)
05회	**읽기 방법 익히기** 이 주에 공부한 중요 [읽기 방법]을 한눈에 정리하고 문제로 확인합니다. 1 중요한 내용 메모하기 2 낱말 관계 파악하기			월 일 (요일)

어느 수준일까요?

01회
우리 가족 모여라

| 매우 어려움 |
| 약간 어려움 |
| 보통 |
| 약간 쉬움 |
| 매우 쉬움 |

낱말 　 문장 　 배경지식

★ 어려운 낱말의 뜻을 알아 보며 읽어요.

ERI 309

02회
말모이 대작전

| 매우 어려움 |
| 약간 어려움 |
| 보통 |
| 약간 쉬움 |
| 매우 쉬움 |

낱말 　 문장 　 배경지식

★ 영화 「말모이」의 줄거리를 찾아보고 읽어요.

ERI 397

03회
시와 그림으로 나눈 우정

| 매우 어려움 |
| 약간 어려움 |
| 보통 |
| 약간 쉬움 |
| 매우 쉬움 |

낱말 　 문장 　 배경지식

★ 글과 관련된 그림을 감상하며 읽어요.

ERI 384

04회
새를 찾아 떠나요

| 매우 어려움 |
| 약간 어려움 |
| 보통 |
| 약간 쉬움 |
| 매우 쉬움 |

낱말 　 문장 　 배경지식

★ 자연에서 새를 본 경험을 떠올리며 읽어요.

ERI 346

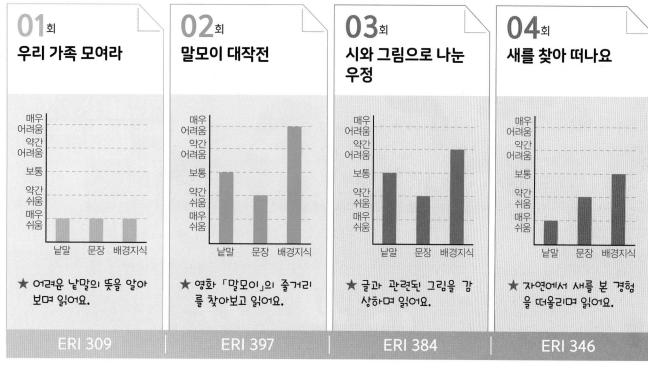

이 주의 ERI 지수

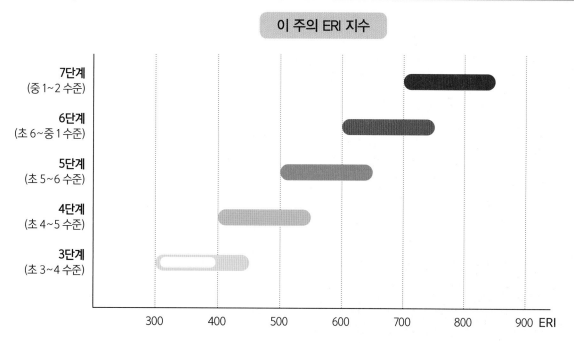

7단계
(중 1~2 수준)

6단계
(초 6~중 1 수준)

5단계
(초 5~6 수준)

4단계
(초 4~5 수준)

3단계
(초 3~4 수준)

300　400　500　600　700　800　900 ERI

01회 우리 가족 모여라

☑ 핵심 개념인 '가족'과 관련된 말들을 알아 둡시다.

→ 우리 가족 / 가족회의

 가족이란 결혼한 부부나 부모 자식, 형제자매 관계인 사람들을 말해요.

☑ 글을 읽고 이것만은 꼭 찾아냅시다.

→ 가족회의는 어떻게 하는 걸까요?

☑ 글을 읽고 중요한 내용을 간추려 메모해 봅시다.

→ 메모할 때에는 모든 내용을 다 쓰는 것이 아니라 중요한 낱말을 중심으로 짧게 씁니다.

글을 읽으며 중요한 낱말 찾기	→	중요한 낱말을 중심으로 짧게 쓰기

 다른 사람에게 말을 전하거나 기억하기 쉽도록 짧게 쓴 글을 메모라고 해요.

1 핵심 개념 미리 보기

빈칸에 공통으로 들어갈 낱말을 〈보기〉에서 찾아 쓰세요.

● 보기 ●

가족   친구   친척

우리 ☐☐은/는 아빠, 엄마, 할머니, 그리고 저입니다. 우리 ☐☐은/는 저녁을 먹으며 오늘 하루 있었던 일들을 이야기합니다.

2 읽기 방법 미리 보기

다음 글을 읽고 아래와 같이 메모했을 때, 빈칸에 알맞은 낱말을 쓰세요.

우리는 살아가기 위해 음식물을 통해 영양소를 얻어야 합니다. 그 이유는 영양소가 우리 몸을 만들고 우리에게 필요한 에너지를 주기 때문입니다. 영양소 중에서 우리가 가장 많은 양을 얻어야 하는 세 가지를 '3대 영양소'라고 합니다. 3대 영양소에는 탄수화물, 단백질, 지방이 있습니다.

3대 영양소: 탄수화물, 단백질, ☐☐

정답 **1.** 가족 **2.** 지방

가족끼리 서로 힘든 점을 이야기하고 따뜻한 말을 나눈 적이 있나요? 만약 그런 적이 없다면 가족회의를 해 보세요. 가족회의는 가족이 모여서 서로 고민을 나누고 함께 문제를 해결하는 방법을 찾는 것을 말해요. 가족회의를 하면 화목한 가정을 만들 수 있어요. 그럼 은성이네가 어떻게 가족회의를 하는지 살펴볼까요?

지난 주말에 엄마가 아빠에게 말했어요.

"여보, ㉠요즘 집안일이 너무 많아 힘이 들어요. 같이 나눠서 하는 건 어때요?"

"그래요. 집안일은 가족이 함께 해야 하는데 미처 신경을 못 썼네요. 집안일을 어떻게 나눠서 할지 아이들과 함께 얘기해 볼까요?"

"좋아요. 은성아, 은우야, 이리 나와서 가족회의를 하자꾸나."

엄마가 부르자 은성이와 은우도 함께 모였어요.

"얘들아, 요즘 집안일 할 게 많아 엄마가 좀 힘들구나. 우리 함께 나눠서 하면 어떨까?"

"네, 엄마. ㉡여러 가지 일을 하시느라 힘드시죠? 무엇을 하면 될까요?"

"어디 보자. ㉢설거지, 청소, 빨래 개기, 재활용 쓰레기 분류를 나눠서 하면 좋을 것 같구나."

엄마는 나눠서 할 집안일을 설명해 주었어요. 이 말을 듣고 아빠가 말했어요.

"그러면 각자 자기가 잘할 수 있는 걸 말해 볼까? ㉣은성이와 은우 먼저 얘기해 보렴."

은성이와 은우는 자기가 잘할 수 있는 집안일이 무엇인지 생각해 보았어요.

"저는 재활용 쓰레기를 분류해 볼게요. 어떻게 하면 되죠?"

㉤"그래. 종이는 종이끼리, 플라스틱은 플라스틱끼리, 유리는 유리끼리 모으면 된단다."

엄마는 은성이에게 우유갑, 페트병, 유리병을 보여 주면서 설명해 주었어요.

"그러면 저는 빨래를 갤게요. 아빠, 이 일은 어떻게 하는 거예요?"

"다 마른 빨래를 하나씩 개면 된단다. 이렇게 수건은 반을 접고 다시 반을 접은 다음에 돌돌 말아 보렴."

아빠는 은우에게 수건을 가지고 시범을 보여 주었어요. 그러고 나서 아빠는 엄마에게 말했어요.

"여보, 그럼 나는 청소를 할게요. 당신이 설거지를 맡아요."

"청소할 곳이 많은데 맡아 주어서 고마워요. 그럼 각자 할 일을 잊지 않게 메모해서 붙여 둘게요."

엄마는 가족회의 내용을 메모했어요.

은성이네는 이제 집안일을 함께 하기 시작했어요.

핵심어 찾기

1. 화목한 가정을 만들기 위해 이 글에서 강조하는 것은 무엇인가요? (   )

① 메모   ② 시범   ③ 분류

④ 집안일   ⑤ 가족회의

세부 내용 파악하기

2. 은성이네는 누구의 힘든 점을 해결하기 위해 모였나요? (   )

① 엄마   ② 아빠   ③ 은성

④ 은우   ⑤ 가족 모두

세부 내용 파악하기

3. 가족회의에서 정한 내용을 잊지 않기 위해 은성이네는 어떻게 했나요? (   )

① 가족회의 내용을 녹음해 두었다.
② 가족회의 과정을 글로 적어 두었다.
③ 가족회의 모습을 사진으로 찍어 두었다.
④ 가족회의 결과를 메모해서 붙여 두었다.
⑤ 가족회의 내용을 다른 사람들에게 말해 두었다.

표현의 의도 파악하기

4. ㉠~㉤ 중 가족의 고민에 대해 따뜻한 마음을 전하는 말은 무엇인지 기호를 쓰세요.

(   )

중요한 내용 메모하기

5. 은성이네 가족회의의 결과를 메모한 내용으로 알맞은 것에 √표 하세요.

(1)
우리 가족 집안일 나누기
- 은성: 빨래 개기
- 은우: 재활용 쓰레기 분류하기
- 아빠: 청소하기
- 엄마: 장보기

( )

(2)
우리 가족 집안일 나누기
- 은성: 재활용 쓰레기 분류하기
- 은우: 빨래 개기
- 아빠: 청소하기
- 엄마: 설거지하기

( )

(3)
우리 가족 집안일 나누기
- 은성: 청소하기
- 은우: 재활용 쓰레기 분류하기
- 아빠: 빨래 개기
- 엄마: 장보기

( )

느끼거나 깨달은 점 공유하기

6. 이 글을 읽고 깨달은 점을 바르게 말한 친구를 모두 골라 √표 하세요.

가족끼리는 힘든 일이 있어도 말하지 않고 참는 것이 좋겠어.

고민이 있을 때는 가족이 함께 해결 방법을 찾아보는 것이 좋겠어.

문제를 해결할 수 있도록 서로 도우려는 마음을 갖는 것이 좋겠어.

 오선 ( )

 서희 ( )

 준우 ( )

글의 내용 적용하기

7. 다음번 은성이네 가족회의 주제로 알맞지 <u>않은</u> 것에 √표 하세요.

가족 여행지 정하기 ( )

가족에게 바라는 점 말하기 ( )

은성이네 반 급식 순서 정하기 ( )

어휘 익히기

1 낱말 뜻 알기

다음 빈칸에 알맞은 낱말을 〈보기〉에서 찾아 쓰세요.

> • 보기 •
>
> 화목   집안일   분류   시범

1. (   )을/를 게을리했더니 집 안이 엉망이다.
   🌟 밥하기, 설거지, 빨래, 청소처럼 집에서 하는 일.

2. 관장님께서 오셔서 격파 (   )을/를 보여 주셨다.
   🌟 어떤 일을 본보기로 해 보임.

3. 옷장에 옷을 비슷한 색깔끼리 (   )해서 정리해 두었다.
   🌟 여럿을 비슷한 것끼리 따로따로 묶음.

4. 아버지는 가족 간의 (   )이/가 가장 중요하다고 늘 가르치셨다.
   🌟 서로 돕고 사이좋게 지냄.

2 관용 표현 알기

다음 빈칸에 들어갈 말로 알맞은 것에 ∨표 하세요.

> 은성이는 아침에 맛있는 반찬을 두고 은우와 심하게 다투었어요. 은성이는 학교에 와서도 내내 마음이 불편했어요. 수업 시간에도 집중이 잘 되지 않았지요. 얼른 집에 돌아가서 은우와 화해해야겠다고 생각했어요. (   )(이)라는 말처럼 가족과 화목하게 지내야 즐거운 마음으로 다른 일도 잘할 수 있어요.

(1) 가화만사성(家和萬事成): 집안이 화목하면 모든 일이 잘 이루어진다.   (   )

(2) 고진감래(苦盡甘來): 괴롭고 힘든 일 뒤에 즐겁고 행복한 일이 생긴다.   (   )

3 한자어 익히기

다음 한자어를 소리 내어 읽고 빈칸에 따라 써 보세요.

家	族
집 가	겨레 족

가족(家族): 혼인한 부부나 부모 자식, 형제자매 관계인 사람들.

• 봄이 되자 나들이를 나선 가족들이 많았다.
• 사장님은 직원들을 가족처럼 따뜻하게 대한다.
• 그는 그리운 가족의 사진을 늘 품속에 지니고 다닌다.

家	族						
집 가	겨레 족						

▲ 우리말과 우리글을 지킨 조선어 학회 학자들

☑ 핵심 개념인 '사전'과 관련된 말들을 알아 둡시다.

→ 국어사전 / 우리말 사전

 사전이란 낱말을 모아서 순서대로 배열하고 뜻을 설명해 주는 책을 말해요.

☑ 글을 읽고 이것만은 꼭 찾아냅시다.

→ 일제 강점기에 우리말 사전을 만들기 위해 어떤 노력을 했을까요?

☑ 글을 읽고 인물의 마음을 짐작해 봅시다.

→ 인물에게 일어난 일을 통해 인물의 마음을 짐작해 봅니다.

인물에게 일어난 일 파악하기	→	인물의 마음이 어떠할지 짐작하기

 인물의 마음을 짐작하려면 인물에게 어떤 일이 일어났는지 살펴보아야 해요.

1 핵심 개념 미리 보기

빈칸에 들어갈 말을 〈보기〉에서 찾아 쓰세요.

보기

그림   노래   사전

글을 읽다가 모르는 낱말이 나오면 [ ][ ]에서 낱말의 뜻을 찾아서 확인할 수 있어요.

2 읽기 방법 미리 보기

다음 밑줄 친 부분에서 '나'의 마음이 어떠할지 바르게 짐작한 것에 ∨표 하세요.

새 학교로 전학 온 첫날의 일이에요. 쉬는 시간에 즐겁게 놀고 있는 아이들을 보며 나도 같이 놀고 싶다고 생각했지만 말을 하지 못했어요. 그때 누군가 나의 이름을 불렀어요. 바로 혜성이었어요. 혜성이는 나에게 책 읽는 것을 좋아하냐고 묻고는 점심을 같이 먹자고 먼저 말을 건네주었어요.

미안한 마음   고마운 마음   서운한 마음

(   )   (   )   (   )

정답 1. 사전 2. 고마운 마음

1945년 9월 8일, 서울역 창고에서 상자 하나가 발견되었습니다. 상자를 열어 보니 2만 6,500여 장에 가까운 원고가 들어 있었습니다. 바로 1942년에 일본 경찰에게 빼앗긴 우리말 사전 원고였습니다. 국어학자들은 이 원고를 발견하고 눈물을 흘렸습니다. 대체 그동안 어떤 일이 있었던 걸까요?

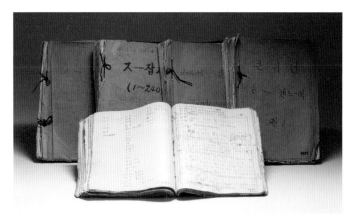
▲ 1945년에 발견된 우리말 사전 원고

우리나라는 1910년 일본에 나라를 빼앗긴 뒤에 우리말과 우리글을 마음대로 쓸 수 없었습니다. 일본의 방해 속에서도 1929년 한글 학자들은 사전을 만들기 시작했습니다. 학자들은 우리말을 하나하나 기록했습니다. 하지만 학자들 힘만으로는 어려웠습니다. ㉠각 지역마다 쓰이는 우리말이 달랐기 때문입니다. 예를 들어 '가위'는 지역에 따라 '가새', '가시개'라고 하기도 합니다. 이렇게 지역마다 서로 다르게 쓰는 말을 '방언'이라고 합니다. 학자들은 각 지역의 방언을 모으는 방법을 생각해 냈습니다.

첫 번째로, 방언 조사 수첩을 만들었습니다. 학교 선생님들은 학생들에게 이 수첩을 가지고 다니면서 방언을 모으도록 했습니다. 학생들은 수첩에 자기 지역의 말들을 기록해서 냈습니다. 무려 14개 학교 500여 명이나 되는 학생들이 참여했다고 합니다.

두 번째로, 『한글』이라는 잡지에 방언을 모으기 위한 '방언 채집란'을 만들었습니다. ㉡사람들은 사전 만드는 일을 돕기 위해 자기 지역의 말들을 조사해서 보냈습니다. 전국에서 많은 사람이 방언을 보내왔습니다.

이렇게 많은 사람이 함께 말을 모아 우리말 사전이 완성되는 듯했습니다. (㉢   ) 우리말 사전은 완성을 앞두고 취소되고 말았습니다. 1942년 사전을 만들던 많은 한글 학자를 일본 경찰이 붙잡아 갔기 때문입니다. 이때 우리말 사전 원고까지 빼앗아 갔습니다. 우리말에는 우리 민족의 정신이 담겨 있습니다. 그래서 일본은 우리말 사전을 만들지 못하게 했던 것입니다.

1945년 드디어 우리나라가 일본으로부터 해방되었습니다. 감옥에서 나온 학자들은 서울역에서 찾은 원고를 가지고 다시 사전을 만들기 시작했습니다. 1957년에 비로소 『우리말 큰사전』이 완성되었습니다. 28년에 걸쳐 사전이 만들어진 것입니다.

내용 파악하기

1. 이 글의 내용으로 알맞지 <u>않은</u> 것은 무엇인가요? (　　　)

① 우리말 사전 원고에는 방언도 들어 있다.

② 우리말 사전 원고는 서울역에서 발견되었다.

③ 우리말 사전 원고는 학자들의 힘으로만 만들어졌다.

④ 우리말 사전을 만들던 많은 학자를 일본 경찰이 붙잡아 갔다.

⑤ 서울역에서 찾은 원고를 가지고 『우리말 큰사전』을 만들어 냈다.

낱말 뜻 짐작하기

2. ㉠을 뜻하는 낱말은 무엇인가요? (　　　)

① 방언　　　　　② 원고　　　　　③ 사전
④ 한글　　　　　⑤ 말모이

인물의 마음 짐작하기

3. ㉡의 마음을 짐작한 것으로 알맞지 <u>않은</u> 것에 √표 하세요.

우리말 사전이 무사히 만들어지기를 바라는 마음	자기 지역 방언만으로 사전을 만들기를 바라는 마음	우리말과 우리글을 자유롭게 사용할 수 있기를 바라는 마음
(　　　)	(　　　)	(　　　)

이어 주는 말 파악하기

4. ㉢에 들어갈 이어 주는 말로 알맞은 것은 무엇인가요? (　　　)

① 그래서　　　　② 그러나　　　　③ 따라서
④ 그리고　　　　⑤ 그러므로

세부 내용 파악하기

5. 이 글에서 학생들 이 우리말 방언을 모을 때 사용한 것으로 알맞은 것에 √표 하세요.

『한글』잡지	방언 조사 수첩	우리말 사전 원고
(　)	(　)	(　)

사건의 순서 파악하기

6. 다음 사건들을 시간 순서대로 알맞게 나열한 것은 무엇인가요? (　　)

⑦ 『우리말 큰사전』을 완성함.
⑭ 전국의 방언을 모으기 시작함.
⑭ 서울역에서 우리말 사전 원고를 발견함.
㉮ 학자들이 일본 경찰에게 잡혀가 옥에 갇힘.

① ⑦ - ⑭ - ㉮ - ⑭
② ⑭ - ⑦ - ㉮ - ⑭
③ ⑭ - ㉮ - ⑭ - ⑦
④ ㉮ - ⑦ - ⑭ - ⑭
⑤ ㉮ - ⑭ - ⑦ - ⑭

글의 내용 적용하기

7. 이 글을 읽고 제주도에 사는 학생이 제주도의 방언을 소개하는 글을 보내왔습니다. 빈칸에 알맞은 말을 쓰세요.

　　안녕하세요. 우리 제주도의 방언을 소개하겠습니다. 여러분은 부모님의 어머니를 어떻게 부르나요? 우리 제주도에서는 '할망'이라고 부릅니다. '할망'은 □□□를 뜻하는 제주도 방언입니다. 제주도에는 할망이 나오는 유명한 이야기도 있습니다. 옛날 제주도에는 키가 어마어마하게 크고 힘이 센 설문대 할망이 살았다고 합니다. 설문대 할망이 한라산을 베고 누우면 다리가 제주도 앞바다의 섬에 닿았다고 합니다.

어휘 익히기

1 낱말 뜻 알기

다음 빈칸에 알맞은 낱말을 〈보기〉에서 찾아 쓰세요.

• 보기 •

원고   사전   조사   채집

1. 그는 밤새 쓴 (   )을/를 출판사에 보냈다.
   뜻 인쇄하거나 발표하기 위하여 쓴 글이나 그림.

2. 학생들은 모르는 단어의 뜻을 (   )에서 찾았다.
   뜻 여러 낱말을 차례대로 늘어놓고 낱말 뜻을 풀이한 책.

3. 상대편 선수들의 장단점에 대해 철저하게 (   )하였다.
   뜻 어떤 것을 정확하게 알아내려고 자세하게 살핌.

4. 우리는 설화를 (   )하기 위하여 마을 노인정을 찾았다.
   뜻 널리 돌아다니며 잡거나 캐거나 얻어서 모으는 일.

2 관용 표현 알기

다음 빈칸에 알맞은 사자성어를 쓰세요.

" ☐ ☐ ☐ ☐ "

우리말 사전 만드는 일을 돕기 위해 전국의 많은 사람이 마음과 힘을 모아 자기 지역의 방언을 조사했어요. 이 사자성어는 여러 사람이 어떤 목적을 이루려고 크게 한 덩어리로 뭉치는 것을 뜻하는 말이에요.

한자	뜻	음
大	큰	
同	같을	
團	둥글	
結	맺을	

3 한자어 익히기

다음 한자어를 소리 내어 읽고 빈칸에 따라 써 보세요.

方	言
모 **방**	말씀 **언**

방언(方言): 어느 한 지역에서만 쓰는 말.
• 고향 친구를 만나면 저절로 방언이 나온다.
• 그는 방언을 조사하기 위해 지방으로 떠났다.
• 각 지역의 방언을 통해 다양한 우리말을 알 수 있다.

方	言						
모 방	말씀 언						

 ☑ 핵심 개념인 '우정'과 관련된 말들을 알아 둡시다.

→ 깊은 우정 / 우정 선물

 우정이란 친구 사이의 정을 말해요.

☑ 글을 읽고 이것만은 꼭 찾아냅시다.

→ 정선과 이병연이 우정을 나누는 방법은 무엇이 었을까요?

☑ 글을 읽고 낱말의 관계를 파악해 봅시다.

→ 앞뒤 내용을 통해 낱말 사이의 관계를 파악해 봅니다.

뜻이 비슷한 관계	뜻이 반대되는 관계	하나가 다른 것을 포함하는 관계

낱말의 관계를 파악하면 더 쉽고 재미있게 낱말 을 익힐 수 있어요.

1 핵심 개념 미리 보기

빈칸에 공통으로 들어갈 낱말을 쓰세요.

□□는 옛 친구가 좋고 옷은 새 옷이 좋다	□□ 따라 강남 간다
⬇	⬇
오래 사귄 친구일수록 정이 두텁고 깊어서 좋다는 말입니다.	자기는 하고 싶지 아니하나 남에게 끌려서 덩달아 하게 됨을 이르는 말입니다.

2 읽기 방법 미리 보기

뜻이 비슷한 낱말끼리 선으로 알맞게 이으세요.

(1) 가족 •   • ㉠ 줄

(2) 끈 •   • ㉡ 아이

(3) 어린이 •   • ㉢ 식구

정답 1. 친구 2. (1)—㉢, (2)—㉠, (3)—㉡

1 정선은 조선 시대의 유명한 화가입니다. 그는 우리나라의 풍경을 멋진 그림으로 남겼습니다. 그중 가장 유명한 작품은 비가 그친 인왕산을 그린 「인왕제색도」인데요, 이 그림은 오늘날 국보로 보호되고 있습니다. 그런데 이 그림에는 오랜 친구를 향한 깊은 우정이 담겨 있다고 합니다. 어떤 이야기일까요?

2 정선은 인왕산 아래에 있는 마을에서 태어나고 자랐습니다. 그에게는 같은 동네에서 친하게 지낸 ㉠벗이 있었습니다. 바로 이병연입니다. 이병연은 정선보다 다섯 살이 많았습니다. 하지만 두 사람은 나이를 뛰어넘어 친구가 되었습니다. 특히 이병연은 정선의 재주와 능력을 일찍 알아보았습니다. 그리고 그가 뛰어난 화가가 될 수 있도록 많은 도움을 주었습니다.

3 이들은 그림을 그리고 시를 지으며 우정을 키웠습니다. 어른이 되어 멀리 떨어져 지내게 되어서도 서로 우정을 나누었습니다. 이병연이 시를 써서 보내면 정선은 그림으로 답했습니다. 정선은 서울의 다양한 풍경을 그렸습니다. 그리고 여기에 이병연의 시를 넣었습니다. 이렇게 해서 만들어진 ㉡시화집이 바로 『경교명승첩』입니다.

4 어느덧 세월이 흘러 노인이 된 이병연은 죽음을 앞두게 되었습니다. 인왕산 아래에서 함께 자란 친구의 죽음을 앞두고 정선은 그림을 그리기 시작했습니다. 비에 젖어 짙어진 바위, 시원한 폭포수, 안개 낀 산자락까지 인왕산의 모습을 그렸습니다. 그리고 산 아래에는 집 한 채를 그렸는데요, 사람들은 이 집을 이병연의 집이라고 생각합니다. 집은 푸른 소나무로 둘러싸여 있습니다. 마치 이병연의 건강을 지켜 주고자 하는 정선의 마음 같습니다. 정선이 「인왕제색도」를 완성하고 나흘 후 이병연은 세상을 떠났습니다. 평생을 함께한 이들의 우정은 인왕산의 단단한 바위처럼 변하지 않았습니다.

▲ 정선, 「인왕제색도」

내용 파악하기

1. 이 글의 내용으로 알맞지 <u>않은</u> 것은 무엇인가요? (   )

① 정선은 조선 시대 유명한 화가이다.

② 정선과 이병연은 같은 동네에서 자랐다.

③ 정선과 이병연은 나이가 같아 쉽게 친해졌다.

④ 정선은 그림을 그리고 이병연은 시를 지었다.

⑤ 정선과 이병연은 멀리 떨어져서도 우정을 이어 나갔다.

세부 내용 파악하기

2. 「인왕제색도」에 대한 설명으로 알맞지 <u>않은</u> 것은 무엇인가요? (   )

① 국보로 보호되고 있다.

② 정선의 대표적인 작품이다.

③ 정선이 젊은 시절에 그린 그림이다.

④ 비 내린 인왕산의 모습이 담겨 있다.

⑤ 작품 속 집 한 채는 이병연의 집이라 여겨진다.

낱말 관계 파악하기

3. ㉠과 비슷한 뜻을 지닌 낱말은 무엇인가요? (   )

① 정선   ② 친구   ③ 능력
④ 화가   ⑤ 우정

낱말 뜻 짐작하기

4. 앞뒤 내용으로 볼 때, ㉡의 뜻으로 알맞은 것에 ✓표 하세요.

시와 그림을 각각 따로 묶어서 만든 책	시와 그림이 어우러지게 표현한 작품을 묶어서 만든 책
( )	( )

글과 그림의 관계 파악하기

5. **1**～**4**문단 중 〈보기〉와 관련 있는 문단은 어느 문단인지 쓰세요.

보기

▲ 정선, 「양천현아」

「양천현아」는 정선이 이병연과 떨어져서 양천에서 지낼 때 그린 그림입니다. 이 그림에는 정선 자신이 지내던 양천 현아*의 모습과 이병연이 보내 준 시의 한 구절이 실려 있는데요, 시의 내용은 다음과 같습니다.

> 양천에 떨어져 있다 말하지 말게,
> 양천에 흥이 넘쳐날 터이니

*현아: 현의 수령이 사무를 맡아보던 관아.

➡ ☐ 문단

자신의 생각 말하기

6. 이 글을 읽고 친구들이 대화를 나누었습니다. 알맞지 <u>않은</u> 말을 한 친구는 누구인가요?

( )

① 혁민: 정선은 자신의 재능을 알아보고 도와준 이병연이 고마웠을 거야.
② 다영: 인왕산은 정선과 이병연에게 어린 시절 추억이 깃든 장소일 거야.
③ 한결: 정선은 「인왕제색도」를 그리면서 이병연이 건강하기를 바랐을 거야.
④ 예지: 정선과 이병연을 보니 친구가 되는 데에 나이는 중요하지 않은 것 같아.
⑤ 도연: 눈에서 멀어지면 마음에서도 멀어지는 법이니 가까이에 있는 친구를 사귀는 것이 좋겠어.

어휘 익히기

1 낱말 뜻 알기

다음 빈칸에 알맞은 낱말을 〈보기〉에서 찾아 쓰세요.

● 보기 ●

국보   재주   알아보았습니다   산자락

1. 이 (   )에는 외딴집이 한 채 있다.
   뜻 산 아래 밋밋하게 비탈진 부분.

2. 그는 어려서부터 노래하는 (   )이/가 뛰어났다.
   뜻 어떤 일을 잘하는 바탕.

3. 우리나라 문화재 가운데 (   ) 제1호는 숭례문이다.
   뜻 나라에서 보배로 정하고 돌보는 문화재.

4. 여러 선생님 중에 딱 한 선생님만 그의 인성을 (   ).
   뜻 사람의 능력이나 물건의 가치를 알거나 인정하였습니다.

2 관용 표현 알기

다음 빈칸에 알맞은 사자성어를 쓰세요.

"□□□□"

한동네에서 자란 정선과 이병연은 어릴 적부터 그림을 그리고 시를 지으며 우정을 키웠습니다. 이 사자성어는 대나무 말을 타고 놀던 옛 친구라는 뜻으로, 어릴 때부터 가까이 지내며 자란 친구를 이르는 말이에요.

한자	뜻	음
竹	대	
馬	말	
故	옛	
友	벗	

3 한자어 익히기

다음 한자어를 소리 내어 읽고 빈칸에 따라 써 보세요.

友	情
벗 우	뜻 정

우정(友情): 친구끼리 나누는 따뜻한 정.
• 우정의 표시로 선물을 주고받았다.
• 친구와 변치 않는 우정을 약속했다.
• 우리 둘은 10년 동안 우정을 쌓아 왔다.

友	情						
벗 우	뜻 정						

04회 새를 찾아 떠나요

☑ 핵심 개념인 '생명'과 관련된 말들을 알아 둡시다.

→ 생명 존중 / 생명의 신비

생명은 동물과 식물 등 모든 생물이 살아 있게 하는 힘을 뜻하는 말이에요.

☑ 글을 읽고 이것만은 꼭 찾아냅시다.

→ 새를 관찰하는 탐조 활동은 어떻게 하는 것일까요?

☑ 글을 읽고 배경지식을 활용하여 내용을 추론해 봅시다.

→ 자신이 갖고 있던 지식이나 경험을 활용하여 글의 내용을 짐작하며 읽어 봅니다.

| 글의 내용과 관련된 자신의 지식 떠올리기 | + | 글의 내용과 관련된 자신의 경험 떠올리기 |

 배경지식이란 글의 내용과 관련하여 내가 원래부터 갖고 있던 지식이나 경험을 말해요.

1 핵심 개념 미리 보기

빈칸에 공통으로 들어갈 낱말을 〈보기〉에서 찾아 쓰세요.

● 보기 ●
마음	미래	생명

우리 주위에는 수많은 생명체가 서로 어울려 함께 살아가고 있습니다. ☐☐은/는 그 자체로 아주 귀하고 소중한 것입니다. 길가의 꽃도 ☐☐이/가 있는 존재이므로 예쁘다고 함부로 꺾어서는 안 됩니다.

2 읽기 방법 미리 보기

미선이의 독서 경험을 통해 알 수 있는 내용으로 알맞은 것에 ✔표 하세요.

미선이는 유기 동물 보호 센터에서 봉사 활동을 하는 사람들에 관한 책을 읽었습니다. 이 책을 읽으면서 미선이는 예전에 길렀던 달이가 생각났습니다. 달이는 유기 동물 보호 센터에서 데려온 강아지였습니다. 미선이는 유기 동물 보호 센터에서 달이를 처음 만나던 날이 떠올라 눈시울이 붉어졌습니다. 그리고 유기 동물 보호 센터에서 봉사하는 사람들의 마음이 이해가 되었습니다.

(1) 글을 읽으며 수업 시간에 배운 내용을 떠올리면 인물의 마음을 더 잘 이해할 수 있다.

(   )

(2) 글을 읽으며 글의 내용과 관련된 자신의 경험을 떠올리면 인물의 마음을 더 잘 이해할 수 있다.

(   )

정답 1. 생명 2. (2)

여러분은 하늘을 날아가는 새들을 본 적이 있나요? 새들은 어디서 오고, 또 어디로 가는 걸까요? 하늘을 나는 새를 보면 우리를 둘러싼 자연의 모습이 더욱 궁금해집니다. 그래서인지 자연에서 직접 새를 보러 나서는 사람들이 늘고 있다고 합니다. 계절에 따라 전 세계를 이동하며 살아가는 새들의 생명력을 느낄 수 있기 때문입니다. 이렇게 야생의 새가 사는 곳을 찾아가서 관찰하는 것을 탐조 활동이라고 합니다. 탐조 활동을 하면 새가 살아 숨 쉬는 모습을 직접 보고 느낄 수 있습니다.

탐조 활동을 하기 위해 반드시 멀리 가야 하는 것은 아닙니다. 우리 주변의 나무가 많은 공원이나 작은 숲에서도 새들을 많이 볼 수 있습니다. 까치, 비둘기, 참새, 직박구리 등은 도시에서도 쉽게 만날 수 있습니다. 여러분이 사는 곳에서도 새를 관찰할 수 있습니다.

탐조 활동을 하려면 어떤 준비물이 필요할까요? 작은 망원경, 카메라, 수첩, 조류 도감 등이 있으면 좋습니다. 망원경이 있으면 멀리서도 새를 관찰할 수 있습니다. 카메라로 새의 모습을 찍고, 수첩에 자신이 관찰하고 느낀 것을 적습니다. 어떤 새인지 궁금할 때에는 조류 도감을 찾아보면 도움이 됩니다. 조류 도감은 새에 관한 사진과 그림을 모아서 실제와 비교해 볼 수 있도록 만든 책입니다.

수첩
관찰하고 느낀 것을 적을 수 있어요.

카메라
새의 모습을 찍을 수 있어요.

망원경
멀리서도 새를 관찰할 수 있어요.

조류 도감
어떤 새인지 궁금할 때 찾아볼 수 있어요.

▲ 탐조 활동에 필요한 준비물

탐조 활동을 할 때는 주의할 점이 있습니다. 탐조는 새를 만지거나 잡지 않고 관찰만 하는 것입니다. 새들을 방해하지 않아야 합니다. 새들이 놀라지 않도록 조용히 하고 주변 환경과 비슷한 색깔의 옷을 입는 것이 좋습니다. 또 그들이 사는 환경이 손상되지 않도록 해야 합니다. 만약 새 둥지를 발견하면 만지지 말고 얼른 그곳에서 벗어나는 것이 좋습니다. 사람이 만진 흔적이 있으면 새들이 둥지로 돌아오지 않을 수도 있기 때문입니다. 그리고 주변의 나무나 풀을 꺾지 말고 쓰레기를 주우면 새들이 사는 환경을 보호할 수 있습니다.

자연 속에서 새들을 관찰하다 보면 생태계에는 인간뿐만 아니라 다른 생명도 함께 살고 있다는 것을 알게 됩니다. 새들은 인간 곁에서 물과 먹이를 찾아 잠시 쉬었다가 떠나갑니다. 그리고 다시 돌아옵니다. 자연은 인간과 다양한 생명이 서로 어우러져 살아가는 곳입니다.

보기

핵심어 찾기

1. 이 글에서 가장 핵심적인 낱말은 무엇인가요? (　　　)

① 야생　　　　　　　② 관찰　　　　　　　③ 탐조

④ 둥지　　　　　　　⑤ 조류 도감

내용 파악하기

2. 이 글의 내용으로 알맞지 <u>않은</u> 것은 무엇인가요? (　　　)

① 새를 찾아가 관찰하는 것을 탐조 활동이라고 한다.

② 탐조 활동을 할 때 새들이 놀라지 않도록 해야 한다.

③ 탐조 활동을 할 때 자연환경을 손상시켜서는 안 된다.

④ 탐조 활동을 떠날 때 조류 도감을 챙겨 가면 도움이 된다.

⑤ 탐조 활동을 하기 위해서는 먼 곳으로 새를 찾아가야 한다.

배경지식을 활용하여 추론하기

3. 〈보기〉를 읽고, 우리 주변에서도 쉽게 탐조 활동을 할 수 있는 까닭으로 알맞지 <u>않은</u> 것에 √표 하세요.

보기

　　우리나라는 수많은 철새가 이동할 때 중간에 쉬어 가는 곳이다. 새들은 이동할 때 물과 먹이가 있는 쉼터가 반드시 필요하다. 우리나라의 갯벌에는 철새들의 먹이가 많다. 그래서 우리나라에는 사계절 철새들이 찾아온다. 그중에 많은 새가 도시를 지나간다. 그래서 도시의 하천이나 풀숲에서는 때가 되면 찾아오는 철새와 본래 도시에 사는 새들을 모두 볼 수 있다.

새들은 자연보다 도시에서 더 잘 적응하기 때문에	철새들이 이동할 때 우리나라에서 쉬어 가기 때문에	도시에서 철새와 본래 도시에 사는 새들을 모두 볼 수 있기 때문에
(　　　)	(　　　)	(　　　)

4. 탐조 활동을 가기 위한 준비물로 알맞지 <u>않은</u> 것은 무엇인가요? (   )

① 그물   ② 수첩   ③ 카메라
④ 조류 도감   ⑤ 작은 망원경

5. 다음은 탐조 활동을 다녀와서 쓴 일기입니다. 빈칸에 공통으로 들어갈 낱말을 〈보기〉에서 찾아 쓰세요.

─● 보기 ●─

둥지   마을   무리

오늘 선생님과 함께 탐조 활동을 나갔다. 책에서만 보던 새들을 직접 눈으로 보니 신기했다. 그런데 잘못해서 새들의 공간을 망가뜨릴 뻔했다. 탐조 활동을 하다가 ☐☐을/를 발견해서 반가운 마음에 손을 내밀었다. 선생님께서는 ☐☐은/는 새들의 소중한 공간이므로 만지지 말고 얼른 그곳에서 벗어나자고 말씀하셨다. 탐조 활동을 다녀오니 우리가 사는 지구에 다양한 생명이 살고 있다는 것을 새삼 느꼈다. 앞으로 모든 생명을 더욱 소중히 여겨야겠다.

6. 탐조 활동을 떠나기 위해 세운 계획으로 알맞지 <u>않은</u> 것은 무엇인가요? (   )

① 주변에 나무가 많을 테니 녹색이나 갈색 옷을 입어야겠어.
② 주변의 쓰레기를 주워 올 수 있게 쓰레기봉투를 챙겨 가야겠어.
③ 새들이 놀라지 않게 자세를 낮추고 살금살금 다니는 것이 좋겠어.
④ 새를 관찰하고 기록할 수 있게 망원경과 수첩을 꼭 챙겨 가야겠어.
⑤ 주변의 나무나 풀을 꺾어서 새들이 편히 먹이를 구할 수 있게 해 줘야겠어.

1 낱말 뜻 알기

다음 빈칸에 알맞은 낱말을 〈보기〉에서 찾아 쓰세요.

───────── • 보기 • ─────────

야생   도시   손상   생태계

1. (   )은/는 교통이 복잡하다.
   뜻 사람이 많이 모여 사는 곳.

2. 멸종 위기에 처한 (   ) 동물.
   뜻 산이나 들에서 저절로 나서 자람.

3. 여러 생물이 (   )을/를 이루며 살아가고 있다.
   뜻 여러 생물이 서로 영향을 미치면서 사는 세계.

4. 전시된 상품에 (   )을/를 입히면 물어 주어야 한다.
   뜻 망가뜨리거나 흠을 냄.

2 관용 표현 알기

다음 빈칸에 들어갈 말로 알맞은 것에 ∨표 하세요.

> 하민: 하늘을 나는 새를 보니 우리가 사는 생태계가 더 궁금해져.
> 미선: 그래서 난 이번에 탐조 활동을 하러 갈 거야.
> 하민: (   )이라더니 야생의 새를 직접 관찰하러 가는구나.

(1) 군계일학(群鷄一鶴): 많은 사람 중에 뛰어난 사람.   (   )
(2) 전화위복(轉禍爲福): 화가 바뀌어 오히려 복이 된다.   (   )
(3) 백문(百聞)이 불여일견(不如一見): 백 번 듣는 것이 한 번 보는 것만 못하다.   (   )

3 한자어 익히기

다음 한자어를 소리 내어 읽고 빈칸에 따라 써 보세요.

生	命
날 생	목숨 명

생명(生命): 생물을 살아 숨 쉬고 움직이게 하는 기운.

• 모든 생명은 소중하며 보호해야 한다.
• 봄이 되자 들에는 온갖 생명으로 가득 차 있다.
• 메마른 땅에서도 끈질긴 생명력으로 살아남았다.

生	命						
날 생	목숨 명						

05회 읽기 방법 익히기

1 중요한 내용 메모하기

다른 사람에게 말을 전하거나 자신이 기억한 것을 잊지 않으려고 짧게 쓴 글을 '메모'라고 합니다. 글을 읽으며 중요한 내용을 메모해 두면 시간이 흐른 뒤에도 글의 내용을 다시 떠올리는 데 도움이 됩니다.

★ 글을 읽고 중요한 내용을 간추려서 메모하려면,
(1) 중요한 낱말을 중심으로 짧게 씁니다.
(2) 모든 내용을 다 쓰려고 해서는 안 됩니다.
(3) 너무 간추려서 중요한 내용을 빠뜨려서는 안 됩니다.

1 다음 글을 읽고 탐조 활동에 필요한 준비물을 메모하였습니다. 빈칸에 알맞은 말을 쓰세요.

> 탐조 활동을 하려면 어떤 준비물이 필요할까요? 작은 망원경, 카메라, 수첩, 조류 도감 등이 있으면 좋습니다. 망원경이 있으면 멀리서도 새를 관찰할 수 있습니다. 카메라로 새의 모습을 찍고, 수첩에 자신이 관찰하고 느낀 것을 적습니다. 어떤 새인지 궁금할 때에는 조류 도감을 찾아보면 도움이 됩니다.

> 탐조 활동 준비물: 작은 망원경, 카메라, 수첩, (   )

2 다음 글을 읽고 딸기잼 만드는 순서를 메모하였습니다. 빈칸에 알맞은 말을 쓰세요.

> 딸기잼을 만들면 딸기를 오래 두고 먹을 수 있습니다. 딸기잼은 어떻게 만들까요? 제일 먼저 딸기를 깨끗이 씻어 주세요. 그리고 꼭지를 딴 다음 물기를 없애 주세요. 냄비에 딸기와 설탕을 넣고 끓여 주세요. 걸쭉해질 때까지 졸여 주면 딸기잼이 완성됩니다.

> 딸기잼 만드는 순서: 딸기 씻기 → 꼭지 따기 → (   ) → 냄비에 딸기와 설탕을 넣고 끓이기 → 걸쭉해질 때까지 졸이기

3 다음 글을 읽고 친구들이 아래와 같이 메모하였습니다. 물음에 답하세요.

> 우리나라의 대표적인 명절로는 설이 있습니다. 설은 음력 1월 1일로 새해를 맞는 명절입니다. 설에는 조상들께 차례를 지내고 어른들께 세배를 합니다. 그리고 한 해 동안의 복을 빌고 떡국을 먹습니다. 윷놀이나 연날리기와 같은 놀이를 하기도 합니다.

나윤

> 우리나라의 대표적인 명절로는 설이 있습니다. 설은 음력 1월 1일로 새해를 맞는 명절입니다. 설에는 조상들께 차례를 지내고 어른들께 세배를 합니다. 그리고 한 해 동안의 복을 빌고 떡국을 먹습니다. 윷놀이나 연날리기와 같은 놀이를 하기도 합니다.

서희

우리나라 대표 명절 설
- 음력 1월 1일
- 새해를 맞는 명절
- 차례 지내기, 세배하기, 복 빌기, 떡국 먹기, 윷놀이, 연날리기

오선

설
- 음력 1월 1일
- 윷놀이, 연날리기

(1) 다음은 누가 쓴 메모의 특징을 말한 것인지 친구의 이름을 쓰세요.

① 중요한 낱말을 중심으로 짧게 썼어.

(   )

② 글의 모든 내용을 다 쓰려고 했어.

(   )

③ 너무 간추려서 중요한 내용을 알기 힘들어.

(   )

(2) 메모를 가장 잘한 친구는 누구인지 쓰세요.

(   )

낱말과 낱말은 서로 뜻이 비슷한 관계인 것도 있고, 뜻이 반대되는 관계인 것도 있습니다. 또한 한 낱말이 다른 낱말들을 포함할 때도 있습니다. 글을 읽을 때 문맥을 통해 비슷한 뜻을 지닌 낱말이나 반대되는 뜻을 지닌 낱말을 파악하면 글의 내용을 더 꼼꼼히 이해할 수 있습니다.

★ **글을 읽으며 낱말 관계를 파악하려면,**

(1) 문맥을 통해 비슷한 뜻으로 쓰인 낱말이 있는지 살펴봅니다.

(2) 문맥을 통해 반대되는 뜻으로 쓰인 낱말이 있는지 살펴봅니다.

(3) 문맥을 통해 다른 낱말들을 포함할 수 있는 낱말이 있는지 살펴봅니다.

1 다음 밑줄 친 낱말들이 서로 어떤 관계인지 〈보기〉에서 찾아 기호를 쓰세요.

● 보기 ●
㉠ 뜻이 비슷한 관계　　㉡ 뜻이 반대되는 관계　　㉢ 하나가 다른 것을 포함하는 관계

(1)
"저는 재활용 쓰레기를 분류해 볼게요. 어떻게 하면 되죠?"
"그래. 종이는 종이끼리, 플라스틱은 플라스틱끼리, 유리는 유리끼리 모으면 된단다."
엄마는 은성이에게 우유갑, 페트병, 유리병을 보여 주면서 설명해 주었어요.

(　　　　)

(2)
　정선은 인왕산 아래에 있는 마을에서 태어나고 자랐습니다. 그에게는 같은 동네에서 친하게 지낸 벗이 있었습니다. 바로 이병연입니다.

(　　　　)

(3)
　탐조는 새를 만지거나 잡지 않고 관찰만 하는 것입니다. 새들을 방해하지 않아야 합니다. 새들이 놀라지 않도록 조용히 하고 주변 환경과 비슷한 색깔의 옷을 입는 것이 좋습니다. 또 그들이 사는 환경이 손상되지 않도록 해야 합니다. 만약 새 둥지를 발견하면 만지지 말고 얼른 벗어나는 것이 좋습니다. 사람이 만진 흔적이 있으면 새들이 둥지로 돌아오지 않을 수도 있기 때문입니다. 그리고 주변의 나무나 풀을 꺾지 말고 쓰레기를 주우면 새들이 사는 환경을 보호할 수 있습니다.

(　　　　)

2 다음 글을 읽고 문맥을 통해 낱말 관계를 바르게 파악하지 <u>못한</u> 친구에게 √표 하세요.

오늘 강원도에 강한 바람이 불었습니다. 우리나라 남쪽과 북쪽에 고기압과 저기압이 자리하며 기압 차이가 컸기 때문인데요. 내일은 기압 차가 줄고, 오늘보다는 바람도 약해지겠습니다.

내일 아침은 오늘보다는 기온이 오르고 대체로 맑을 것으로 예상됩니다. 서울 17도, 대구 20도로 전국적으로 따뜻하고 포근할 것으로 보입니다.

내일 아침 기온

춘천 19
서울 17   강릉 20
인천 17
청주 18   울릉도 18
세종 18   독도 18
대전 19   안동 18
대구 20
전주 19   울산 20
창원 20   부산 21
광주 19
제주 20

오선
( )

우리나라 남쪽과 북쪽은 고기압과 저기압이 자리해서 기압 차이가 크다고 하네. 고기압에서 '고'는 높다는 뜻이고, '저'는 낮다는 뜻이야. 이걸 보니 '**고기압**'과 '**저기압**'은 **뜻이 반대되는 관계**인 것 같아.

유진
( )

내일 아침은 기온이 올라서 전국적으로 따뜻하고 포근할 거라고 하네. '따뜻하다'와 '포근하다'는 모두 기온이 올랐을 때의 날씨야. 이걸 보니 '**따뜻하다**'와 '**포근하다**'는 **뜻이 비슷한 관계**인 것 같아.

준우
( )

일기 예보에서는 내일 아침 우리나라의 날씨를 설명하고 있어. 그리고 서울과 대구의 기온을 이야기하고 있어. 이걸 보니 '**우리나라**'와 '**서울, 대구**'는 뜻이 **비슷한 관계**인 것 같아.

🐂 이야기

이 글의 중심 화제는 **소**입니다. 소와 관련된 **역사, 미술, 사회, 과학**을 공부해요.
오랜 시간 동안 인간에게 친숙한 소에 관한 다양한 이야기를 읽으며 융합적으로 생각해 보세요.

소는 아주 오래전부터 인간과 함께 살아온 동물이에요. 역사상 가장 오래된 소 그림으로 알려진 에스파냐의 알타미라 벽화에는 여러 마리의 들소가 그려져 있어요. 소는 일찍부터 인간의 사냥 대상이었기에 알타미라 벽화처럼 사냥의 성공을 기원하고 풍요를 바란 흔적들을 세계 곳곳에서 찾아볼 수 있어요.

지역에 따라 소를 신의 대리* 형상으로 여겨 숭배한 흔적도 찾아볼 수 있어요. 신석기 시대의 중요한 유적지인 차탈휘익*에서는 거대한 황소 신을 표현한 벽화가 발견되었어요. 또 지중해 여러 지

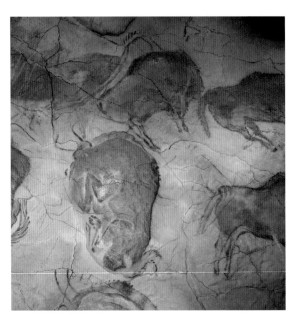
▲ 알타미라 벽화 속 들소

역의 신화에서는 소의 모습을 한 신의 이야기가 전해져요. 이 신들은 강력한 힘으로 적들을 물리치고 사람들에게 풍요를 가져다주는 최고의 신으로 숭배되었어요.

한편, 소는 다른 동물들에 비해 성질이 우직하고* 순한 편이라 일찍부터 인간에게 길들여졌어요. 농경 문화 중심으로 촌락이 발달한 우리나라에서도 소는 흔히 볼 수 있는 동물이에요. 근면하면서도 힘이 좋은 소는 우리 조상들에게 일찍부터 농사에 보탬이 된 고마운 친구이며 소중한 재산이었어요. 지금도 소는 다양한 분야에서 '힘과 부유함, 풍요로움'을 상징해요. 뉴욕 맨해튼의 경제 중심인 월가* 증권 거래소 앞과 우리나라 여의도 등에는 주식* 시장의 상승장을 상징하는 거대한 '돌진하는 황소'가 놓여 있어요.

소는 오래전부터 인간에게 중요한 식량 자원 중 하나로 현재 전 세계에 10억 마리 이상의 소가 사육되고 있어요. 옛날부터 소는 "하품밖에 버릴 게 없다."라는 말이 있을 만큼 가죽, 고기, 공예품의 재료 등으로 사용되며 인간의 삶에 유용한 동물이었어요. 하지만 10억 마리의 소들이 내뿜는 트림과 방귀 속에 포함된 메탄이라는 온실가스*는 지구 환경을 심각하게 위협하고 있어요. 지구 온난화의 대표적인 원인인 이산화 탄소보다 28배 더 심한 온난화를 일으킨다고 해요. 그래서 뉴질랜드에서는 소에서 배출되는 온실가스 해결 방안 중 하나로 '방귀세'라는 다소 웃음

이 나오는 세금을 만들려고 했지만 실현되지는 못했어요. 한때는 신으로 여겨지던 신성했던 소가 어느새 지구 환경을 악화시키는 걱정거리가 되었네요.

▲ 농사에 중요한 노동력인 소

▲ 월가의 상징, '돌진하는 황소'

* **대리**: 남을 대신하여 일을 처리함. 또는 그런 사람.
* **차탈휘익**: 터키 남동부 아나톨리아 고원에 있는 신석기 시대 유적지.
* **우직하고**: 성실하면서도 고지식하고.
* **월가**: 미국 뉴욕 맨해튼섬 남쪽 끝에 있는 금융 밀집 구역.
* **주식**: 주식회사의 자본을 구성하는 단위.
* **온실가스**: 지구 대기를 오염시켜 온실 효과를 일으키는 가스를 통틀어 이르는 말.

1 소와 관련된 속담을 조사하여 그 뜻을 써 보세요.

소와 관련된 속담	뜻
쇠귀에 경 읽기	소의 귀에 대고 경을 읽어 봐야 단 한 마디도 알아듣지 못한다는 뜻으로, 아무리 가르치고 일러 주어도 알아듣지 못하거나 효과가 없는 경우를 이르는 말입니다.

STEAM 독해

소 이야기

2 윷놀이를 해 본 적이 있나요? '도, 개, 걸, 윷, 모'에 해당하는 동물을 조사해 보고, '윷놀이'라는 이름의 유래를 짐작해서 써 보세요.

도	개	걸	윷	모
돼지				

➡ 우리 민족은 농경 민족이었기 때문에 농사에 필요한 ☐ 가 제일 중요했습니다. 그래서 ☐ 에 해당하는 '윷'을 따서 '윷놀이'라고 불렀다고 합니다.

3 우리나라의 겨울철 대표 별자리 중 하나인 황소자리 이야기를 읽고, 빈칸에 알맞은 말을 쓰세요.

옛날 페니키아에 에우로페라는 공주가 살고 있었어요. 에우로페는 너무나 아름다워서 올림포스의 신 제우스가 그녀를 보고 한눈에 반해 버릴 정도였죠. 그녀의 아름다움에 마음을 빼앗긴 제우스는 아내 헤라 여신의 눈을 피해 그녀에게 갈 방법을 궁리하다가 한 마리 황소로 변하여 페니키아로 달려갔어요. 그러고는 에우로페를 태우고 가 에우로페에게 열렬한 사랑을 고백했고, 두 사람은 서로 사랑을 하게 되었지요.

제우스는 에우로페에게 '우리의 자손들은 당신의 이름을 붙인 새로운 땅에서 살게 될 것'이라 약속했고, 그곳이 바로 에우로페의 이름을 딴 유럽 대륙이 되었답니다. 그리고 제우스는 자신과 에우로페의 사랑을 연결시켜 준 소를 기념하기 위해 밤하늘로 올려 별자리로 만들었는데, 이것이 바로 '황소자리'라고 전해져요.

▲ 유럽 지도

▲ 황소자리

➡ 황소자리의 유래가 된 이야기의 주인공인 에우로페는 지금의 ☐☐ 대륙의 이름이 되었어요.

4 소고기나 우유를 활용해서 만든 음식을 먹어 본 적이 있다면 써 보세요.

_____

5 이중섭의 소 그림을 보고, 여러분도 자신만의 소를 자유롭게 그려 보세요.

우리나라의 대표 화가 이중섭 하면 많은 사람이 소를 떠올려요. 일제 강점기를 살았던 이중섭의 소 그림은 식민지 시대 일제의 압박에도 우직하게 살아 낸 우리 민족을 비유한 것이라고도 하고, 화가의 분신이라고 해석하기도 해요.

▲ 이중섭의 소 그림

2주차

무엇을 배울까요?

회차		글의 내용	핵심 개념	읽기 방법	학습 계획일
01회		**축구 선수 손흥민** 인종 차별을 극복하고 세계적인 축구 선수가 된 손흥민 선수에 관한 책을 읽고 쓴 독서 감상문입니다.	[사회 문화] 차별	세부 내용 파악하기	월 일 (요일)
02회		**세계 대표 식량, 밀** 밀이 세계 대표 식량이 된 까닭을 설명하는 글입니다.	[경제] 생산	문단 파악하기	월 일 (요일)
03회		**우리 전통 음식, 김치** 우리 전통 음식인 김치를 외국인 친구에게 소개하는 글입니다.	[사회 문화] 전통	자연스럽지 않은 내용 파악하기	월 일 (요일)
04회		**옛날에도 학교가 있었을까?** 조선 시대 어린이들의 학교였던 서당에 대해 설명하는 글입니다.	[사회 문화] 서당	나에게 적용하며 감상하기	월 일 (요일)
05회		**읽기 방법 익히기** 이 주에 공부한 중요 [읽기 방법]을 한눈에 정리하고 문제로 확인합니다. 1 문단 파악하기 2 자연스럽지 않은 내용 파악하기			월 일 (요일)

어느 수준일까요?

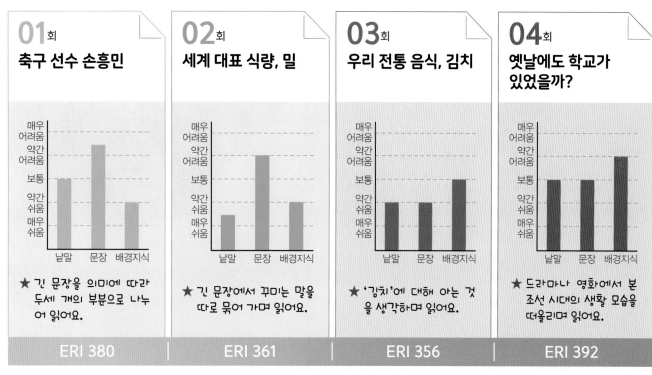

01회	02회	03회	04회
축구 선수 손흥민	**세계 대표 식량, 밀**	**우리 전통 음식, 김치**	**옛날에도 학교가 있었을까?**
★ 긴 문장을 의미에 따라 두세 개의 부분으로 나누어 읽어요.	★ 긴 문장에서 꾸미는 말을 따로 묶어 가며 읽어요.	★ '김치'에 대해 아는 것을 생각하며 읽어요.	★ 드라마나 영화에서 본 조선 시대의 생활 모습을 떠올리며 읽어요.
ERI 380	ERI 361	ERI 356	ERI 392

이 주의 ERI 지수

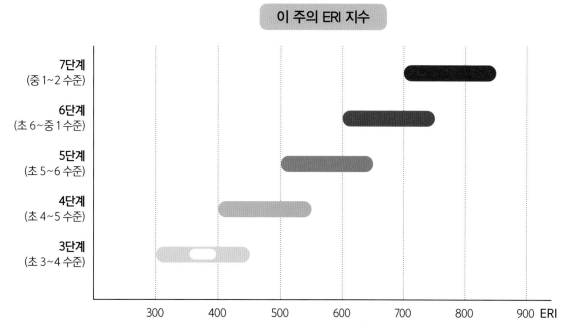

01회 축구 선수 손흥민

서로 다른색이 모여 하나를 만듭니다

우리 사회에는 어린이, 노인, 장애인에서부터 우리와 얼굴이 다른
외국인에 이르기까지 많은 사람이 함께 살아가고 있습니다.
그 사람들은 각각 다른 일을 하고 다른 지역에서 살고 살아가는 모습도 다릅니다.
모습은 다르지만 한 사람 한 사람이 자신의 역할을 다하고 서로 돕기 때문에 우리는 행복하게 살아갑니다.
타인을 이해하고 도우면서 살아가는 것은 우리 사회를 더욱 살기 좋게 만듭니다.

kobaco 한국방송광고공사
공익광고협의회

☑ 핵심 개념인 '차별'과 관련된 말들을 알아 둡시다.

→ 차별 대우 / 인종 차별

서로 다르다는 이유로 다른 사람을 낮추어 대우하는 것을 차별이라고 해요.

☑ 글을 읽고 이것만은 꼭 찾아냅시다.

→ 서로 다르다는 이유로 다른 사람을 차별하는 것이 옳을까요?

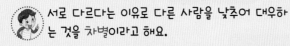

☑ 글의 세부 내용을 정확하게 이해해 봅시다.

→ 글에서 설명하고 있는 상세한 내용을 정확하게 이해하여 설명한 대상의 특징을 파악합니다.

새로운 내용이 설명될 때마다 밑줄 긋기	➡	밑줄 친 내용을 정리하여 설명한 대상 이해하기

세부 내용이란 대상을 설명한 상세한 내용을 말해요.

1 핵심 개념 미리 보기

다음 두 그림을 보고, 차이인지 차별인지 알맞은 것에 ○표 하세요.

(1)

(차이, 차별)

(2)
(차이, 차별)

2 읽기 방법 미리 보기

다음 글을 읽고, 글쓴이가 ㉠을 읽게 된 이유를 알맞게 말한 친구에게 ✓표 하세요.

> 얼마 전 도서관에서 ㉠『축구 선수 손흥민』이라는 책을 보았다. 이 책에는 손흥민이 세계적인 선수가 되기까지 어떠한 과정을 거쳤는지 자세히 나와 있었다. 나도 커서 축구 선수가 되는 것이 꿈이다. 그래서 손흥민 선수가 어떻게 축구를 잘하게 되었는지 궁금해서 읽게 되었다.

오선

글쓴이는 축구 선수가 되는 게 꿈이기 때문에, 손흥민 선수가 어떻게 축구를 잘하게 되었는지 궁금했던 것 같아.

(   )

손흥민 선수는 유명하기 때문에, 글쓴이의 아빠가 도서관에서 이 책을 글쓴이에게 추천해 주신 것 같아.

나윤

(   )

정답 1. (1) 차이, (2) 차별   2. 오선

얼마 전 도서관에서『축구 선수 손흥민』이라는 책을 보았다. 이 책에는 손흥민이 ㉠세계적인 선수가 되기까지 어떠한 과정을 거쳤는지 자세히 나와 있었다. 나도 커서 축구 선수가 되는 것이 꿈이다. 그래서 손흥민 선수가 어떻게 축구를 잘하게 되었는지 궁금해서 읽게 되었다.

손흥민은 어릴 적부터 축구밖에 모르던 소년이었다. 그는 ㉡프로 축구 선수 출신인 아버지에게 축구를 배웠다. 손흥민은 고등학교 1학년 때 우수 선수로 뽑혀 유럽으로 가게 되었다. 처음에는 동양인이라는 이유로 다른 선수들이 공도 잘 주지 않고, 말도 잘 걸지 않았다고 한다. 그러나 손흥민은 포기하지 않았다. 팀에 적응하고 실력으로 인정받기 위해 피나는 노력을 거듭했다. 그리하여 마침내 그는 세계 최고의 선수 중 한 명이 되었다.

이 책에서 가장 기억에 남는 점은 손흥민 선수

▲ 손흥민 선수

가 여러 어려움을 이겨 내고 최고의 선수가 되었다는 것이다. 인종 차별의 따가운 시선과 편견에도 불구하고 손흥민 선수는 끝까지 포기하지 않았다. 나라면 그런 어려움 속에서 한국으로 빨리 돌아오고 싶었을 것 같다. 그러나 손흥민 선수는 실력으로 보여 주려는 듯 더 열심히 훈련하며 경기를 하였다. 끝까지 자신의 뛰어난 점을 보여 주려 한 것이다.

이 책을 보면서 우리 반의 다문화 가정 친구가 생각났다. 평소에 나는 ㉢그 친구가 우리와 피부색이 다르다는 이유로 친하게 지내지 않았다. 이 책을 읽으며, 나 또한 편견을 갖고 있다는 것을 알게 되었다. 피부색은 차이일 뿐이다. 피부색으로 친구를 차별하지 말아야겠다.

세부 내용 파악하기

1. '축구 선수 손흥민'에 대한 설명으로 알맞으면 ○표, 알맞지 않으면 X표 하세요.

(1) 어릴 때 프로 축구 선수 출신인 코치가 있는 학원에 다녔다.   (   )

(2) 고등학교 1학년 때 우수 선수로 뽑혀 미국으로 가게 되었다.   (   )

(3) 유럽에서 인종 차별의 어려움 속에서도 뛰어난 실력을 보여 주었다.   (   )

가리키는 말의 의미 파악하기

2. ㉠～㉢이 가리키는 대상을 선으로 알맞게 이으세요.

㉠ '세계적인 선수'	•	•	손흥민
㉡ '프로 축구 선수 출신'	•	•	다문화 가정 친구
㉢ '그 친구'	•	•	손흥민의 아버지

문맥을 활용하여 추론하기

3. 이 글의 내용으로 보아, 손흥민 선수가 생각했을 내용으로 알맞지 <u>않은</u> 것은 무엇인가요?

(   )

① 인종 차별이 심하지만 실력으로 이겨 내야겠어.

② 동양인이라고 무시하니 한국으로 당장 돌아가야겠어.

③ 말이 잘 통하지 않으니 외국어를 더 열심히 배워야겠어.

④ 세계적인 선수가 되도록 반복해서 더 열심히 훈련해야겠어.

⑤ 외국에서 지내려면 그 나라 문화를 더 적극적으로 익혀야겠어.

내용 요약하기

4. 다음은 이 글의 내용을 한 문장으로 요약한 것입니다. 빈칸에 들어갈 말을 〈보기〉에서 찾아 쓰세요.

---● 보기 ●---

과정　　노력　　차별　　차이

손흥민 선수는 인종 ☐☐을/를 극복하고 끊임없는 ☐☐(으)로 세계적인 축구 선수가 되었다.

시사점 추론하기

5. 이 글을 읽고 우리가 마음에 새겨야 할 내용을 바르게 말하지 <u>못한</u> 친구는 누구인가요?

(　　　)

① 하희: 인종이 다르다는 이유로 차별해서는 안 돼.
② 소유: 축구를 잘하려면 훈련보다 출신 나라가 중요해.
③ 로이: 어려움이 있더라도 포기하지 말고 더 열심히 노력해야 해.
④ 은강: 다른 나라 친구들도 모두 나의 이웃이나 친구가 될 수 있어.
⑤ 이찬: 다른 점이 있다고 해서 그것 때문에 차별한다면 잘못된 거야.

낱말 뜻 짐작하기

6. 가로세로 열쇠를 참고하여 다음 빈칸에 알맞은 말을 쓰세요.

①입	단		②
춘		③파	견
	④순		
⑤	종		

[가로 열쇠]

① 무리나 모임에 가입함.
③ 어떤 일을 맡겨서 사람을 보냄.
⑤ 사람을 인종에 따라 차별함.

[세로 열쇠]

① 한 해를 스물넷으로 나눈 때 가운데 하나. 봄이 시작되는 때라고 함.
② 한쪽으로 치우친 잘못된 생각.
④ 남의 뜻에 고분고분 따름.

어휘 익히기

1 낱말 뜻 알기

다음 빈칸에 알맞은 낱말을 〈보기〉에서 찾아 쓰세요.

• 보기 •

동양인   거듭했다   다문화   차이

1. 형과 나는 키 (   )이/가 많이 난다.
   (뜻) 서로 견주었을 때 다른 정도나 상태.

2. 그들은 새로운 치료제를 개발하기 위해 실험을 (   ).
   (뜻) 어떤 일을 되풀이했다.

3. 1990년대 이후로 한국 사회는 (   ) 사회로 접어들었다.
   (뜻) 한 사회 안에 여러 민족이나 여러 국가의 문화가 섞여 있는 것을 이르는 말.

4. 그는 서양인이지만 까만 눈에 흑갈색 머리를 해서 (   ) 느낌이 난다.
   (뜻) 아시아의 동부 및 남부 사람을 이르는 말.

2 관용 표현 알기

다음 빈칸에 알맞은 말을 쓰세요.

"⬜⬜ ⬜이 무너지랴"

이 속담은 공들여 쌓은 탑은 무너질 리 없다는 뜻으로, 힘을 다하고 정성을 다하여 한 일은 그 결과가 반드시 헛되지 아니함을 이르는 말이에요. 어떤 일을 이루는 데 포기하지 않고 열심히 노력한다면 좋은 성과를 낼 수 있을 거예요.

3 한자어 익히기

다음 한자어를 소리 내어 읽고 빈칸에 따라 써 보세요.

差	別
다를 **차**	나눌 **별**

차별(差別): 다르다고 해서 얕보거나 대접을 소홀하게 하는 것.
- 옛날에 백인들은 흑인들을 차별했다.
- 조선 시대에는 신분에 따른 차별이 심했다.
- 여자와 남자의 차이는 인정하되, 차별해서는 안 된다.

差	別				
다를 차	나눌 별				

02회 세계 대표 식량, 밀

☑ 핵심 개념인 '생산'과 관련된 말들을 알아 둡시다.

→ 생산품 / 생산자 / 농업 생산

 생산이란 필요한 물건을 만들어 내는 것을 말해요.

☑ 글을 읽고 이것만은 꼭 찾아냅시다.

→ 밀이 세계 사람들이 가장 많이 먹는 대표적인 식량이 된 이유는 무엇일까요?

☑ 문단을 파악하며 글을 읽어 봅시다.

→ 여러 개의 문장을 묶어 생각 단위별로 나타낸 것을 문단이라고 합니다. 문단을 나누어 읽으면 글쓴이의 생각을 정리하기 쉽습니다.

| 줄이 바뀌고, 한 칸씩 들여서 쓴 부분 찾기 | → | 말하고 있는 내용을 묶어 하나의 생각으로 정리하기 |

 몇 개의 문장이 모여 하나의 중심 생각을 나타내는 글의 부분을 문단이라고 해요.

1 핵심 개념 미리 보기

다음 음식들에 공통적으로 사용된 재료를 〈보기〉에서 찾아 쓰세요.

● 보기 ●

밀   파   조개   치즈

(   )

2 읽기 방법 미리 보기

다음 글을 두 개의 생각 단위로 나눈다면 ❶~❺ 중 어디에서 나누는 것이 좋을지 알맞은 곳에 ○표 하세요.

> 곡물은 다양한 기후에서 자란다. ❶ 더운 곳, 따뜻한 곳, 서늘한 곳에서 곡물이 자란다. ❷ 곡물은 더운 곳에서부터 서늘한 곳까지 지구상의 넓은 지역에 걸쳐 자라는 것이다. ❸ 사람들은 곡물을 좋아한다. ❹ 곡물은 익히면 맛이 구수해진다. ❺ 구수한 맛을 사람들이 좋아하기 때문에, 여러 곳에서 사람들이 곡물을 길러 먹는 것이다.

정답 1. 밀 2. ❸

1 세계 사람들은 어떤 재료로 만든 음식을 가장 많이 먹을까요? 바로 밀이에요. 밀은 쌀, 옥수수와 함께 세계 3대 곡물로 유명해요. ㉠이 곡물이 사람들이 가장 많이 찾는 대표적인 음식 재료가 된 이유는 무엇일까요?

2 밀은 지구상의 아주 넓은 지역에서 심고 길러요. 밀은 비가 적게 내리고 서늘한 곳에서도 잘 자라지요. 풀이 자랄 수 있는 대부분의 땅에서 밀은 쉽게 생산될 수 있어요. 그래서 기르기 쉬운 밀을 많은 지역에서 심고 기르게 되었어요.

3 밀은 맛이 좋아서 많은 사람이 좋아해요. 예전부터 밀을 한번 맛본 사람들은 계속해서 밀로 만든 음식을 먹고 싶어 했어요. 그래서 밀로 만든 음식을 매일 먹고 사는 사람 수도 많아졌답니다. 그 덕분에 밀을 심어 기르는 사람들은 점점 더 많아졌어요.

4 밀은 고기나 채소 등 다른 식량에 비해 보관하기도 쉬워요. 고기와 채소는 오래 보관하기 어렵지요. 하지만 밀은 몇 년씩 보관해도 상하지 않아요. 밀은 단단한 껍질이 있어 오래 보관할 수 있거든요.

5 밀이 없었다면 많은 사람이 굶어야 했을지도 몰라요. 밀이 있었기 때문에 많은 사람이 밀을 먹고 살 수 있었어요. 오늘날은 기술이 발달하여 먹을 것이 풍부해졌지만, 그래도 밀은 여전히 사람들에게 가장 중요한 대표 식량 중 하나예요.

내용 파악하기

1. 이 글의 내용으로 알맞지 <u>않은</u> 것은 무엇인가요? (　　　)

① 밀은 영양이 풍부해서 약의 재료로 사용된다.

② 밀로 만든 음식을 매일 먹고 사는 사람이 많다.

③ 밀은 비가 적게 내리고 서늘한 곳에서도 잘 자란다.

④ 밀이 없었다면 많은 사람이 굶어야 했을지도 모른다.

⑤ 밀은 풀이 자랄 수 있는 대부분의 땅에서 쉽게 자란다.

글의 목적 추론하기

2. 글쓴이가 이 글을 쓴 목적은 무엇일까요? (　　　)

① 자신의 의견을 근거를 들어 주장하기 위해

② 일상에서 겪은 일을 누군가에게 알리기 위해

③ 어떤 사실을 알기 쉽게 자세히 설명하기 위해

④ 자신의 생각과 느낌을 노래처럼 표현하기 위해

⑤ 자신이 상상한 일을 꾸며 써서 재미를 주기 위해

가리키는 말의 의미 파악하기

3. ㉠이 가리키는 것은 무엇인가요? (　　　)

①  쌀

② 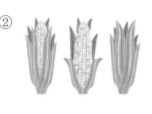 옥수수

③ 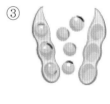 콩

④  보리

⑤  밀

🔔 문단 파악하기

4. 1 ~ 5 문단의 중심 내용을 다음과 같이 정리할 때, 빈칸에 알맞은 말을 쓰세요.

문단	중심 내용
1	밀은 사람들이 가장 많이 찾는 대표적인 음식 재료이다.
2	밀은 기르기 쉬워서 대표적인 음식 재료가 되었다.
3	밀은 ☐이 좋아서 대표적인 음식 재료가 되었다.
4	밀은 ☐☐하기 쉬워서 대표적인 음식 재료가 되었다.
5	밀은 여전히 가장 중요한 대표 식량 중 하나이다.

낱말 뜻 짐작하기

5. 다음 두 친구가 무엇에 대해 말하고 있는지 〈보기〉에서 찾아 쓰세요.

─● 보기 ●─

기술   보관   생산   식량

사람이 사는 데 꼭 필요해요!

먹을거리예요!

(   )

글의 내용 적용하기

6. 이 글을 읽고 더 알아볼 내용에 대해 친구들이 이야기를 나누었습니다. 알맞지 <u>않은</u> 말을 한 친구는 누구인가요? (   )

① 윤우: 밀은 단단한 껍질이 있다는데 어떻게 벗겨서 먹는지 찾아볼래.
② 위지: 세계 여러 나라에서 밀을 가지고 어떤 음식을 만들었는지 알아볼래.
③ 시우: 밀을 많이 먹는 나라에는 어떤 나라들이 있는지 구체적으로 찾아볼래.
④ 최은: 밀 외에도 쌀이나 옥수수는 왜 대표 식량이 되었는지 그 이유를 찾아볼래.
⑤ 나임: 우리나라 사람들이 여름마다 먹는 전통 음식에는 어떤 것이 있었는지 알아볼래.

1 낱말 뜻 알기

다음 빈칸에 알맞은 낱말을 〈보기〉에서 찾아 쓰세요.

• 보기 •

재료　　곡물　　서늘한　　보관

1. 가을이 되니 (　　　　) 바람이 분다.
   뜻 바람이나 공기가 조금 찬.

2. 올해 잦은 홍수 피해로 (　　　　) 가격이 크게 올랐다.
   뜻 벼, 보리, 콩, 밀, 수수, 조 같은 먹을거리.

3. 반찬은 상하지 않도록 냉장고에 넣어 (　　　　)해야 한다.
   뜻 물건을 맡아서 간직하고 관리함.

4. 떡볶이를 만들 (　　　　)에는 떡, 어묵, 고추장, 양파 등이 있다.
   뜻 어떤 것을 만드는 데 쓰는 것.

2 관용 표현 알기

다음 빈칸에 알맞은 말을 쓰세요.

"☐가루 장사 하면 바람 불고
소금 장사 하면 비가 온다"

　이 속담은 밀가루 장사를 하려고 장을 펼치면 바람이 불어와서 밀가루가 날리고, 소금 장사를 하려고 하면 비가 와서 소금이 녹아내린다는 뜻으로, 모처럼의 좋은 기회가 와도 무엇 하나 뜻대로 되는 일이 없음을 이르는 말이에요.

3 한자어 익히기

다음 한자어를 소리 내어 읽고 빈칸에 따라 써 보세요.

生	産
낳을 생	낳을 산

생산(生産): 어떤 것을 만들어 냄.
• 농촌에서는 곡식과 채소 등을 생산한다.
• 컴퓨터에 들어가는 반도체는 우리나라의 주요 생산품이다.
• 그 제과점은 우리나라에서 생산된 밀을 재료로 빵을 만든다.

生	産						
낳을 생	낳을 산						

우리 전통 음식, 김치

☑ 핵심 개념인 '전통'과 관련된 말들을 알아 둡시다.

→ 전통 음식 / 전통 의상 / 전통적

전통이란 오래전부터 전해져 내려오는 생각, 습관, 행동 방식 등을 말해요.

☑ 글을 읽고 이것만은 꼭 찾아냅시다.

→ 우리 전통 음식인 김치의 장점에는 어떤 것이 있을까요?

☑ 글의 흐름에 자연스럽지 않은 내용이 있으면 찾아내 봅시다.

→ 글에서 주로 말하고 있는 내용과 어울리지 않는 내용을 골라내어 봅니다.

글을 읽으며 글 내용의 흐름 파악하기	→	글 내용의 흐름에 맞지 않는 것 골라내기

 자연스럽지 않은 내용 파악하기란 글의 흐름에 맞지 않는 내용을 찾아내는 것을 말해요.

1 핵심 개념 미리 보기

빈칸에 공통으로 들어갈 말을 〈보기〉에서 찾아 쓰세요.

● 보기 ●

서양   전통   현대

한복은 우리나라의 ☐☐ 옷으로, 여자는 짧은 저고리에 치마를 입습니다.

구절판은 우리나라의 ☐☐ 음식으로, 여덟 가지 음식을 전병에 싸서 먹습니다.

한옥은 우리나라의 ☐☐ 집으로, 주변에서 쉽게 구할 수 있는 나무와 흙을 사용하여 만듭니다.

2 읽기 방법 미리 보기

다음 글을 읽고, 글의 흐름에 맞지 않는 문장을 찾아 밑줄을 그으세요.

요즘 김치가 외국에서도 인기가 높아졌어. 그러자 일본이 김치가 원래 자기네 것이라며 '기무치'를 이야기했어. 하지만 김치와 기무치는 달라. 나는 김치전을 가장 좋아해. 김치는 발효되면서 매콤새콤한 맛이 나지. 하지만 기무치는 발효 과정을 거치지 않아서 단맛과 신맛이 나.

정답 1. 전통   2. 나는 김치전을 가장 좋아해.

크리스틴 안녕? 지난번 편지에서 영국의 음식에 대해 자세히 알려 주어서 고마웠어. 이번에는 내가 살고 있는 한국의 전통 음식에 대해 소개하려고 해.

아주 오랜 옛날, 우리나라는 추운 겨울이 되면 채소를 쉽게 구할 수 없었어. 그래서 우리 조상들은 배추나 무 같은 채소를 소금에 절여 보관했지. 이것이 김치의 시작이란다. 그리고 거기에 온갖 양념을 더해 먹기 시작했어. 세월이 흐르면서 더욱 다양한 재료와 양념이 더해지면서 김치는 맛과 영양 면에서 점점 발전되어 왔지.

▲ 우리 조상들이 김치를 보관했던 장독대와 김치광

김치에는 건강을 유지하는 데 꼭 필요한 영양소들이 많이 들어 있어. 밥만으로는 채울 수 없는, 우리 몸에 이로운 영양소들이 풍부하게 들어 있지. 김치를 먹으면 여러 가지 병이 예방된다는 연구 결과도 많단다.

김치로 만들 수 있는 음식도 아주 많아. 김치찌개, 김치전, 김치볶음밥……. 그중에서도 나는 김치전을 제일 좋아해. 주룩주룩 비가 오는 날이면 우리나라 사람들은 김치전을 먹고 싶어 해. 빗방울이 떨어지는 소리와 기름에 지글지글 굽는 김치전 소리가 비슷해. 그래서 김치전이 더 생각나나 봐.

요즘 김치가 외국에서도 인기가 높아졌어. 그러자 일본이 김치가 원래 자기네 것이라며 '기무치'를 이야기했어. 하지만 김치와 기무치는 달라. 김치는 발효되면서 매콤새콤한 맛이 나지. 하지만 기무치는 발효 과정을 거치지 않아서 단맛과 신맛이 나. 2001년에는 국제적으로도 '김치(Kimchi)'라는 이름으로 인정을 받았어. 그래서 이제는 세계 다른 나라들도 '김치(Kimchi)'라는 이름을 쓰고 있어.

너에게도 김치가 어떤 맛인지 보여 주고 싶어. 또 한국에는 김치 외에도 맛있는 음식이 많아. 비빔밥, 불고기 같은 여러 가지 맛있는 한국 음식을 만들어 줄게. 나중에 꼭 한번 놀러 오렴.

▲ 배추김치

▲ 갓김치(전라도)

▲ 전복김치(제주도)

중심 화제 파악하기

1. 이 글에서 글쓴이가 소개하고 싶은 대상은 무엇인가요? (   )

① 영국의 음식
② 한국의 날씨
③ 한국의 전통 옷
④ 몸에 좋은 음식
⑤ 한국의 전통 음식 김치

세부 내용 파악하기

2. 김치로 만든 음식 중 글쓴이가 가장 좋아하는 음식은 무엇인가요? (   )

① 김치전
② 김칫국
③ 김치찌개
④ 김치볶음밥
⑤ 김치말이 국수

낱말 뜻 짐작하기

3. 친구들이 설명하는 것이 무엇인지 〈보기〉에서 찾아 쓰세요.

> ─●보기●─
>
> 발효   소금   채소

효모나 세균 같은 미생물이 이 과정을 통해 치즈나 요거트 등을 만들어 내지요.

이 과정을 거쳐 간장, 된장 같은 음식이 만들어져요.

우리나라에서는 이 과정이 잘 일어나도록 김치, 간장 등을 장독대에 보관하기도 해요.

(   )

세부 내용 파악하기

4. 이 글의 내용으로 보아, 김치의 재료가 **아닌** 것은 무엇인가요? (　　　)

① 무　　　　　　　② 배추　　　　　　　③ 소금

④ 식용유　　　　　⑤ 온갖 양념

문맥을 활용하여 추론하기

5. 이 글의 내용을 정확하게 이해하지 **못한** 친구는 누구인가요? (　　　)

① 조온: 이 글은 영국의 전통 음식에 대해 자세하게 소개하고 있어.

② 아인: 김치에는 배추, 무뿐 아니라 여러 다양한 재료들이 들어가는구나.

③ 은혜: 맛과 영양 면에서 뛰어난 김치를 보면 우리 조상들의 지혜가 느껴져.

④ 하라: 김치에 자부심을 갖고 김치를 전 세계에 알리도록 더욱 노력해야겠어.

⑤ 소망: 김치를 먹으면 여러 가지 병이 예방된다니 김치는 영양소가 정말 풍부한가 봐.

자연스럽지 않은 내용 파악하기

6. 이 글의 내용으로 보아, 빈칸에 들어갈 말로 알맞지 **않은** 것은 무엇인가요? (　　　)

김치나 기무치나 같은 배추로 만든 음식인데, 다 똑같지 뭐.

그렇지 않아.
(　　　　　　)

① 김치는 기무치와 달리 발효되면서 매콤새콤한 맛이 나.

② 세계 다른 나라들도 '김치(Kimchi)'라는 이름을 쓰고 있어.

③ 김치는 일본 사람들이 처음 만들어서 먹어 온 일본 음식이야.

④ 기무치는 발효 과정을 거치지 않고 만들어서 단맛과 신맛이 나.

⑤ 김치는 2001년에 국제적으로 '김치(Kimchi)'라는 이름으로 인정을 받았어.

어휘 익히기

1 낱말 뜻 알기

다음 빈칸에 알맞은 낱말을 〈보기〉에서 찾아 쓰세요.

> ● 보기 ●
>
> 절여   영양소   예방   국제적

1. 굴비는 조기를 소금에 (　　　　　) 말린 것을 말한다.
   - 뜻 채소, 생선 등에 소금기나 식초 등이 배어들게 하여.

2. 독감에 걸리지 않기 위해 독감 (　　　　　) 주사를 맞았다.
   - 뜻 병이나 사고 같은 것이 나지 않게 미리 막음.

3. 우리나라에는 (　　　　　)(으)로 유명한 스타들이 많이 있다.
   - 뜻 여러 나라에 관계되는 성격을 가지거나 그 범위가 여러 나라에 미치는 것.

4. 의사 선생님은 키가 크려면 (　　　　　)을/를 골고루 섭취해야 한다고 하셨다.
   - 뜻 생물이 영양을 얻는 물질. 탄수화물, 단백질, 지방, 비타민, 무기질 등이 있음.

2 관용 표현 알기

다음 빈칸에 알맞은 말을 쓰세요.

> **"떡 줄 사람은 생각도 않는데 □□□부터 마신다"**
>
> 예전에는 떡을 먹을 때 목이 메지 않도록 김칫국을 함께 먹었어요. 이 속담은 다른 사람이 떡을 가지고 있는 것을 보고 '저 떡을 나에게 줄 것이니 김칫국을 먹어 둬야겠어.'라고 생각한다는 뜻으로, 상대방은 줄 생각도 하지 않는데 혼자 미리 짐작하여 기대하는 것을 이르는 말이에요.

3 한자어 익히기

다음 한자어를 소리 내어 읽고 빈칸에 따라 써 보세요.

傳	統
전할 **전**	거느릴 **통**

전통(傳統): 한 집단에 옛날부터 이어져 내려오는 것.
- 우리 전통의 옷은 한복이다.
- 우리나라에는 설날에 떡국을 먹는 전통이 있다.
- 이날 행사에는 윷놀이, 널뛰기, 연날리기 등 전통 놀이가 펼쳐졌다.

傳	統						
전할 전	거느릴 통						

옛날에도 학교가 있었을까?

ERI 독해가 문해력이다

▲ 19세기 말 서당 훈장과 학동들의 모습을 담은 사진

☑ 핵심 개념인 '서당'과 관련된 말들을 알아 둡시다.

→ 청학동 서당 / 서당의 전통

 서당은 조선 시대에, 공부를 시작한 사람들을 가르치던 곳이에요.

☑ 글을 읽고 이것만은 꼭 찾아냅시다.

→ 조선 시대의 서당은 어떤 곳이었을까요?

☑ 글의 내용을 나에게 적용하며 감상해 봅시다.

→ 글의 내용을 나의 상황에 적용하며 감상하면 글의 내용을 더욱 잘 이해할 수 있습니다.

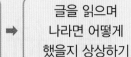

| 글 속 상황에 내가 들어가 있다고 생각하기 | ➡ | 글을 읽으며 나라면 어떻게 했을지 상상하기 |

 나에게 적용하며 감상하기란 글의 상황 속에 내가 있다면 어떻게 느끼고 판단할지 상상하는 것을 말해요.

1 핵심 개념 미리 보기

다음 그림 속 인물들이 무엇을 하고 있는지 선으로 알맞게 이으세요.

▲ 김홍도, 「서당」

(1)	가운데 어른	• • ㉠	혼나서 훌쩍이고 있습니다.
(2)	가운데 아이	• • ㉡	아이를 꾸짖은 후 바라보고 있습니다.
(3)	주변의 아이들	• • ㉢	책을 보거나 우는 아이를 보고 있습니다.

2 읽기 방법 미리 보기

다음 글을 읽고, 나라면 어떻게 했을지 상상하여 빈칸을 채워 보세요.

(1)
> 서당에 들어가면 제일 먼저 배우는 책이 『천자문』이었어요. 『천자문』은 가장 기본적인 한자 천 개를 배우도록 만든 책이에요.

➡ 내가 서당의 선생님이었다면, 『천자문』을 가르치기 전에 먼저 (   )을/를 가르쳤을 것이다.

(2)
> 책을 다 익히고 나면, 떡을 해서 서당에 가져가 함께 나누어 먹으며 축하했어요.

➡ 내가 책을 다 익혀 축하받는 아이였다면, (   )을/를 가지고 가서 함께 나누어 먹었을 것이다.

옛날에도 학교가 있었을까요? 대한민국 이전, 우리나라 땅에는 조선이라는 나라가 있었어요. 조선 시대의 초등학교는 서당이었어요. 서당은 조선 시대 어린이들이 공부하던 학교예요.

서당에서는 한자를 읽을 줄 아는 어른을 선생님으로 모셨어요. 서당의 선생님을 훈장님이라고 불렀지요. 아이들은 훈장님 집에서 공부를 했고 약간의 곡식을 수업료로 내고 매일 공부하러 다녔어요.

서당에 들어가면 제일 먼저 배우는 책이 『천자문』이었어요. 『천자문』은 가장 기본적인 한자 천 개를 배우도록 만든 책이에요. 옛날에는 책들이 한자로 적혀 있었어요. 그래서 한자를 익혀야 책을 읽고 이해할 수 있었어요. 마치 오늘날 초등학교에 들어가면 한글을 배우는 것과 같지요.

『천자문』 한 권을 다 익히는 데에는 보통 10개월 정도가 걸렸어요. 아이들은 이 책을 익히기 위해 수업이 끝난 후 집에 가서 숙제를 했어요. 책을 다 익히고 나면, 떡을 해서 서당에 가져가 함께 나누어 먹으며 축하했어요. 이런 축하 행사를 '책거리'라고 불렀답니다.

이렇듯 조선 시대의 서당은 오늘날 초등학교의 모습과는 조금 달라요. (㉠) 열심히 배우고자 하는 학생들의 마음은 같겠지요? 시간 여행을 조선 시대로 가게 된다면, 여러분은 서당에서 어떻게 공부하고 있을지 상상해 보세요.

▲ 청학서당

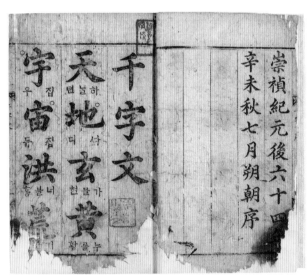

▲ 『천자문』

중심 화제 파악하기

1. 이 글에서 중요하게 설명하고 있는 것은 무엇인가요? (   )

① 서당   ② 책거리   ③ 수업료
④ 훈장님   ⑤ 시간 여행

글의 목적 추론하기

2. 이 글을 쓴 목적을 가장 잘 파악한 친구는 누구인가요? (   )

① 아린: 조선 시대에 살았던 사람이 서당에 다닌 경험을 소개한 글이야.
② 시완: 조선 시대의 착한 사람들의 이야기를 통해 교훈을 주는 글이야.
③ 진결: 조선 시대의 초등학교인 서당의 특징을 설명해 주려고 쓴 글이야.
④ 소담: 조선 시대처럼 『천자문』을 지금도 배워야 한다고 주장하는 글이야.
⑤ 송찬: 조선 시대에 있었을 법한 일을 재미를 위해 상상해서 지어낸 글이야.

세부 내용 파악하기

3. 다음은 오늘날과 조선 시대의 학교를 비교한 것입니다. 빈칸에 알맞은 말을 이 글에서 찾아 쓰세요.

오늘날		조선 시대
초등학교	—	☐☐
☐☐☐	—	훈장님
학교 건물	—	훈장님의 ☐

이어 주는 말 파악하기

4. ㉠에 들어갈 이어 주는 말로 알맞은 것은 무엇인가요? ( )

① 그러나   ② 그래서   ③ 그리고

④ 왜냐하면   ⑤ 따라서

낱말 관계 파악하기

5. 사다리 타기 놀이를 하며, 다음 낱말과 비슷한 뜻을 가진 낱말은 무엇일지 첫소리를 참고하여
빈칸에 쓰세요.

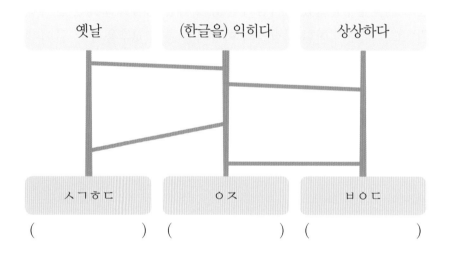

나에게 적용하며 감상하기

6. 이 글을 읽은 친구들의 생각으로 알맞지 <u>않은</u> 것은 무엇인가요? ( )

① 거나: 『천자문』을 다 배우고 책거리를 하면 너무 신났을 것 같아.

② 시윤: 나는 영어를 잘하기 때문에 앞으로도 열심히 공부해야겠어.

③ 하윤: 『천자문』을 다 익히려면 집에 가서도 숙제를 열심히 했겠는걸.

④ 다엘: 내가 서당에 다닌다면 『천자문』 배우는 것이 너무 어려울 것 같아.

⑤ 해준: 곡식을 수업료로 냈다는데, 집에 곡식이 없었을 때는 어떻게 했을까?

어휘 익히기

1 낱말 뜻 알기

다음 빈칸에 알맞은 낱말을 〈보기〉에서 찾아 쓰세요.

• 보기 •
조선   한자   수업료   책거리

1. 세종 대왕은 (   )의 제4대 왕이다.
   뜻 1392년 이성계가 고려를 무너뜨리고 세운 나라.

2. 우리나라에는 (   )을/를 내지 않고 다닐 수 있는 학교가 많다.
   뜻 학교나 학원에서 배우는 값으로 내는 돈.

3. 자기 이름에 쓰인 (   )의 뜻을 알아보면 자기 이름의 뜻을 알 수 있다.
   뜻 중국 사람이 쓰는 글자. 우리나라, 일본 같은 동아시아 여러 나라에서도 씀.

4. 우리 반은 한 학기가 끝나고 나면 다 함께 (   )을/를 하며 학기를 마무리한다.
   뜻 글방 같은 곳에서 책 한 권을 다 공부해 뗀 뒤에 선생님과 친구들에게 한턱내는 것.

2 관용 표현 알기

다음 빈칸에 알맞은 말을 쓰세요.

“ ☐☐ 개 삼 년에 풍월 한다”

서당에 사는 개는 매일 글 읽는 소리를 들을 것입니다. 이 속담은 서당에서 삼 년 동안 살면서 매일 글 읽는 소리를 듣다 보면 개조차도 글 읽는 소리를 내게 된다는 뜻으로, 무엇이든 오랜 시간 동안 보고 듣고 하다 보면 자연스럽게 그것을 할 수 있게 된다는 것을 이르는 말이에요.

3 한자어 익히기

다음 한자어를 소리 내어 읽고 빈칸에 따라 써 보세요.

書	堂
글 서	집 당

서당(書堂): 조선 시대에, 공부를 시작한 사람들을 가르치던 곳.
• 그는 서당으로 글공부를 다녔다.
• 한석봉은 서당에서 한자를 배웠다.
• 지리산 속에 있는 청학동 마을에는 지금도 서당이 있다.

書	堂						
글 서	집 당						

05회 읽기 방법 익히기

1 문단 파악하기

글을 읽을 때 문단을 고려해서 읽으면 글 내용을 정확하고 쉽게 이해하고 정리할 수 있습니다. 문단은 하나의 생각으로 묶을 수 있는 글 단위를 말합니다. 글쓴이가 만들어 놓은 문단, 즉 생각 단위를 보면서 글 내용을 정리하면, 생각 단위별로 글 내용을 파악할 수 있어 내용 이해가 쉬운 것입니다.

★ **글에서 문단을 파악하려면,**

(1) 한 칸 들여 쓴 곳을 찾습니다.

(2) 한 칸 들여 쓴 곳에서부터, 줄을 바꾸지 않고 이어서 쓴 곳을 확인합니다.

(3) 문단에 담긴 내용이 하나의 생각으로 묶일 수 있는지 생각해 봅니다.

(4) 중심 내용을 뒷받침하는 세부 내용들을 알아 둡니다.

---

1 다음 글을 읽고 물음에 답하세요.

밀은 지구상의 아주 넓은 지역에서 심고 길러요. 밀은 비가 적게 내리고 서늘한 곳에서도 잘 자라지요. 풀이 자랄 수 있는 대부분의 땅에서 밀은 쉽게 생산될 수 있어요. 그래서 기르기 쉬운 밀을 많은 지역에서 심고 기르게 되었어요.

밀은 맛이 좋아서 많은 사람이 좋아해요. 예전부터 밀을 한번 맛본 사람들은 계속해서 밀로 만든 음식을 먹고 싶어 했어요. 그래서 밀로 만든 음식을 매일 먹고 사는 사람 수도 많아졌답니다. 그 덕분에 밀을 심어 기르는 사람들은 점점 더 많아졌어요.

밀은 고기나 채소 등 다른 식량에 비해 보관하기도 쉬워요. 고기와 채소는 오래 보관하기 어렵지요. 하지만 밀은 몇 년씩 보관해도 상하지 않아요.

(1) 이 글의 각 문단이 시작되는 곳에 문단 번호를 알맞게 붙여 보세요.

(2) 다음 문장은 어느 문단의 뒷받침 내용으로 알맞을지 문단의 번호를 쓰세요.

밀은 단단한 껍질이 있어 오래 보관할 수 있거든요.

➡ ☐ 문단

2 다음 문단을 읽고, 아래의 빈칸에 중심 내용과 세부 내용 중 알맞은 말을 쓰세요.

> 반려동물은 장난감이 아닙니다. 반려동물은 나와 같이 자기 뜻대로 움직이고 싶어 하는 동물입니다. 반려동물을 내 마음대로 하려고 해서는 안 됩니다. 반려동물을 나와 같은 생명으로 존중해야 합니다.

( )	( )
반려동물을 존중해야 한다.	• 반려동물은 장난감이 아니다. • 반려동물은 자기 뜻대로 움직이고 싶어 한다. • 반려동물을 내 마음대로 하려고 해서는 안 된다.

3 다음 글을 읽고 각 문단의 중심 내용을 정리하려 합니다. 빈칸에 알맞은 말을 〈보기〉에서 찾아 쓰세요.

> **1** 여러 사람이 함께 살면 불편함이 생긴다. 가족이어도 서로 불편한 점이 있다. 그래도 아끼는 마음으로 불편함을 참고 서로 도우며 살아야 진정한 가족이라 할 수 있다.
> **2** 은한이는 스스로 자기 책가방을 챙기고 방 청소를 한다. 그리고 가끔 심부름을 하며 부모님 일을 도와 드린다. 은한이는 힘들 때도 있지만 가족을 도울 수 있어 기쁘게 생각한다.
> **3** 은한이 부모님은 낮에는 직장에 나가 일을 하시고, 저녁에 돌아와 집안일을 나누어 하신다. 부모님은 힘드실 텐데도 가족을 위해 기꺼이 즐겁게 일하신다.
> **4** 은한이 가족은 힘들지만 서로를 위하는 마음을 갖고 있다. 그래서 힘들어도 서로 돕고 위로해 준다. 이런 마음 덕분에 은한이 가족은 행복하다.

---- 보기 ----

가족   행복   심부름   집안일

문단	중심 내용
1	서로 아끼는 마음으로 도우며 살아야 진정한 ( )이다.
2	은한이는 자기 일을 스스로 하고 ( )을 하며 부모님을 돕는다.
3	은한이 부모님은 가족을 위해 직장일과 ( )을 즐겁게 하신다.
4	은한이 가족은 서로를 위하는 마음을 갖고 있어 힘들어도 ( )하다.

2 자연스럽지 않은 내용 파악하기

'자연스럽지 않은 내용 파악하기'는 글의 흐름에 맞지 않는 내용이 있는지 살피고, 글의 흐름에 어울리지 않는 내용이 있을 때는 그것을 골라내어 글의 내용을 바르게 이해하는 것을 말합니다. 가끔 글쓴이가 실수를 하거나 다른 생각을 했을 때에는 자연스럽지 않은 내용이 있을 수 있습니다. 그러므로 글을 읽을 때에는 자연스럽지 않은 내용을 골라내어, 글 전체의 흐름을 이해하며 읽어 나가도록 합니다.

★ 글에서 자연스럽지 않은 내용을 알아채며 읽으려면,

(1) 글에서 주로 말하고 있는 내용이 무엇인지를 파악합니다.

(2) 글에서 주로 말한 것을 중심으로 글의 전체적인 흐름을 파악합니다.

(3) 글의 전체적인 흐름에 어울리지 않거나, 반대되거나, 잘못된 내용이 있는지 살펴봅니다.

(4) 글 전체의 흐름을 생각하며 글 내용을 이해합니다.

---

1 다음 글을 읽고 물음에 답하세요.

김치에는 건강을 유지하는 데 꼭 필요한 영양소들이 많이 들어 있어. 밥만으로는 채울 수 없는, 우리 몸에 이로운 영양소들이 풍부하게 들어 있지. 김치는 너무 맵고 짜서 건강에 해로워. 김치를 먹으면 여러 가지 병이 예방된다는 연구 결과도 많단다.

(1) 이 글의 중심 내용으로 알맞은 것은 무엇인가요? (   )

① 밥에는 영양소가 별로 없다.

② 김치는 맵고 짜서 건강에 좋다.

③ 김치는 건강을 유지하는 데 좋지 않다.

④ 김치에는 몸에 좋은 영양소들이 많이 들어 있다.

⑤ 김치를 먹어도 여러 가지 병이 예방되지는 않는다.

(2) 이 글에서 자연스럽지 않은 문장을 골라내어 밑줄을 그으세요.

2 다음 글을 읽고 물음에 답하세요.

> 옛 속담에 ㉠'말 한마디에 천 냥 빚도 갚는다'라는 말이 있다. 말을 잘하면 큰 빚도 갚을 수 있다는 뜻이다. 지금은 돈의 단위가 '원'이지만, 옛날에는 '냥'이라는 단위를 사용하였다. 조선 후기를 기준으로 한 냥은 지금 돈으로 2만 원 정도이다. 그러니 천 냥은 2천만 원이나 되는 큰돈이다. ㉡큰돈은 잃어버리기 쉽기 때문에 부모님께 맡겨야 한다. 이 속담은 다른 사람의 마음을 헤아려서 따뜻하고 지혜로운 말을 하면 어려운 일이나 불가능해 보이는 일도 해결할 수 있음을 알려 준다. ㉢다른 사람을 배려하고 존중하는 말을 해야 한다는 것을 잊지 말자.

(1) 이 글에서 주로 말하고 있는 내용으로 알맞은 것에 √표 하세요.

다른 사람의 이야기를 잘 듣고 이해하는 것이 중요하다.	다른 사람을 배려하고 존중하는 말을 하는 것이 중요하다.
( )	( )

(2) ㉠~㉢ 중 글의 흐름에 자연스럽지 않은 내용은 무엇인지 기호를 쓰세요.

( )

3 다음 글을 읽고, ㉠~㉤ 중 자연스럽지 않은 내용은 무엇인지 기호를 쓰세요.

> 여러분은 '빛 좋은 개살구'라는 속담을 들어 본 적 있나요? ㉠겉보기에 살구와 비슷한 개살구라는 열매가 있어요. ㉡개살구는 살구보다 열매도 빨리 맺는다고 해요. ㉢나는 과일 중에 자두와 복숭아를 좋아해요. ㉣하지만 좋은 빛깔과 다르게 맛은 시고 떫다고 해요. ㉤이렇듯, 겉모습만 그럴듯하고 그 안에 실속이 없는 경우에 '빛 좋은 개살구'라는 속담을 써요.

( )

3주차

무엇을 배울까요?

회차		글의 내용	핵심 개념	읽기 방법	학습 계획일
01회		**신기한 자석 이야기** 자석은 철로 된 물체를 끌어당길 수 있습니다. 자석의 원리와 자석이 생활 속에서 어떻게 사용되는지 알려 주는 글입니다.	[물리] 자기력	그림으로 표현하기	월 일 (요일)
02회		**같은 것일까, 다른 것일까? 물체와 물질** 우리 주변의 물체는 물질로 이루어져 있습니다. 물체와 물질이 어떻게 다른지 설명하는 글입니다.	[화학] 물체, 물질	내용 파악하기	월 일 (요일)
03회		**동물들이 쑥쑥 자라요** 수지와 할머니의 대화를 통해 개, 닭, 곤충과 같은 동물이 어떻게 성장하게 되는지 알려 주는 글입니다.	[생물] 동물의 한살이	사실과 의견 구분하기	월 일 (요일)
04회		**창백한 푸른 점, 지구** 멀리서 본 지구는 어떤 모습일까요? 먼 우주에서 지구를 찍은 사진을 통해 지구의 모습을 설명하는 글입니다.	[지구 과학] 지구	중심 문장과 뒷받침 문장 구분하기	월 일 (요일)
05회		**읽기 방법 익히기** 이 주에 공부한 중요 [읽기 방법]을 한눈에 정리하고 문제로 확인합니다. 1 사실과 의견 구분하기 2 중심 문장과 뒷받침 문장 구분하기			월 일 (요일)

어느 수준일까요?

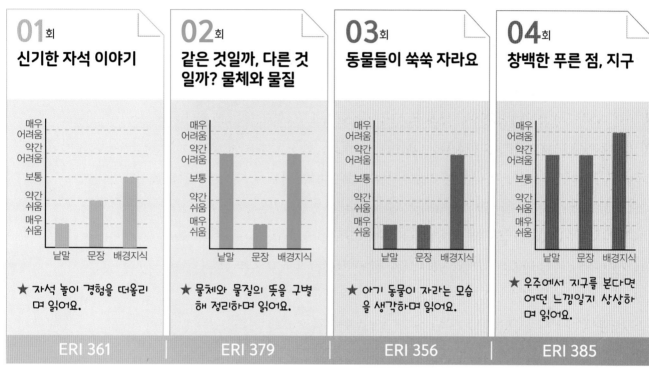

01회	02회	03회	04회
신기한 자석 이야기	같은 것일까, 다른 것일까? 물체와 물질	동물들이 쑥쑥 자라요	창백한 푸른 점, 지구

★ 자석 놀이 경험을 떠올리며 읽어요.

★ 물체와 물질의 뜻을 구별해 정리하며 읽어요.

★ 아기 동물이 자라는 모습을 생각하며 읽어요.

★ 우주에서 지구를 본다면 어떤 느낌일지 상상하며 읽어요.

| ERI 361 | ERI 379 | ERI 356 | ERI 385 |

이 주의 ERI 지수

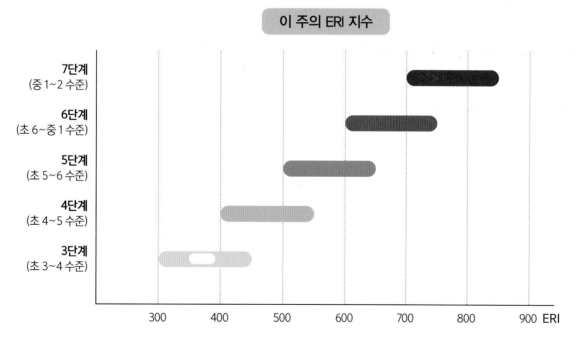

01회 신기한 자석 이야기

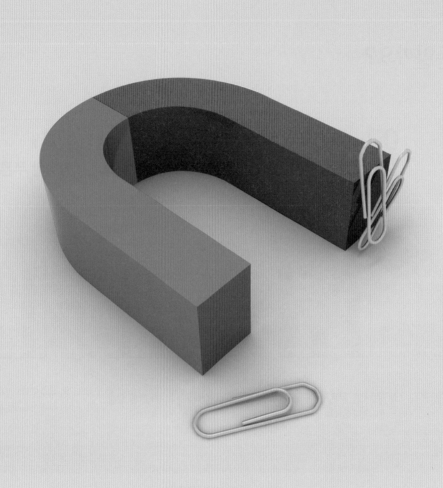

☑ 핵심 개념인 '자기력'과 관련된 말들을 알아 둡시다.

→ 자기력선 / 자기 부상 열차

 자기력은 철로 된 물체를 끌어당기는 힘을 말해요.

☑ 글을 읽고 이것만은 꼭 찾아냅시다.

→ 자석이 철로 된 물체를 끌어당길 수 있는 이유는 무엇일까요?

☑ 글을 읽고 글의 내용을 그림으로 표현해 봅시다.

→ 글의 내용을 그림으로 나타내려면 어떻게 표현해야 할지 생각하며 글을 읽어 봅니다.

| 글의 내용을 그림으로 떠올려 보기 | ➡ | 글의 주제나 한 부분을 그림으로 표현하기 |

 글의 내용을 그림으로 표현하면 글을 이해하기 쉬워져요.

1 핵심 개념 미리 보기

낱말의 첫소리를 보고, 다음 빈칸에 공통으로 들어갈 낱말의 기본형을 쓰세요.

ㄲ	ㅇ	ㄷ	ㄱ	ㄷ

- 자석이 쇠붙이를 (   ).
- 사람들의 마음을 (   ).
- 멀리 놓여 있는 전화기를 (   ).

2 읽기 방법 미리 보기

다음 글의 내용을 그림으로 나타낸 것으로 알맞으면 ○표, 알맞지 않으면 ✕표 하세요.

어떤 물체가 자석에 붙을까요? 철로 된 물체는 자석에 붙습니다. 자석에 붙는 바늘이 철로 된 물체이고, 자석에 붙지 않는 고무지우개는 철로 된 물체가 아니라는 것을 알 수 있군요.

(1)　　　　　　　　　　　　　　　　　(2)

(　　)　　　　　　　　　　　　　　(　　)

정답 1. 끌어당기다　2. (1) ○, (2) ○

1 어린이 여러분, 오늘 선생님은 여러분에게 신기한 자석 이야기를 들려주려고 합니다. 모두 귀 기울여 들어 볼까요?

2 자석은 철로 이루어진 물체를 끌어당기는 성질을 가지고 있는 물체입니다. 그래서 어떤 물체가 철로 되어 있는지 아닌지를 알기 위해서는 자석에 가까이 가져가 보면 됩니다. 자석에는 철로 이루어진 물체를 끌어당기는 힘인 '자기력'이 있기 때문이지요. 선생님은 지금 막대자석과 바늘, 고무지우개를 가지고 있습니다. 어떤 물체가 자석에 붙을까요? 철로 된 물체는 자석에 붙습니다. 자석에 붙는 바늘이 철로 된 물체이고, 자석에 붙지 않는 고무지우개는 철로 된 물체가 아니라는 것을 알 수 있군요. 자석은 이렇게 철로 된 물체를 끌어당길 수 있는 성질인 '자성'을 갖고 있습니다. 그래서 자석에 물체를 가까이 가져가면 물체가 철로 되어 있는지 아닌지를 알 수 있습니다.

3 그렇다면 자석은 철로 된 물체 한 개만 끌어당길 수 있을까요? 자석은 자신의 자성을 자석에 붙어 있는 다른 철에 나누어 줄 수도 있습니다. 선생님이 지금 자석에 클립을 붙여 보겠습니다. 클립을 자석 이곳저곳에 붙여 보면 어디에 클립이 가장 많이 붙나요? 그렇습니다. 클립이 가장 많이 붙는 곳은 자석의 양쪽 끝부분입니다. 그 이유는 양쪽 끝부분이 자석에서 가장 힘이 센 곳이기 때문입니다. 그러면 가장 힘이 센 곳에 계속해서 여러 개의 클립을 붙여 보겠습니다. 자석에 클립이 줄줄이 붙어 있는 모습 이 보이나요? 이것이 자성을 나누어 주는 자석의 성질을 보여 주는 대표적인 현상입니다.

4 자성을 나누어 주는 자석의 성질을 활용하여 간단한 자석을 만들 수도 있습니다. 바늘 같은 길쭉한 철에 자석을 오래 문지르면 자석과 같은 성질이 생깁니다. 자석을 문지른 바늘은 근처에 클립이 있으면 클립을 끌어당깁니다. 이러한 성질은 어느 정도 시간이 지나게 되면 사라지게 됩니다. 이처럼 자석이 아닌 물체가 자석의 성질을 갖게 되는 것을 '자화'라고 합니다.

5 자석은 우리 생활 곳곳에서 사용되고 있습니다. 여러분 중에는 자석 단추가 달린 가방이나 필통을 가지고 있는 친구가 있을 것입니다. 가방에 달린 자석 단추는 가방을 쉽게 닫을 수 있게 해 줍니다. 또 필통에 달린 자석 단추는 필통 뚜껑을 더 잘 닫히게 해 줍니다. 이렇게 작은 물건들에만 자석이 사용되는 것은 아닙니다. 집에 있는 커다란 냉장고 문에도 자석의 성질이 사용되었습니다. 우리가 냉장고 문을 쉽게 닫을 수 있는 이유는 무엇일까요? 바로 냉장고 문 테두리에 붙어 있는 고무 속에 자석이 들어 있기 때문이랍니다.

▲ 가방에 달린 자석 단추

정답과 해설 26쪽

내용 파악하기

1. **이 글의 내용으로 알맞지 <u>않은</u> 것은 무엇인가요? (   )**

① 자석은 철로 이루어진 물체를 끌어당긴다.

② 자석은 철을 끌어당기는 힘을 나누어 줄 수 있다.

③ 자화는 자석이 아닌 물체가 자석의 성질을 갖는 것이다.

④ 자성을 이용하면 철로 된 물체를 한 개만 끌어당길 수 있다.

⑤ 길쭉한 철에 자석을 오래 문지르면 자석과 같은 성질이 생긴다.

핵심어 파악하기

2. **철로 된 물체를 끌어당기는, 자석이 갖고 있는 성질을 무엇이라 하는지 쓰세요.**

(   )

중심 문장과 뒷받침 문장 구분하기

3. **각 문단의 중심 문장으로 알맞은 것은 무엇인가요? (   )**

① **1**문단: 모두 귀 기울여 들어 볼까요?

② **2**문단: 선생님은 지금 막대자석과 바늘, 고무지우개를 가지고 있습니다.

③ **3**문단: 선생님이 지금 자석에 클립을 붙여 보겠습니다.

④ **4**문단: 자석을 문지른 바늘은 근처에 클립이 있으면 클립을 끌어당깁니다.

⑤ **5**문단: 자석은 우리 생활 곳곳에서 사용되고 있습니다.

💡 그림으로 표현하기

4. 선생님이 막대자석에 클립 세 개를 붙였을 때 │자석에 클립이 줄줄이 붙어 있는 모습│을 그림으로 표현해 보세요.

배경지식을 활용하여 추론하기

5. 자석에 붙을 수 있는 물건을 모두 골라 ○표 하세요.

| 클립 | 고무지우개 | 플라스틱 화분 | 옷핀 | 유리컵 | 철사 |

글의 내용 적용하기

6. 자석을 활용하는 방법으로 알맞은 것끼리 짝지어진 것은 무엇인가요? (   )

ㄱ 바닥에 떨어진 바늘을 찾을 때
ㄴ 고춧가루와 철가루를 분리할 때
ㄷ 아이스크림이 녹지 않도록 포장할 때
ㄹ 쇠구슬과 플라스틱 구슬을 구분할 때
ㅁ 10원짜리 동전과 100원짜리 동전을 나눌 때

① ㄱ, ㄴ, ㄷ   ② ㄱ, ㄴ, ㄹ   ③ ㄱ, ㄷ, ㅁ
④ ㄴ, ㄷ, ㄹ   ⑤ ㄷ, ㄹ, ㅁ

어휘 익히기

1 낱말 뜻 알기

다음 빈칸에 알맞은 낱말을 〈보기〉에서 찾아 쓰세요.

> • 보기 •
>
> 이루어진   길쭉한   문지르면   사라지게

1. 그는 (   ) 다리와 작은 얼굴을 가졌다.
   뜻 길이가 조금 긴.

2. 삼각형은 세 개의 선분으로 (   ) 도형이다.
   뜻 여러 부분이 모여서 어떤 성질이나 모양을 갖춘.

3. 콩깍지로 피부를 (   ) 살결이 희고 고와진다고 한다.
   뜻 어떤 것에 다른 것을 대고 이리저리 밀거나 비비면.

4. 마술사는 상자 안에 사람을 넣고 (   ) 하는 마술을 부렸다.
   뜻 어떤 것이 없어지게.

2 관용 표현 알기

다음 빈칸에 알맞은 사자성어를 쓰세요.

바늘에 자석을 오래 문지르면 자석과 같은 성질이 생기게 되지요. 서로 어울려 함께 지내다 보면 상대와 비슷해지기도 한답니다. 이 사자성어는 먹을 가까이하는 사람은 검어진다는 뜻으로, 나쁜 사람과 가까이 지내면 나쁜 버릇에 물들기 쉬움을 이르는 말이에요.

한자	뜻	음
近	가까울	
墨	먹	
者	사람	
黑	검을	

3 한자어 익히기

다음 한자어를 소리 내어 읽고 빈칸에 따라 써 보세요.

理	由
다스릴 이	말미암을 유

이유(理由): 어떤 일의 까닭이나 근거.

• 그런 주장을 하는 이유가 궁금하다.
• 그 친구가 좋은 이유는 여러 가지가 있다.
• 자석이 철을 끌어당기는 이유는 자성이 있기 때문이다.

理	由						
다스릴 이	말미암을 유						

같은 것일까, 다른 것일까? 물체와 물질

☑ 핵심 개념인 '물체', '물질'과 관련된 말들을 알아 둡시다.

→ 물체의 종류 / 물질의 성질

 물체는 모양이 있고 공간을 차지하는 물건을, 물질 은 물체를 만드는 재료를 말해요.

☑ 글을 읽고 이것만은 꼭 찾아냅시다.

→ 물체와 물질은 어떻게 다를까요?

☑ 글을 읽고 글에 나타난 내용을 파악해 봅시다.

→ 글을 읽을 때에는 글의 내용을 꼼꼼하게 살펴 읽어야 합니다. 글에 나타난 정보가 무엇인지 파악하며 글을 읽어 봅니다.

```
┌─────┐  ┌─────┐  ┌─────┐  ┌─────┐
│ 정보 │  │ 정보 │  │ 정보 │  │ 정보 │
└─────┘  └─────┘  └─────┘  └─────┘
   ↓        ↓        ↓        ↓
┌──────────────────────────────────┐
│             글의 내용              │
└──────────────────────────────────┘
```

 글에 나타난 내용을 꼼꼼하게 파악하며 글을 읽 어 보아요.

1 핵심 개념 미리 보기

밑줄 친 낱말과 비슷한 뜻을 가진 낱말을 〈보기〉에서 찾아 쓰세요.

보기

가볍다　만들다　단단하다　둘러보다　부드럽다　구부러지다

(1) 호두는 껍질이 <u>딱딱하다</u>.

➡ (　　　　　　　)

(2) 넓은 공원에서 사방을 <u>살펴보다</u>.

➡ (　　　　　　　)

(3) 나무에 열매가 많이 열려 가지가 <u>휘어지다</u>.

➡ (　　　　　　　)

2 읽기 방법 미리 보기

다음 글에서 주로 설명하고 있는 내용으로 가장 알맞은 것은 무엇인가요? (　　　)

　어떤 물질이 무엇인지 알기 위해서는 물질의 성질을 살펴보아야 합니다. 물질에는 저마다 고유한 성질이 있습니다. 서로 다른 물질은 색깔과 냄새가 다릅니다. 그리고 손으로 만졌을 때의 느낌, 긁히는 정도, 구부러지는 정도, 물에 뜨는 정도 등도 다릅니다.

① 색깔과 냄새
② 물질의 성질
③ 서로 다른 물질
④ 손으로 만졌을 때의 느낌
⑤ 구부러지는 정도와 물에 뜨는 정도

정답 1. (1) 단단하다, (2) 둘러보다, (3) 구부러지다　2. ②

89

우리가 공부하는 교실을 한번 둘러봅시다. 교실에는 책상, 교탁이 있습니다. 책상 위에는 책과 연필이 있습니다. 책상이나 연필처럼 모양이 있고 공간을 차지하고 있는 것을 '물체'라고 합니다. 물체는 우리가 사용하기 위해 만든 물건을 말합니다. 이러한 물체는 나무, 금속, 고무, 플라스틱 등 다양한 재료로 만들어집니다. 이렇게 물체를 만드는 재료를 '물질'이라고 합니다. 연필을 예로 들어 볼까요? 연필은 물체입니다. 그리고 연필의 재료인 나무와 흑연은 물질입니다.

어떤 물질이 무엇인지 알기 위해서는 물질의 성질을 살펴보아야 합니다. 물질에는 저마다 고유한 성질이 있습니다. 서로 다른 물질은 색깔과 냄새가 다릅니다. 그리고 손으로 만졌을 때의 느낌, 긁히는 정도, 구부러지는 정도, 물에 뜨는 정도 등도 다릅니다.

우리 주변에서 흔히 볼 수 있는 물질에는 나무, 금속, 고무, 플라스틱 등이 있습니다. 나무는 고유한 향과 무늬가 있습니다. 나무는 가벼우며 구하기도 쉽고 가공*하기도 쉽습니다. 그래서 옛날부터 생활용품의 재료로 널리 이용되어 왔습니다. 책상, 연필, 나무젓가락 등은 나무로 만든 물체입니다. 금속은 다른 물질보다 단단하며, 대체로 광택이 나고 전기와 열을 잘 전달합니다. 못, 가위, 주전자 등은 금속으로 만든 물체입니다. 고무는 쉽게 구부러지고, 잡아당기면 늘어났다가 놓으면 다시 돌아오는 성질이 있습니다. 고무로 만든 물체에는 풍선, 고무줄 등이 있습니다. 플라스틱은 금속보다 가볍습니다. 그리고 다양한 모양과 색깔의 물체를 다른 물질보다 쉽게 만들 수 있습니다. 플라스틱으로 만든 물체에는 플라스틱 바구니, 플라스틱 물통 등이 있습니다.

똑같은 물질이라도 쓰임새에 따라 다른 물체로 만들 수 있습니다. 나무라는 물질이 책상이라는 물체가 될 수도 있고 연필이라는 물체도 될 수 있는 것이지요. 반대로 쓰임새는 같은 물체인데 다른 물질로 만들어질 수도 있습니다. 모자를 떠올려 볼까요? 섬유로 만든 야구 모자는 부드럽고 가볍습니다. (㉠   ) 공사장에서 쓰는 안전모는 플라스틱으로 만들어서 튼튼합니다. 이렇게 물체가 어떻게 쓰일지를 생각하면 그에 알맞은 물질이 무엇인지 생각해 낼 수 있습니다.

* **가공**: 무엇을 만들기 위해 사람의 힘을 더함.

중심 화제 파악하기

1. 이 글에서 주로 설명하고 있는 것은 무엇인가요? (   )

① 연필과 나무
② 책상과 의자
③ 물체와 물질
④ 서로 다른 물질
⑤ 야구 모자와 안전모

문단 구분하기

2. 이 글은 몇 개의 문단으로 이루어져 있는지 쓰세요.

➡ ☐개의 문단

내용 파악하기

3. 이 글에 나타난 물질과 그 물질로 만든 물체를 선으로 알맞게 연결하세요.

(1)	나무	•	• ㉮	풍선, 고무줄
(2)	금속	•	• ㉯	플라스틱 바구니, 플라스틱 물통
(3)	고무	•	• ㉰	책상, 연필, 나무젓가락
(4)	플라스틱	•	• ㉱	못, 가위, 주전자

이어 주는 말 파악하기

4. ㉠에 들어갈 이어 주는 말로 알맞은 것은 무엇인가요? (   )

① 그러나   ② 그래서   ③ 그리고
④ 왜냐하면   ⑤ 그러므로

세부 내용 파악하기

5. 이 글에 나타난 '물체'에 대한 설명으로 알맞으면 ○표, 알맞지 않으면 ✕표 하세요.

(1) 물체는 물질로 만들어진다.   (   )

(2) 쓰임새가 달라도 물질이 같으면 같은 물체이다.   (   )

(3) 물체는 모양이 있고 일정한 공간을 차지하고 있다.   (   )

글의 내용 적용하기

6. 이 글에 나타난 물질에 대한 설명을 바탕으로 할 때, 가장 알맞은 물체를 고른 친구는 누구인가요? (   )

ⓐ   ⓑ   ⓒ

① 윤수: 여러 가지 색이 섞인 가벼운 바구니가 필요해서 ⓐ를 골랐어.
② 은서: 뜨거운 물건을 담기 위해 전기와 열을 잘 전달하는 ⓐ를 골랐어.
③ 서영: 장난감 인형을 담기 위해 고유한 향과 무늬가 있는 ⓑ를 골랐어.
④ 찬휘: 귀중품을 담기 위해 잡아당겨도 다시 돌아오는 성질이 있는 ⓑ를 골랐어.
⑤ 상민: 무거운 물건을 담기 위해 단단한 성질을 갖고 있는 ⓒ를 골랐어.

어휘 익히기

1 낱말 뜻 알기

다음 빈칸에 알맞은 낱말을 〈보기〉에서 찾아 쓰세요.

> • 보기 •
>
> 차지하고　　　고유한　　　광택　　　쓰임새

1. 톱은 여러 가지 (　　　　　)이/가 있다.
   뜻 쓰임의 정도나 쓰이는 바.

2. 한글은 우리나라의 (　　　　　) 문자이다.
   뜻 본래부터 가지고 있어 특별한.

3. 나는 아버지의 구두를 닦아 (　　　　　)을/를 냈다.
   뜻 물체가 빛을 받아 윤이 나고 번쩍거리는 것.

4. 놀부는 부모님이 물려주신 땅을 혼자 (　　　　　) 흥부를 내쫓았다.
   뜻 자기 몫으로 가지고.

2 관용 표현 알기

다음 빈칸에 공통으로 들어갈 말을 쓰세요.

> ### "딱딱하기는 삼 년 묵은 물박달 □□ 같다"
>
> 오래된 물박달 □□ 는 휘거나 부러지지 않는다고 합니다. 이 속담은 고집이 몹시 세어서 남의 말은 도무지 들으려 하지 않는 사람을 이르는 말로 쓰여요.

3 한자어 익히기

다음 한자어를 소리 내어 읽고 빈칸에 따라 써 보세요.

物	質
만물 **물**	바탕 **질**

물질(物質): 물체의 밑바탕을 이루는 것.

- 나무는 불에 잘 타는 물질이다.
- 물질은 다양한 물체를 만드는 재료가 된다.
- 철, 고무, 유리, 나무 등은 우리가 많이 쓰는 물질이다.

物	質						
만물 물	바탕 질						

03회 동물들이 쑥쑥 자라요

☑ 핵심 개념인 '동물의 한살이'와 관련된 말들을 알아 둡시다.

→ 동물의 성장 / 곤충의 한살이

 동물의 한살이란 동물이 태어나서 성장하여 죽을 때까지의 과정을 말해요.

☑ 글을 읽고 이것만은 꼭 찾아냅시다.

→ 동물이 태어나서 어린 시절을 거치며 성장하여 자손을 남기고 죽을 때까지의 과정을 무엇이라 할까요?

☑ 글을 읽고 사실과 의견을 구분해 봅시다.

→ 글을 읽을 때 사실과 의견을 구분하여 읽으면 글 내용을 판단하는 데에 도움이 됩니다.

사실	실제로 있었던 일
의견	어떤 일이나 대상에 대한 생각

 글을 읽을 때에는 실제로 있었던 일을 말하는 것인지, 글쓴이의 생각을 나타낸 것인지 구분해야 해요.

1 핵심 개념 미리 보기

사다리를 타고 내려가 도착한 곳에 그 동물의 새끼를 부르는 말을 쓰세요.

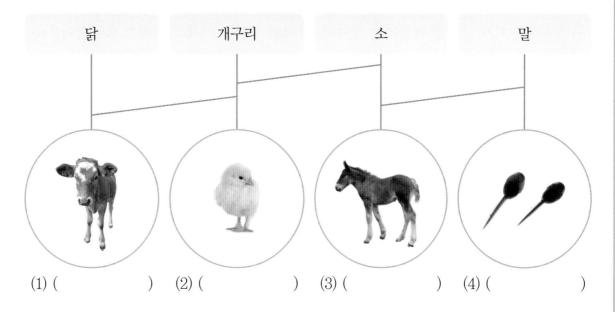

| 닭 | 개구리 | 소 | 말 |

(1) (　　　　　)　(2) (　　　　　)　(3) (　　　　　)　(4) (　　　　　)

2 읽기 방법 미리 보기

다음 글에서 말하는 이가 생각한 내용에 해당하는 것에 밑줄을 그으세요.

> "와, 벌써 다 자라서 개가 되었네요. 지난번에 왔을 때는 엄마 개가 막 새끼를 낳았을 때였잖아요. 그때 뭉치는 몸집도 작고 이빨도 없었는데, 지금은 몸집도 커지고 이빨도 다 났어요. 뭉치는 다 컸어도 여전히 귀여워요."

수지는 방학이 되어 시골에 계신 할머니 댁에 놀러 갔습니다.

"오느라 고생 많았다. 우리 강아지."

"할머니, 보고 싶었어요. 그런데 강아지는 제가 아니라 저기 있는 뭉치잖아요. 헤헤."

수지가 할머니께 안기며 ㉠말했습니다. 할머니께서는 웃으시며 ㉡말씀하셨습니다.

"우리 수지가 그만큼 귀엽다는 말이지. 그리고 뭉치는 이제 강아지가 아니란다."

"와, 벌써 다 자라서 개가 되었네요. 지난번에 왔을 때는 엄마 개가 막 새끼를 낳았을 때였잖아요. 그때 뭉치는 몸집도 작고 이빨도 없었는데, 지금은 몸집도 커지고 이빨도 다 났어요. 뭉치는 다 컸어도 여전히 귀여워요."

"처음 태어났을 땐 눈도 못 뜨던 녀석이 벌써 저렇게 자랐단다. 강아지는 태어나서 9개월 정도가 지나면 다 자라거든."

"개는 사람보다 훨씬 빨리 자라네요. 할머니 댁에 있는 동물들은 다 빨리 자라는 것 같아요."

수지는 지난번 닭장에서 알을 품은 닭을 보았던 기억을 떠올렸습니다. 그때 할머니께서는 엄마 닭이 알을 낳고 그 알을 품어 약 21일이 지나면 부화하여 병아리가 태어난다고 말씀해 주셨습니다. 솜털로 덮여 있던 병아리가 온몸이 깃털로 덮인 닭으로 자라는 데에는 6개월 정도가 걸린다는 것도 말씀해 주셨습니다. 할머니께서는 동물이 태어나서 어린 시절을 거치며 성장하여 자손을 남기고 죽을 때까지의 과정을 '한살이'라고 한다고 설명해 주셨습니다.

"아하, 그러니까 닭과 개는 한살이가 다르군요."

그러다 문득 사슴벌레, 잠자리는 어떻게 성장하여 어른이 되는 것인지 궁금해졌습니다. 수지는 인터넷에서 '(　㉢　)의 한살이'를 검색해 보았습니다. 그리고 다음과 같은 내용을 찾았습니다.

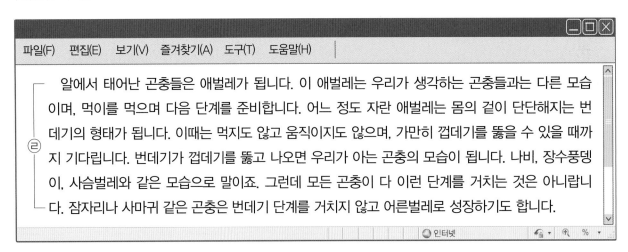

㉣　알에서 태어난 곤충들은 애벌레가 됩니다. 이 애벌레는 우리가 생각하는 곤충들과는 다른 모습이며, 먹이를 먹으며 다음 단계를 준비합니다. 어느 정도 자란 애벌레는 몸의 겉이 단단해지는 번데기의 형태가 됩니다. 이때는 먹지도 않고 움직이지도 않으며, 가만히 껍데기를 뚫을 수 있을 때까지 기다립니다. 번데기가 껍데기를 뚫고 나오면 우리가 아는 곤충의 모습이 됩니다. 나비, 장수풍뎅이, 사슴벌레와 같은 모습으로 말이죠. 그런데 모든 곤충이 다 이런 단계를 거치는 것은 아니랍니다. 잠자리나 사마귀 같은 곤충은 번데기 단계를 거치지 않고 어른벌레로 성장하기도 합니다.

수지는 동물마다 한살이가 다르다는 것을 알게 되었습니다. 그리고 자연은 참 신비롭다고 생각했습니다.

내용 파악하기

1. 이 글의 내용으로 알맞지 <u>않은</u> 것은 무엇인가요? (   )

① 강아지는 자라면서 이빨이 나고 몸집도 커진다.

② 강아지는 태어나서 6개월 정도가 지나면 다 자란다.

③ 개는 새끼를 낳는 동물이고, 닭은 알을 낳는 동물이다.

④ 병아리는 솜털로 덮여 있는 데 비해, 닭은 깃털로 덮여 있다.

⑤ 엄마 닭이 알을 품은 지 약 21일이 지나면 병아리가 태어난다.

표현의 의도 파악하기

2. 이 글에서 수지의 할머니가 수지에게 우리 강아지 라고 말한 까닭은 무엇인가요? (   )

① 수지가 강아지를 좋아하기 때문에

② 수지의 별명이 강아지이기 때문에

③ 수지 할머니가 강아지를 키우고 있기 때문에

④ 수지가 강아지처럼 귀엽다고 생각했기 때문에

⑤ 수지 할머니가 수지에게 강아지를 선물했기 때문에

사실과 의견 구분하기

3. 이 글에 나타난 사실과 의견을 선으로 알맞게 이으세요.

(1) 자연은 참 신비롭다고 생각했습니다.	•	• ㉮	실제로 있었던 일	•	• ⓐ	사실
(2) 동물이 태어나서 어린 시절을 거치며 성장하여 자손을 남기고 죽을 때까지의 과정을 '한살이'라고 한다.	•	• ㉯	어떤 일이나 대상에 대한 생각	•	• ⓑ	의견

낱말 관계 파악하기

4. 다음 중 낱말의 관계가 ㉠, ㉡의 관계와 다른 것은 무엇인가요? (   )

① 밥 – 진지
② 생일 – 생신
③ 오다 – 오시다
④ 묻다 – 여쭙다
⑤ 주다 – 주무시다

생략된 내용 짐작하기

5. ㉢에 들어갈 말로 가장 알맞은 것에 √표 하세요.

사람	곤충	동물	식물
( )	( )	( )	( )

그림으로 표현하기

6. 수지는 ㉣을 읽고 다음과 같이 그림으로 나타냈습니다. 수지가 그린 그림을 순서에 맞게 기호를 쓰세요.

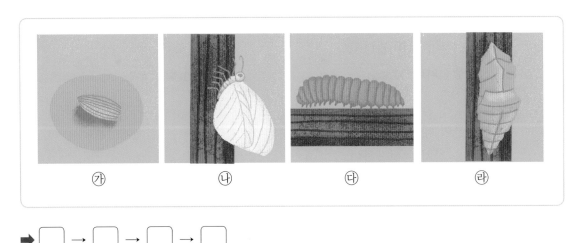

㉮   ㉯   ㉰   ㉱

➡ ☐ → ☐ → ☐ → ☐

어휘 익히기

1 낱말 뜻 알기

다음 빈칸에 알맞은 낱말을 〈보기〉에서 찾아 쓰세요.

• 보기 •

> 몸집   부화   자손   검색

1. 그분의 (   )들은 모두 성공했다.
   뜻 자식과 손자.

2. 나는 (   )에 비해 손과 발이 매우 큰 편이다.
   뜻 몸의 크기.

3. 갓 (   )한 꿩병아리들은 등에 까만 줄이 나 있다.
   뜻 새끼가 알을 깨고 나옴.

4. 이 프로그램을 사용하면 필요한 정보를 쉽게 (   )할 수 있다.
   뜻 책이나 컴퓨터 등에서 알고 싶은 것을 찾음.

2 관용 표현 알기

다음 빈칸에 알맞은 말을 쓰세요.

"닭 쫓던 ☐ 지붕 쳐다본다"

이 속담은 개에게 쫓기던 닭이 지붕으로 올라가니 개가 쫓아 올라가지 못하고 지붕만 쳐다본다는 뜻으로, 애써 하던 일이 실패로 돌아가거나 남보다 뒤떨어져 어찌할 도리가 없이 됨을 이르는 말이에요.

3 한자어 익히기

다음 한자어를 소리 내어 읽고 빈칸에 따라 써 보세요.

動	物
움직일 **동**	만물 **물**

동물(動物): 사람을 제외한 길짐승, 날짐승, 물짐승 따위를 통틀어 이르는 말.
- 동물 병원에 강아지를 데려갔다.
- 아무리 추워도 북극 동물들은 잘 견딘다.
- 동물은 사람과 함께 살아가는 생명체이다.

動	物						
움직일 동	만물 물						

창백한 푸른 점, 지구

☑ 핵심 개념인 '지구'와 관련된 말들을 알아 둡시다.

→ 지구본 / 지구의 날

지구는 우리가 살고 있는 행성으로, 그 표면은 육지와 바다로 이루어져 있어요.

☑ 글을 읽고 이것만은 꼭 찾아냅시다.

→ 우주에서 본 지구는 어떤 모양일까요?

☑ 글을 읽고 문단에서 중심 문장과 뒷받침 문장을 구분해 봅시다.

→ 문단의 중심 문장을 찾을 때에는 문단의 중심 내용이 무엇인지 생각해야 합니다. 뒷받침 문장을 찾을 때에는 중심 내용과 관련이 있는지 생각해야 합니다.

$$\boxed{문단} = \boxed{중심 문장} + \boxed{뒷받침 문장}$$

문단은 중심 문장과 뒷받침 문장으로 이루어져요.

1 핵심 개념 미리 보기

빈칸에 공통으로 들어갈 낱말을 〈보기〉에서 찾아 쓰세요.

보기

공기　　구름　　바다　　육지

잔잔한 ☐☐ 위에 배가 한 척 떠 있다.

오늘은 ☐☐ 날씨가 좋지 않아 낚시를 하기 어렵다.

2 읽기 방법 미리 보기

다음 중심 문장의 뒷받침 문장으로 알맞지 <u>않은</u> 것에 √표 하세요.

지구는 아름다운 행성입니다.

(1) 지구에는 파란색의 바다가 있습니다.　　　　　　　　(　)

(2) 지구에는 초록색의 산과 들이 있습니다.　　　　　　　(　)

(3) 멀고 먼 우주에서 지구의 모습은 잘 보이지 않습니다.　(　)

정답 1. 바다　2. (3)

1990년 2월 14일 미국 항공 우주국의 태양계 탐사선 보이저 1호는 지구로부터 60억 킬로미터 떨어진 먼 우주에서 지구를 촬영하였습니다. 이 사진에서 지구는 아주 작은 푸른 점으로 나타났습니다. 미국의 과학자는 이 사진을 보고 지구를 '창백한* 푸른 점'이라고 표현하였습니다. 멀고 먼 우주에서 지구는 보잘것없는 하나의 작은 점처럼 보였기 때문입니다.

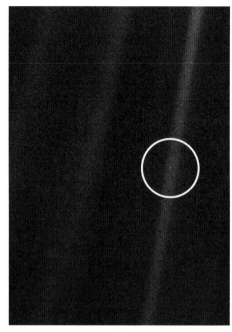

▲ 보이저 1호가 찍은 지구 사진

㉠지구는 둥근 공 모양입니다. 지구의 모양을 알지 못하였던 옛날 사람들은 지구가 편평한* 모양이라서 지구 끝까지 가면 아래로 떨어진다고 생각하였습니다. 그렇게 생각한 이유는 지구가 매우 커서 그 모양을 알 수 없었기 때문입니다. 그러다 사람들은 바다를 향해 한 방향으로 계속 가면 출발한 곳으로 돌아온다는 것을 알게 되었습니다. 그 결과, 지구가 둥글다는 것을 깨닫게 되었습니다.

㉡인공위성에서 찍은 지구 사진을 보면, 육지와 바다, 그리고 구름을 관찰할 수 있습니다. 육지는 바다와 같이 물이 있는 곳을 제외한 지구의 표면을 말합니다. 그리고 바다는 육지를 제외한 부분입니다. 세계 지도를 50개의 칸으로 나누어 보면 육지가 14칸, 바다가 36칸을 차지합니다. 넓이를 비교해 보면, 바다가 육지보다 더 ㉮넓습니다. 지구 사진을 보면 구름도 많이 보입니다. 공기가 지구를 둘러싸고 있기 때문에 구름이 보이는 것입니다. 공기가 없다면 구름도 없고 비도 오지 않을 것입니다. 그리고 생물이 살아갈 수도 없을 것입니다. 지구를 둘러싸고 있는 공기는 눈에 보이지는 않지만 우리와 다양한 생물들이 숨을 쉬고 살아가게 해 줍니다.

㉢우리가 살고 있는 지구에 대해서 잘 알게 되었나요? 지구는 멀리서 보면 '창백한 푸른 점'처럼 보입니다. 그러나 우리가 살고 있는 지구는 파란색의 바다, 초록색의 산과 들, 흑갈색*의 땅, 흰색의 구름이 함께 있는 아름다운 삶의 터전입니다. 사람들은 소중한 지구를 보존하기 위해 매년 4월 22일을 '지구의 날'로 정하여 지구의 환경을 보호하기 위한 노력을 기울이고 있습니다.

* **창백한**: 얼굴빛이나 살빛이 핏기가 없이 하얀.
* **편평한**: 넓고 고른.
* **흑갈색**: 검은빛을 띤 짙은 갈색.

중심 화제 파악하기

1. 이 글에서 설명하고 있는 '창백한 푸른 점'이 무엇을 가리키는지 쓰세요.

(   )

내용 파악하기

2. 이 글의 내용으로 알맞지 <u>않은</u> 것은 무엇인가요? (   )

① 지구 표면은 육지와 바다로 이루어져 있다.

② 지구 표면에서 바다는 육지보다 면적이 넓다.

③ 지구에 공기와 물이 없어도 구름을 볼 수 있다.

④ 지구에는 공기가 있어 다양한 생물들이 살 수 있다.

⑤ 매년 4월 22일은 지구의 환경을 보호하기 위해 정한 '지구의 날'이다.

중심 문장과 뒷받침 문장 구분하기

3. ㉠~㉢을 중심 문장과 뒷받침 문장으로 구분하여 기호를 쓰세요.

중심 문장	
뒷받침 문장	

낱말 뜻 짐작하기

4. ㉮와 같은 뜻으로 사용된 낱말은 무엇인가요? (   )

① 언니는 지식이 <u>넓습니다</u>.

② 아버지는 마음이 <u>넓습니다</u>.

③ 두 팔 사이의 간격이 <u>넓습니다</u>.

④ 언니가 입은 바지는 통이 <u>넓습니다</u>.

⑤ 우리 지역에 있는 야구장은 <u>넓습니다</u>.

세부 내용 파악하기

5. 이 글의 내용으로 보아, 옛날 사람들이 지구가 편평하다고 생각했던 까닭은 무엇인가요?

( )

① 지구가 매우 크기 때문에

② 지구의 환경을 보호했기 때문에

③ 지구에 다양한 생물이 살기 때문에

④ 지구가 바다와 육지로 이루어졌기 때문에

⑤ 지구 끝에서 떨어지는 사람을 봤기 때문에

배경지식을 활용하여 추론하기

6. 다음은 마젤란 탐험대가 세계 일주를 한 뱃길을 보여 주는 지도입니다. 마젤란 탐험대가 세계 일주에 성공한 까닭을 지구의 모양과 관련하여 쓰세요.

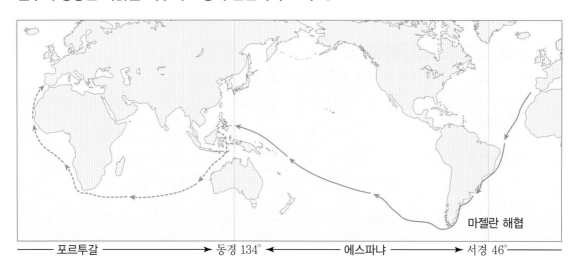

➡ 마젤란 탐험대가 출발점으로 다시 돌아올 수 있었던 까닭은 지구가 ( )
때문이다.

어휘 익히기

1 낱말 뜻 알기

다음 빈칸에 알맞은 낱말을 〈보기〉에서 찾아 쓰세요.

─────────── • 보기 • ───────────
태양계   인공위성   터전   보존

1. 어부들은 바다가 삶의 (   )이다.
   뜻 자리 잡고 살아가는 곳.

2. 우주선 ○○호가 지구를 출발해 긴 (   ) 탐사에 나선다.
   뜻 태양과 그 둘레를 도는 천체 무리.

3. 우리나라는 소중한 문화재를 (   )하기 위해 힘쓰고 있다.
   뜻 망가지거나 없어지지 않게 보살핌.

4. 새로 쏘아 올린 (   )은/는 우주에서 지구 표면을 관찰하는 역할을 할 것이다.
   뜻 로켓으로 쏘아 올려서 지구 둘레를 돌게 만든 장치.

2 관용 표현 알기

다음 빈칸에 알맞은 말을 쓰세요.

"□□는 메워도 사람의 욕심은 못 채운다"

바다는 지구의 절반 이상을 차지할 만큼 넓죠. 이 속담은 아무리 넓고 깊은 바다라도 메울 수는 있지만, 사람의 욕심은 끝이 없어 메울 수 없다는 뜻으로, 사람의 욕심이 끝이 없음을 이르는 말이에요.

3 한자어 익히기

다음 한자어를 소리 내어 읽고 빈칸에 따라 써 보세요.

太	陽
클 태	볕 양

태양(太陽): 태양계 한가운데에 있으면서 스스로 밝은 빛을 내는 큰 별.
• 매일 아침 태양이 뜬다.
• 지구는 태양에서 에너지를 얻는다.
• 우리는 떠오르는 태양을 보며 각자 소원을 빌었다.

太	陽						
클 태	볕 양						

05회 읽기 방법 익히기

1 **사실과 의견 구분하기**

사실은 실제로 있었던 일이나 직접 겪거나 보고 들은 일을, 의견은 어떤 일이나 대상에 대한 생각이나 느낌을 말합니다. 글에 나타난 내용이 사실인지 의견인지 구분하기 위해서는 그 내용이 누구에게나 같은 뜻으로 받아들여질 수 있는지 아닌지를 생각하며 읽어야 합니다. 누구에게나 같은 뜻으로 받아들여지는 내용은 '사실'에 해당하고, 사람마다 다를 수 있는 생각을 나타내는 내용은 '의견'에 해당합니다. 사실과 의견을 구분하며 글을 읽으면 글 속의 정보들을 좀 더 정확하고 비판적으로 이해할 수 있게 됩니다.

★ **사실과 의견을 구분하려면,**

(1) 글에 나타난 내용이 사실인지 아닌지 판단하기 위해서는 그 내용이 실제로 있었던 일인지, 증명이 가능한 일인지 생각해 봅니다.

(2) 글에 나타난 내용이 의견인지 아닌지 판단하기 위해서는 그 내용이 어떤 일이나 대상에 대한 생각이나 느낌을 나타내고 있는지 생각해 봅니다.

1 다음 글을 읽고, 친구들이 사실과 의견을 구분할 수 있도록 (   ) 안에서 알맞은 말을 골라 ○표 하세요.

> 수지는 지난번 닭장에서 알을 품은 닭을 보았던 기억을 떠올렸습니다. 그때 할머니께서는 엄마 닭이 알을 낳고 그 알을 품어 약 21일이 지나면 부화하여 병아리가 태어난다고 말씀해 주셨습니다. 솜털로 덮여 있던 병아리가 온몸이 깃털로 덮인 닭으로 자라는 데에는 6개월 정도가 걸린다는 것도 말씀해 주셨습니다. 할머니께서는 동물이 태어나서 어린 시절을 거치며 성장하여 자손을 남기고 죽을 때까지의 과정을 '한살이'라고 한다고 설명해 주셨습니다.
> 수지는 동물마다 한살이가 다르다는 것을 알게 되었습니다. 그리고 자연은 참 신비롭다고 생각했습니다.

병아리가 닭으로 자라는 데에 6개월 정도가 걸린다는 것은 실제 있었던 일을 나타내고 있으니까 (의견, 사실)이야.

오선

수지가 자연이 신비롭다고 생각한 것은 수지의 생각을 나타내고 있으니까 (의견, 사실)이야.

유진

2 다음 글을 읽고 물음에 답하세요.

오늘은 보름달이 뜨는 날입니다. 밤하늘을 환히 비추어 주는 둥근 보름달은 우리의 마음을 포근하게 만들어 줍니다. 그런데 언제나 보름달을 볼 수 있는 것은 아닙니다. 그 이유는 바뀌는 달의 모양 때문입니다. 달은 모양이 계속해서 바뀝니다. 얇게 깎은 손톱 모양의 초승달이 시간이 지나면 반으로 접힌 동그라미 모양으로 변합니다. 그리고 점점 동그라미처럼 부풀어 오릅니다. 살짝 일그러진 동그라미 모양이 되었다가 둥근 보름달이 되는 것입니다. 그리고 보름달은 다시 반으로 접힌 동그라미 모양이 되고 더 작은 그믐달로 변하게 됩니다. 그런 모습을 보면 마치 달이 없어졌다가 생기고, 생겼다가 사라지는 것 같다는 생각이 듭니다.

달은 일정한 거리를 두고 지구의 주위를 돌고 있습니다. 지구와 달, 그리고 태양의 위치에 따라 달의 모양이 다르게 보이는 것이죠. 지구와 태양, 그리고 지구와 달은 항상 비슷한 거리를 유지하며 돌고 있습니다. 달의 높이나 떠 있는 시간이 다를 뿐, 달의 모양이 변하는 모습은 둥근 지구 위 어디서든 볼 수 있습니다.

(1) 다음 중 사실에 해당하는 문장에는 '사', 의견에 해당하는 문장에는 '의'를 쓰세요.

① 밤하늘을 환히 비추어 주는 둥근 보름달은 우리의 마음을 포근하게 만들어 줍니다. (   )
② 달은 모양이 계속해서 바뀝니다. (   )
③ 그런 모습을 보면 마치 달이 없어졌다가 생기고, 생겼다가 사라지는 것 같다는 생각이 듭니다.
(   )
④ 달은 일정한 거리를 두고 지구의 주위를 돌고 있습니다. (   )

(2) 이 글을 읽은 친구들의 반응 중 '의견'에 해당하지 <u>않는</u> 것은 무엇인가요? (   )

① 정욱: 구름에 가려진 초승달을 보면 무서운 이야기가 생각나.
② 혜민: 달은 모양에 따라 사람들에게 주는 느낌이 다른 것 같아.
③ 성근: 달은 초승달에서 보름달이 되었다가 다시 그믐달로 변하는구나.
④ 유연: 지구와 달은 항상 비슷한 거리를 유지하며 돌고 있다는 것이 놀랍기도 해.
⑤ 태랑: 지구 위 어디서든 변하는 달의 모양을 볼 수 있다니, 신기하다는 생각이 들어.

문단은 중심 문장과 뒷받침 문장으로 이루어집니다. 문단에서 나타내고자 하는 중심 내용을 쉽게 파악하기 위해서는 중심 문장을 찾아야 합니다. 중심 문장은 문단을 대표하는 문장이고, 뒷받침 문장은 중심 문장의 내용을 보충해 주는 문장입니다. 한 문단에서 중심 문장은 하나이지만 뒷받침 문장은 여러 개가 될 수 있습니다.

★ **중심 문장과 뒷받침 문장을 구분하려면,**

(1) 글쓴이가 말하고자 하는 중심 생각이 무엇인지 살펴봅니다.

(2) 문단에서 중심 생각이 담겨 있는 문장이 무엇인지 찾아봅니다.

(3) 중심 문장을 자세히 설명해 주거나 예를 들어 주는 문장이 무엇인지 확인해 봅니다.

1 다음 문단에서 중심 문장을 찾아 밑줄을 긋고, 중심 문장 찾는 방법을 알맞게 말한 친구를 모두 골라 √표 하세요.

인공위성에서 찍은 지구의 사진을 보면, 육지와 바다, 그리고 구름을 관찰할 수 있습니다. 육지는 바다와 같이 물이 있는 곳을 제외한 지구의 표면을 말합니다. 그리고 바다는 육지를 제외한 부분입니다. 세계 지도를 50개의 칸으로 나누어 보면 육지가 14칸, 바다가 36칸을 차지합니다. 넓이를 비교해 보면, 바다가 육지보다 더 넓습니다. 지구 사진을 보면 구름도 많이 보입니다. 공기가 지구를 둘러싸고 있기 때문에 구름이 보이는 것입니다. 공기가 없다면 구름도 없고 비도 오지 않을 것입니다. 그리고 생물이 살아갈 수도 없을 것입니다. 지구를 둘러싸고 있는 공기는 눈에 보이지는 않지만 우리와 다양한 생물들이 숨을 쉬고 살아가게 해 줍니다.

문단을 대표하는 문장을 찾아야 해.

준우
(   )

중심 생각이 담겨 있는 문장을 찾아야 해.

나윤
(   )

내용을 자세하게 풀어 쓴 문장을 찾아야 해.

오선
(   )

예를 들어서 설명하고 있는 문장을 찾아야 해.

서희
(   )

2 다음 글을 읽고 물음에 답하세요.

운동선수들은 어떤 신발을 신을까요? 운동선수들은 자신이 활동하는 종목에 따라 서로 다른 신발을 신습니다. 신발을 만들 때에 사용하는 물질이 다르기 때문입니다.

단거리 육상 선수가 신는 신발은 밑창이 가볍고 단단한 플라스틱으로 만들어져 있으며, 바닥에는 철로 된 징이 붙어 있습니다. 단거리 육상은 짧은 거리를 전속력으로 달려야 하는 운동입니다. 단거리 육상을 잘하려면 가벼우면서도 땅바닥을 박차면서 뛰어나가는 데 도움을 주는 신발이 알맞기 때문입니다.

배드민턴 선수가 신는 신발은 밑창이 고무로 되어 있습니다. 고무는 잘 미끄러지지 않는 성질이 있습니다. 배드민턴은 빠르게 움직이면서 순간적인 힘을 전달해야 하는 운동입니다. 신발의 밑창이 미끄러우면 빠르게 움직이기 어렵고 힘을 정확하게 전달할 수 없습니다. 그래서 잘 미끄러지지 않는 고무로 신발을 만드는 것입니다.

㉠역도 선수가 신는 신발은 밑창이 단단한 나무와 탄력이 좋은 플라스틱으로 만들어져 있습니다. 역도 선수의 신발 밑창이 푹신한 물질로 만들어졌다면 무거운 역기를 들어 올릴 때에 중심을 잃을 수 있습니다. 그래서 몸의 중심을 잡으면서도 몸을 숙였다가 폈을 때에 좀 더 쉽게 움직일 수 있는 물질로 신발을 만듭니다.

(1) 이 글의 내용을 다음과 같이 정리할 때, 빈칸에 알맞은 말을 쓰세요.

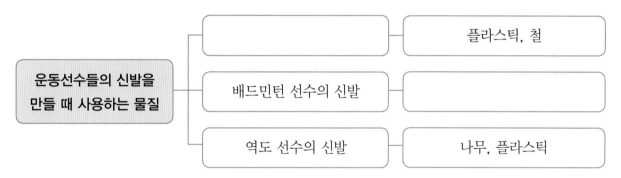

(2) ㉠의 내용을 뒷받침하는 문장으로 알맞은 것은 무엇인가요? (　　　)

① 운동선수들은 어떤 신발을 신을까요?

② 운동선수들은 자신이 활동하는 종목에 따라 서로 다른 신발을 신습니다.

③ 배드민턴은 빠르게 움직이면서 순간적인 힘을 전달해야 하는 운동입니다.

④ 신발의 밑창이 미끄러우면 빠르게 움직이기 어렵고 힘을 정확하게 전달할 수 없습니다.

⑤ 역도 선수의 신발 밑창이 푹신한 물질로 만들어졌다면 무거운 역기를 들어 올릴 때에 중심을 잃을 수 있습니다.

모차르트의 고향, 소금성

이 글의 중심 화제는 **소금**입니다. 소금과 관련된 **과학, 음악, 사회**를 공부해요.
오스트리아 잘츠부르크의 지명, 인물, 축제 등과 관련하여 소금에 대한 다양한 이야기를 알아보세요.

소금은 아주 오래전부터 다양한 용도로 사용되어 온, 인간의 필수품입니다. 지금도 주로 음식의 맛을 낼 때 사용하고 있으며, 음식물을 오래 보관하고 싶을 때도 사용합니다. 이처럼 소금은 누구에게나 필요하고 중요하기 때문에 그런 의미에 빗대어 "빛과 소금 같은 사람이 되세요."라고 말하기도 합니다.

소금을 구하기가 어려웠던 과거에는 소금이 한 국가의 경제를 좌지우지하기도[*] 했습니다. 또 소금 산지를 둘러싸고 큰 전쟁이 벌어지기도 했습니다. 그래서 소금이 '하얀 금'이라고 불리며 높은 가치를 가졌던 시대에는 소금이 생산되는 곳이 자연스럽게 큰 부(富)를 얻었습니다. 그중 대표적인 곳이 바로 오스트리아의 '잘츠부르크(Salzburg)'입니다.

▲ 오스트리아 잘츠부르크

잘츠부르크는 오스트리아 알프스산맥의 북쪽 끝자락에 위치하고 있는 인구 15만여 명의 작은 도시입니다. '잘츠부르크'라는 도시 이름은 독일어로 소금을 뜻하는 '잘츠(Salz)'와 성(城)을 가리키는 '부르크(Burg)'가 합쳐진 말입니다. 이처럼 '소금성'이라는 특이한 이름이 붙은 이유는 잘츠부르크 인근에 암염 광산이 있기 때문입니다. 암염이란 먼 옛날 바다였다가 지각 변동[*]으로 육지가 된 곳에 남은 소금기가 땅속 깊은 곳에 돌처럼 뭉친 것으로, 탄광에서 석탄을 캐듯 암염을 캐어 소금을 얻는 일이 가능했습니다. 그래서 바다와 거리가 먼 육지에서도 사람들이 소금을 맛볼 수 있었던 것입니다. 잘츠부르크 암염 광산에서 생산된 소금은 오스트리아 전역으로 공급되었고, 잘츠부르크는 오스트리아에서도 가장 부유한 도시로 성장했습니다. 이런 도시의 부유함은 음악, 미술과 같은 예술의 발달을 이끌었습니다.

▲ 모차르트

▲ 모차르트 생가

지금도 잘츠부르크에서는 매년 7월부터 한 달 정도 유럽 3대 음악 축제 중 하나인 '잘츠부르크 페스티벌'이 열립니다. 100년이 넘는 역사를 가진 이 축제는 잘츠부르크에서 태어나고 자란 음악가 모차르트를 기념하기 위한 축제입니다. 축제 기간이 되면 잘츠부르크 인구보다 훨씬 더 많은 클래식 음악 애호가*와 관광객이 도시를 방문해 다양한 공연을 즐깁니다. 이처럼 잘츠부르크가 과거에는 소금 생산과 무역의 중심지로 명성을 얻었다면 지금은 모차르트의 도시, 유럽의 대표적인 예술 문화 도시로 그 유명세를 이어 가고 있습니다.

* **좌지우지하기도**: 이리저리 제 마음대로 휘두르거나 다루기도.
* **지각 변동**: 지구 내부의 원인 때문에 생기는 지각의 동요와 변형. 융기, 침강, 단층, 습곡, 조산 운동, 화산 활동, 지진 현상 따위가 있음.
* **애호가**: 어떤 사물을 사랑하고 좋아하는 사람.

---

1 **다음 설명에 해당하는 것이 무엇인지 이 글에서 찾아 쓰세요.**

> • 사람이 살아가는 데 꼭 필요한 짠맛을 내는 조미료이다.
> • 바닷물을 증발시키거나 암염을 캐는 방법으로 얻을 수 있다.
> • 고대 로마 제국에서는 군인들의 급료를 이것으로 지급하였다고 한다.

(   )

2 다음 유럽 백지도에서 오스트리아의 위치를 찾아 색칠해 보세요.

대서양

흑해

3 다음은 소금과 관련된 속담입니다. 각 속담에 담긴 의미를 선으로 바르게 이으세요.

(1) 부뚜막의 소금도
집어넣어야 짜다
•

• ㉠ 아무리 손쉬운 일이라도 힘을 들이지 않으면 이루어지지 않는다.

(2) 소금으로 장을 담근다 해도
곧이듣지 않는다
•

• ㉡ 무슨 일이든지 거기에는 반드시 그렇게 된 까닭이 있다.

(3) 소금 먹은 놈이 물켠다
•

• ㉢ 아무리 사실대로 말해도 믿지 않는다.

4 다음 글을 읽고 물음에 답하세요.

> 우리나라의 여름은 덥고 습하여 음식이 상하기 쉽습니다. 반면 겨울은 기온이 낮아 대부분의 지역에서 농사가 불가능하여 먹거리가 부족해집니다. 따라서 소금으로 저장한 음식이 발달하였는데요, 대표적인 음식이 김치입니다. 김치를 만들 때 가장 먼저 하는 일이 소금에 절이는 것입니다. 각종 젓갈도 마찬가지입니다. 소금으로 절인 음식은 재료의 수분이 빠져나와 미생물의 번식이 어려워 잘 상하지 않아 오래 두고 먹을 수 있습니다.

(1) 소금으로 절인 음식이 쉽게 상하지 않는 이유는 무엇인지 쓰세요.

_____

(2) 평소 우리가 접할 수 있는, 소금으로 절인 음식을 찾아 써 보세요.

_____

5 '잘츠부르크'처럼 세계 여러 곳에는 소금과 관련된 지명을 가진 지역들이 있습니다. 다음과 같이 소금과 관련된 지명을 가진 지역이 우리나라에도 있는지 조사하여 써 보세요.

솔트레이크시티 (Salt Lake City)	2002년 동계 올림픽이 열렸던 미국의 솔트레이크시티는 그레이트솔트호(Great Salt Lake)와 로키산맥 사이에 위치한 도시이다. 도시의 이름은 소금기 가득한 그레이트솔트호에서 따서 붙인 것이다.
할슈타트 (Hallstatt)	'할(Hal)'은 고대 켈트어로 소금을 뜻한다. 오스트리아의 할슈타트에는 기원전 2000년경에 형성된 세계 최초의 암염 광산이 있다.

(　　　　　　　　　　　　　　)

4주차

 무엇을 배울까요?

회차	글의 내용	핵심 개념	읽기 방법	학습 계획일
01회	**색에서 감정을 느끼다** 색에 따라 사람이 느끼는 감정이 어떻게 달라지는지를 설명하는 글입니다.	[미술] 지각	문장 관계 파악하기	월 일 (요일)
02회	**몸으로 말해요** 발레에서 사용되는 몸짓 언어를 그림 자료를 바탕으로 설명하는 글입니다.	[체육] 신체 표현	글과 그림의 관계 파악하기	월 일 (요일)
03회	**봄, 여름, 가을, 겨울을 듣다** 「사계」의 작곡가인 비발디와의 상상 대화를 통해 계절에 따른 상황 변화가 음악으로 어떻게 표현되는지를 설명하는 글입니다.	[음악] 배경	인물에게 질문하기	월 일 (요일)
04회	**0보다 크지만 1보다 작은 수?** 분수의 개념과 특징을 구체적인 사례를 들어 설명하는 글입니다.	[수학] 분수	주요 개념 파악하기	월 일 (요일)
05회	**읽기 방법 익히기** 이 주에 공부한 중요 [읽기 방법]을 한눈에 정리하고 문제로 확인합니다. **1** 문장 관계 파악하기 **2** 인물에게 질문하기			월 일 (요일)

어느 **수준**일까요?

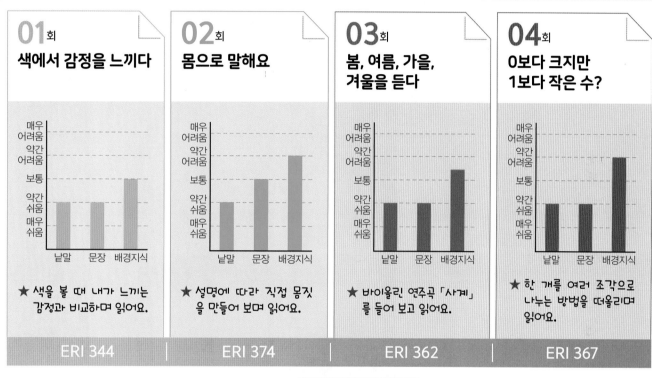

01회
색에서 감정을 느끼다

매우 어려움 / 약간 어려움 / 보통 / 약간 쉬움 / 매우 쉬움

낱말 / 문장 / 배경지식

★ 색을 볼 때 내가 느끼는 감정과 비교하며 읽어요.

ERI 344

02회
몸으로 말해요

매우 어려움 / 약간 어려움 / 보통 / 약간 쉬움 / 매우 쉬움

낱말 / 문장 / 배경지식

★ 설명에 따라 직접 몸짓을 만들어 보며 읽어요.

ERI 374

03회
봄, 여름, 가을, 겨울을 듣다

매우 어려움 / 약간 어려움 / 보통 / 약간 쉬움 / 매우 쉬움

낱말 / 문장 / 배경지식

★ 바이올린 연주곡 「사계」를 들어 보고 읽어요.

ERI 362

04회
0보다 크지만 1보다 작은 수?

매우 어려움 / 약간 어려움 / 보통 / 약간 쉬움 / 매우 쉬움

낱말 / 문장 / 배경지식

★ 한 개를 여러 조각으로 나누는 방법을 떠올리며 읽어요.

ERI 367

이 주의 ERI 지수

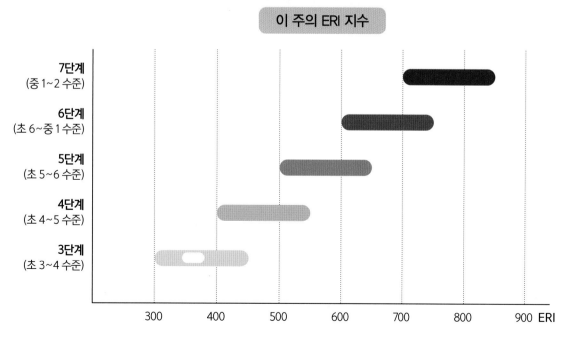

7단계
(중 1~2 수준)

6단계
(초 6~중 1 수준)

5단계
(초 5~6 수준)

4단계
(초 4~5 수준)

3단계
(초 3~4 수준)

300   400   500   600   700   800   900 ERI

01회 색에서 감정을 느끼다

☑ 핵심 개념인 '지각'과 관련된 말들을 알아 둡시다.

→ 지각 능력 / 미적 지각

 지각은 감각 기관을 통해 대상을 탐색하여 이해 하는 것을 의미해요.

☑ 글을 읽고 이것만은 꼭 찾아냅시다.

→ 색에 따라 사람이 느끼는 감정은 어떻게 달라 질까요?

☑ 글을 구성하는 문장들의 관계를 파악해 봅시다.

→ 두 문장을 이어 주는 말을 찾아 문장 간의 관계 를 파악하며 글을 읽습니다.

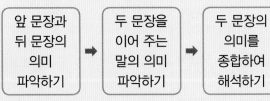

| 앞 문장과 뒤 문장의 의미 파악하기 | → | 두 문장을 이어 주는 말의 의미 파악하기 | → | 두 문장의 의미를 종합하여 해석하기 |

 문장 관계 파악하기란 앞 문장과 뒤 문장이 어떤 관 계로 이어지는지 파악하는 것을 말해요.

1 핵심 개념 미리 보기

빈칸에 들어갈 말을 〈보기〉에서 찾아 쓰세요.

보기

| 시각적 | 청각적 | 미각적 | 후각적 | 촉각적 |

눈, 귀, 코 같은 감각 기관으로 바깥의 자극이나 변화를 느끼는 것을 '지각'이라고 해요. 어떤 감각 기관을 통하는지에 따라 지각하는 방법이 달라져요.

(1) '혀'로 맛을 보고 느끼는 것 ➡ ☐☐☐

(2) '귀'로 소리를 듣고 느끼는 것 ➡ ☐☐☐

(3) '코'로 냄새를 맡아 느끼는 것 ➡ ☐☐☐

(4) '피부'에 어떤 것이 닿아서 느끼는 것 ➡ ☐☐☐

(5) '눈'으로 모양이나 색 등을 보고 느끼는 것 ➡ ☐☐☐

2 읽기 방법 미리 보기

두 문장이 어떠한 관계로 연결되는지 (　) 안에서 알맞은 말을 골라 ○표 하세요.

(1) 사랑이는 저녁 식사 전에 빵과 과자를 배부르게 먹었다. 그래서 저녁을 많이 먹지 못했다.

➡ 앞 문장은 (원인, 결과), 뒤 문장은 (원인, 결과)

(2) 열심히 노력하면 매우 커다란 단점들도 극복할 수 있다. 예를 들어, 축구 선수 박지성은 빠르게 달리는 데 불리한 평발을 가졌지만 열심히 연습해서 달리기가 빠른 축구 선수가 되었다.

➡ 앞 문장은 (주장, 예시), 뒤 문장은 (주장, 예시)

정답 1. (1) 미각적, (2) 청각적, (3) 후각적, (4) 촉각적, (5) 시각적　2. (1) 원인, 결과, (2) 주장, 예시 우리는 일상에서 '색'에 대한 고민을 자주 해요. 옷이나 이불을 살 때, 집을 꾸미기 위해 벽지나 가구를 고를 때 어떤 색이 좋을지 고민하곤 하죠. 왜 그럴까요? 색을 연구하는 사람들은 색에 따라 사람이 느끼는 감정이 달라지기 때문이라고 설명해요. 색에 따라 온도감, 무게감, 분위기 등이 다르게 느껴지는 거예요. 하나씩 예를 들어 살펴볼까요?

우선, 색을 통해 온도를 느낄 수 있어요. 색 중에는 따뜻하게 느껴지는 색이 있어요. 빨간색이나 주황색, 노란색 등이 따뜻하게 느껴지는 색이에요. (㉠   ) 차갑게 느껴지는 색도 있어요. 파란색이나 청록색, 남색 등이 차갑게 느껴지는 색이지요. (㉡   ) 어떤 색은 따뜻함과 차가움이 모두 느껴지기도 해요. 초록색이나 보라색 등이 대표적인 예이에요.

색에 따라 무게가 다르게 느껴지기도 해요. 색이 얼마나 밝은가에 따라 무게감이 달라지기 때문이에요. 밝은 색일수록 가볍게 느껴져요. 어두운 색일수록 무겁게 느껴지고요. 실제로는 똑같은 무게와 크기의 두 자동차를 상상해 볼까요? 어떤가요? 흰색 자동차보다 검은색 자동차가 더 무겁게 느껴지죠?

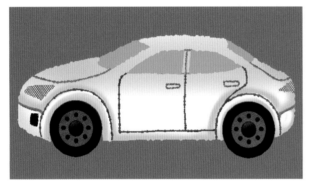 

또한 색에 따라 분위기가 다르게 느껴지기도 해요. 따뜻한 느낌의 색은 화려함과 활발함을 느끼게 해요. 반대로 차가운 느낌의 색은 안정감과 침착함을 느끼게 하고요. 따뜻한 느낌의 색이 진해질수록 활발한 느낌이 커져요. 반대로 차가운 느낌의 색이 연해질수록 침착한 느낌이 커지고요.

이렇게 색에 따라서 사람은 다른 감정을 느껴요. 그래서 색을 잘 이용하면 사람의 감정에 영향을 미칠 수 있어요. 바로 이것이 색을 연구하는 사람들이 ㉢"색의 느낌을 잘 읽어야 한다."라고 말하는 이유예요. 때와 장소에 따라 어떤 색을 골라야 하는지 이제 알겠지요?

중심 화제 파악하기

1. 이 글은 무엇에 대해 설명하고 있는지 빈칸에 알맞은 말을 쓰세요.

➡ ☐ 에 따라 다르게 느껴지는 ☐☐

문장 관계 파악하기

2. 〈보기〉를 참고하여 ㉠과 ㉡에 들어갈 알맞은 말을 쓰세요.

─────── 보기 ───────

- 즉: 앞에서 말한 내용을 정리해서 다시 한 번 말할 때 쓰는 말이에요.
- 반면: 뒤에 나올 내용이 앞에서 말한 내용과 반대 관계일 때 쓰는 말이에요.
- 한편: 어떤 일에 대하여 앞에서 말한 부분과 다른 부분을 이야기할 때 쓰는 말이에요.
- 따라서: 앞에서 말한 내용이 뒤에서 말할 내용의 이유나 원인이 될 때 쓰는 말이에요.

- ㉠: (   )
- ㉡: (   )

문맥을 활용하여 추론하기

3. ㉢의 의미를 가장 잘 이해한 것은 무엇인가요? (   )

① 색이 사용된 목적을 파악해야 한다.

② 사용된 색이 무엇인지 확인해야 한다.

③ 사용된 색의 종류를 꼼꼼하게 파악해야 한다.

④ 색이 표현하는 시각적 정보를 확인해야 한다.

⑤ 색에서 느껴지는 감각이나 분위기를 파악해야 한다.

내용 파악하기

4. 이 글의 내용을 <u>잘못</u> 이해한 것은 무엇인가요? (   )

① 주황색은 따뜻함이 느껴지는 색이다.
② 빨간색은 활발함이 느껴지는 색이다.
③ 파란색은 차가움이 느껴지는 색이다.
④ 검은색은 가볍게 느껴지지 않는 색이다.
⑤ 보라색은 따뜻함이 느껴지지 않는 색이다.

세부 내용 파악하기

5. 이 글의 내용을 바탕으로 (   ) 안에서 알맞은 말을 골라 ○표 하세요.

(1) 무거운 느낌을 나타내기 위해서는 색의 (온기, 밝기)를 조절해야 한다.
(2) 활발한 느낌을 나타내기 위해서는 색을 (진하게, 연하게) 한다.

글의 내용 적용하기

6. 이 글의 내용을 바탕으로 '준우'의 문제를 해결할 수 있는 방법을 써 보세요.

준우

반장 선거용 포스터를 만들어야 해! 성격이 침착하여 안정적으로 문제를 잘 해결해 나갈 수 있는 친구라는 점을 알리려면 전체 포스터를 어떤 색으로 만드는 게 좋을까?

내가 제시하는 해결 방안

안정직인 느낌은 (   )으로 표현할 수 있어. 이 색들이 연해질수록 침착한 느낌이 커지니까 파란색보다 연한 (   )으로 포스터를 만드는 것이 좋을 것 같아.

어휘 익히기

1 낱말 뜻 알기

다음 빈칸에 알맞은 낱말을 〈보기〉에서 찾아 쓰세요.

• 보기 •

연구　　대표적　　침착　　영향

1. 이순신은 나라를 위해 싸운 (　　　　) 인물이다.
   뜻 어떤 분야나 집단에서 무엇을 대표할 만큼 특징적인 것.

2. 아이는 부모의 (　　　　)을/를 매우 많이 받는다.
   뜻 효과나 작용이 다른 것에 미치는 일.

3. 나는 (　　　　)해 보이려 애썼지만 가슴은 매우 떨렸다.
   뜻 행동이 들뜨지 아니하고 차분함.

4. 행복한 사회를 만들기 위해서는 지속적인 (　　　　)이/가 필요하다.
   뜻 깊이 조사하고 생각하여 진리를 밝혀내는 일.

2 관용 표현 알기

다음 빈칸에 알맞은 사자성어를 쓰세요.

"☐☐☐☐"

이 사자성어는 쪽에서 뽑아낸 푸른 물감이 쪽보다 더 푸르다는 뜻으로, 제자나 후배가 스승이나 선배보다 더 뛰어난 것을 이르는 말이에요. '쪽'이란 마디풀과의 한해살이풀로서, 이 풀을 찧어 물에 담가 놓으면 푸른 물이 나오는데, 그 색이 원래의 쪽 빛깔보다 더 파랗습니다. 그래서 이런 표현이 생겼지요.

한자	뜻	음
靑	푸를	
出	날	
於	어조사	
藍	쪽	

3 한자어 익히기

다음 한자어를 소리 내어 읽고 빈칸에 따라 써 보세요.

感	情
느낄 **감**	뜻 **정**

감정(感情): 어떤 일에 대해 일어나는 마음이나 느끼는 기분.
• 음악을 들으면 감정이 풍부해진다.
• 어머니는 복받치는 감정을 억누르셨다.
• 나는 내 감정을 솔직하게 말하는 편이다.

感	情						
느낄 감	뜻 정						

02회 몸으로 말해요

☑ 핵심 개념인 '신체 표현'과 관련된 말들을 알아 둡시다.

→ 신체 표현 능력 / 신체 표현 놀이

 신체 표현은 몸의 움직임을 통해 느낌이나 생각을 나타내고 소통하는 것을 의미해요.

☑ 글을 읽고 이것만은 꼭 찾아냅시다.

→ 발레에서는 몸동작을 사용하여 어떻게 인물의 감정이나 생각을 표현할까요?

☑ 글과 그림의 관계를 파악하며 글을 읽어 봅시다.

→ 글과 그림을 종합하여 글의 내용을 구체적으로 파악해 봅니다.

| 글에서 그림과 관련된 부분 찾기 | → | 글과 그림의 의미 연결하기 | → | 그림을 활용하여 글의 내용 파악하기 |

 그림이 포함된 글을 읽을 때에는 글과 그림의 관계를 파악하며 읽어야 해요.

1 핵심 개념 미리 보기

빈칸에 공통으로 들어갈 말을 〈보기〉에서 찾아 쓰세요.

━━━━ • 보기 • ━━━━

신체   언어   정신

구르기, 굽히기, 움츠리기, 흔들기 등 ☐☐을/를 다양하게 움직여 생각이나 느낌을 표현할 수 있다.

☐☐이/가 튼튼해야 건강하고 바람직한 생각을 할 수 있다.

2 읽기 방법 미리 보기

다음 글의 내용과 그림을 종합하여 '우리 집'으로 가는 길을 표시해 보세요.

우리 집은 교문을 나왔을 때 오른쪽에 있어. 교문 앞에 있는 나무와 우체국 사이의 좁은 길로 가면 금방 갈 수 있지만, 거기에는 무서운 개가 있기 때문에 피해 가야 해. 교문에서 편의점 쪽의 조금 넓은 길로 둘러 가야 해. 문구점을 지나서 편의점이 하나 더 있는데 그쪽으로 가서 횡단보도를 건너야 해. 횡단보도를 건너면 아파트 네 채가 두 채씩 두 줄로 이어져 있어. 아파트 사이의 골목을 지나 두 번째 줄에 있는 두 동의 아파트 중 오른쪽에 있는 아파트가 우리 집이야!

정답 1. 신체 2.

여러분은 발레를 본 적 있나요? 발레에는 대사[*]가 없어요. 몸동작이 말이나 글 을 대신하지요. 독특한 몸동작으로 인물의 감정이나 생각을 전달하는 거예요. 그래서 공연을 관람할 때에는 발레 몸동작의 의미를 해석해야 해요.

㉮

㉯

(⟨　　　　　⟩ ㉠) ㉮처럼 두 손을 왼쪽 가슴으로 모으는 것은 '사랑한다'는 의미예요. ㉯는 어떤 의미일까요? 손바닥을 뻗으며 팔을 X자로 만들고 고개를 돌리는 것은 '거절'을 뜻해요. 또 누군가를 향해 말하려면 손가락이나 손으로 그 사람을 가리키면 돼요. 감정도 표현할 수 있어요. 화낼 때에는 두 주먹을 머리 위로 올려 흔들면 돼요. 슬플 때에는 눈물을 닦는 시늉을 하면 되고요. 기쁠 때는 어떻게 할까요? 한 손으로 다른 손을 감싼 후에 왼쪽으로 기울이면 돼요.

발레뿐 아니라 우리의 일상에서도 ㉡같은 방식으로 의미를 전달할 수 있어요. 사랑하는 마음은 어떻게 표현할 수 있을까요? 말과 글이 아닌 손짓과 발짓으로도 충분히 마음을 표현할 수 있어요. 손가락을 하트 모양으로 만들어서 상대방에게 보여 주면 되지요. 몸짓을 통해서도 사랑하는 마음을 표현할 수 있어요. 사랑하는 상대를 안거나 상대에게 기대려는 몸짓을 취하면 됩니다.

발레 몸동작을 살펴보면, 우리가 일상에서 사용하고 있는 손짓과 발짓, 몸짓과 비슷한 경우가 많아요. 우리의 일상 경험을 떠올리며, 발레 몸동작의 의미를 해석해 보면 어떨까요?

* **대사**: 영화, 연극, 드라마 등에서 배우가 하는 말.

1. 이 글의 중심 화제로 가장 알맞은 것은 무엇인가요? (   )

① 발레 관람 방법
② 발레리나의 움직임
③ 움직임 언어의 장점
④ 발레리나의 느낌 표현
⑤ 몸동작을 통한 의미 표현

세부 내용 추론하기

2. 이 글을 읽고 알 수 있는 내용이 <u>아닌</u> 것은 무엇인가요? (   )

① 발레 공연에서 발레리나는 말을 하지 않는구나.
② 빙글빙글 도는 움직임을 통해 팽이의 특징을 표현할 수 있겠구나.
③ 발레리나는 몸동작을 통해 자신의 생각이나 감정을 표현하는구나.
④ 두 팔을 흔드는 속도를 조절해서 바람의 세기를 표현할 수 있겠구나.
⑤ 몸동작을 통해 의미를 전달하는 것은 발레 공연에서만 볼 수 있겠구나.

낱말 뜻 짐작하기

3. 이 글에서 말이나 글 을 대신할 수 있는 표현 수단을 나타내는 낱말을 찾아 쓰세요.

(   )

생략된 내용 짐작하기

4. ㉠에 들어갈 말로 알맞은 것은 무엇인가요? (   )

① 반대의 예를 생각해 볼까요?
② 자신의 경험을 떠올려 볼까요?
③ 두 번째 이유를 생각해 볼까요?
④ 또 다른 특징을 생각해 볼까요?
⑤ 구체적인 예를 들어 살펴볼까요?

가리키는 말의 의미 파악하기

5. ⓛ의 의미는 무엇인지 빈칸에 알맞은 말을 쓰세요.

➡ 말이나 글이 아닌 ☐ 으로 의미를 표현하여 전달하는 것

글과 그림의 관계 파악하기

6. 이 글을 읽고 다음 발레 몸동작들이 나타내는 감정을 선으로 알맞게 이으세요.

(1)   •   •㉮ 기뻐요.

(2)   •   •㉯ 화나요.

(3)   •   •㉰ 슬퍼요.

1 낱말 뜻 알기

다음 빈칸에 알맞은 낱말을 〈보기〉에서 찾아 쓰세요.

─────── • 보기 • ───────

전달   관람   해석   시늉

1. 친구와 함께한 영화 (   )은 즐거웠다.
   뜻 공연, 영화, 그림, 경기 등을 구경함.

2. 내 짝꿍은 음식 사진을 보며 맛있게 먹는 (   )을 했다.
   뜻 모양이나 움직임을 흉내 냄.

3. 그림책을 읽을 때에는 그림의 의미를 (   )하며 읽어야 한다.
   뜻 어떤 일이나 행동을 판단하고 이해함.

4. 나는 내가 가진 지식을 다른 사람에게 (   )하는 것을 좋아한다.
   뜻 물건, 말, 지식 같은 것을 남한테 전함.

2 관용 표현 알기

다음 빈칸에 공통으로 들어갈 말을 쓰세요.

"□□에 가면 □□법을 따르라"

이 말은 어느 공동체에 새로 들어가게 되면, 그 공동체가 가진 고유한 문화와 규칙을 따라야 한다는 것을 이르는 말이에요. 발레를 제대로 관람하려면 관람객이 발레 언어를 배워 잘 이해해야 하는 것처럼, 새로 들어간 곳의 규범을 배우고 존중해야 한다는 것이지요.

3 한자어 익히기

다음 한자어를 소리 내어 읽고 빈칸에 따라 써 보세요.

動	作
움직일 **동**	지을 **작**

동작(動作): 몸이나 손, 발 따위를 움직임.

• 요즘은 로봇의 동작이 자연스럽다.
• 나는 날쌘 동작으로 뜀틀을 넘었다.
• 태권도는 주로 발차기 동작으로 상대방을 공격한다.

動	作
움직일 동	지을 작

봄, 여름, 가을, 겨울을 듣다

☑ 핵심 개념인 '배경'과 관련된 말들을 알아 둡시다.

→ 배경 설화 / 작품의 배경 / 시대적 배경

 배경은 예술 작품이 만들어진 역사적, 문화적 이유나 상황을 의미해요.

☑ 글을 읽고 이것만은 꼭 찾아냅시다.

→ 비발디는 봄, 여름, 가을, 겨울을 어떻게 음악으로 표현했나요?

☑ 인물에게 질문하며 적극적으로 글을 읽어 봅시다.

→ 글을 이해하는 데 도움이 되는 질문을 만들어 보고, 이에 답하며 글을 읽습니다.

질문하고 싶은 인물 정하기	→	글 내용과 관련하여 질문 만들기	→	인물의 입장에서 질문에 답하기

인물에게 질문하기란 글의 내용과 관련하여 등장 인물이나 글쓴이에게 궁금한 점을 스스로 묻고 답하며 읽는 것을 말해요.

1 **핵심 개념** 미리 보기

빈칸에 공통으로 들어갈 낱말을 쓰세요.

> ### 예술 작품을 이해하기 위해 생각해야 할 주변 환경이나 상황
>
> • 공간적 ☐☐ : 예술 작품이 만들어진 공간적 환경이나 상황
>
> • 시간적 ☐☐ : 예술 작품이 만들어진 시대나 시기와 관련된 환경이나 상황
>
> • 사회적 ☐☐ : 예술 작품에 나타난 세상이나 국가, 문화와 관련된 환경이나 상황

2 **읽기 방법** 미리 보기

다음 글에서 답을 직접 찾을 수 있는 질문에 ∨표 하세요.

> 맑은 날씨를 보자 춘향이는 그네를 타고 싶어졌어요. 그래서 향단이에게 그네 타러 갈 준비를 하라고 말했어요. 향단이는 춘향이가 그네를 타러 갈 때 어떤 옷을 입는 걸 좋아하는지 잘 알고 있었어요. 그래서 춘향이가 좋아하는 옷으로 준비를 해 두었지요. 향단이의 완벽한 준비 덕분에 춘향이는 즐겁게 그네를 탈 수 있었어요.

(1) 향단이와 춘향이는 어떤 관계일까? ( )

(2) 춘향이는 왜 갑자기 그네를 타고 싶었던 걸까? ( )

(3) 춘향이는 그네를 타러 갈 때 어떤 옷을 입는 것을 좋아할까? ( )

정답 1. 배경 2. (2)

사회자: 여러분, 이탈리아에서 가장 유명한 음악가가 누군지 아시나요? 바로 '안토니오 비발디'입니다. 비발디는 바이올린 연주자이자 선생님, 작곡가이기도 합니다. 비발디의 곡 중 가장 유명한 곡은 「사계」입니다. 「사계」는 사계절의 변화를 표현한 곡이에요. 자세한 것은 비발디를 직접 만나 이야기해 보도록 하겠습니다. 안녕하세요?

비발디: 네, 안녕하세요.

사회자: 「사계」를 만들게 된 계기는 무엇인가요?

비발디: 음악을 통해 계절에 따라 바뀌는 상황과 느낌을 표현하고 싶었어요. 소리가 상황과 그 상황의 느낌을 표현할 수 있다는 것을 모르는 사람이 많더군요. 눈으로 봐야만 알 수 있다고 생각해요. 계절이 변하면 하늘과 땅의 색이 달라지죠? 바람의 움직임도 달라지고요. 그런데 색과 움직임뿐 아니라 소리도 달라져요. 새소리, 물소리, 바람 소리가 달라지죠. 소리로도 계절의 변화와 느낌을 표현할 수 있어요.

사회자: 계절의 변화를 ㉠눈이 아닌 귀로 느낄 수 있도록 만들고 싶으셨던 거군요. 「사계」는 '봄', '여름', '가을', '겨울'의 총 네 부분으로 구성되어 있습니다. 자세히 설명해 주시겠어요?

비발디: 네, 그러죠. 봄이 오면 우리 주변이 어떤 모습이 되죠?

사회자: 겨울이 끝나면서 겨울잠을 자던 동물들이 깨어나죠. 새들의 즐거운 노랫소리가 들리고요. 꽃이 피어나는 생생한 기운이 넘치는 계절이지요.

비발디: 맞아요. 그래서 '봄'에서는 다양한 악기를 사용했어요. 생기 넘치고 경쾌한 느낌을 강조하려고요. 바이올린 소리로 새들의 노랫소리를 표현하기도 했고요.

사회자: 말씀을 들으니 「사계」에서 '봄'이 가장 빠른 곡일 것 같은데요?

비발디: 아뇨, '여름'이 가장 빠른 곡이에요. 여름은 더위에 지쳐 모든 것이 느려지죠. 그러나 비바람이 불고 천둥번개가 치면 모든 것이 빨라져요. 무섭기도 하고요. 참 변덕스러운 계절이에요. 그래서 거칠고 강렬한 소리를 내는 악기들로 빠르게 연주해요. 여름의 무서움을 표현하려고요.

사회자: 나머지 두 계절은 어떻게 표현하셨나요?

비발디: 가을은 열매를 맺는 계절이잖아요. 그래서 '가을'에서는 부드러운 소리의 악기를 사용했어요. 여유로운 느낌을 나타내려고요. '겨울'은 앞부분과 뒷부분을 다르게 만들었어요. ㉡앞부분은 짧은 음을 사용해서 차가운 느낌, 오들오들 떨며 조심스레 빙판길을 걷는 사람들을 표현했어요. 반면, 뒷부분으로 갈수록 긴 음을 사용해서 봄을 기다리는 마음을 표현하고자 했지요.

사회자: 정말 음악을 통해 사계절의 느낌을 표현하는 것이 가능하군요. 다시 한번 「사계」를 들으며 계절을 느껴 봐야겠습니다. 오늘 좋은 말씀을 해 주셔서 감사합니다!

중심 화제 파악하기

1. 이 글의 화제로 알맞은 것은 무엇인가요? (   )

① 「사계」를 만든 음악가의 삶
② 「사계」에 담긴 비발디의 삶
③ 「사계」를 만들 때의 어려움
④ 「사계」에서의 사계절 표현 방법
⑤ 「사계」가 사람들에게 인기 있는 이유

표현의 의도 추론하기

2. ㉠에서 '눈으로 느끼는 것'과 '귀로 느끼는 것'은 각각 무엇을 뜻하는지 빈칸에 알맞은 말을 쓰세요.

- 눈으로 느끼는 것: (   )을/를 시각적으로 느끼는 것
- 귀로 느끼는 것: 계절의 변화를 (   )(으)로 느끼는 것

세부 내용 파악하기

3. 비발디가 사계절을 어떻게 표현했는지 빈칸을 채워 정리해 보세요.

계절	표현 방법
봄	다양한 악기를 사용해 생기 넘치고 ( ) 느낌을 강조한다.
여름	거칠고 강렬한 소리를 내는 악기들로 ( ) 연주한다.
가을	부드러운 소리의 악기를 사용해 ( ) 느낌을 나타낸다.
겨울	( ) 음을 사용해 차가운 느낌을 표현하고, ( ) 음을 사용해 봄을 기다리는 마음을 표현한다.

문맥을 활용하여 추론하기

4. ⓛ의 내용을 바탕으로, '겨울'의 뒷부분이 어떻게 표현되었을지 〈보기〉의 낱말을 사용하여 정리해 보세요.

보기

두려움   평화로움   거센   부드러운

'반면'은 뒤에 오는 내용이 앞의 내용과 반대될 때 사용하는 말입니다. 그리고 '봄을 기다리는 마음'은 차가움보다는 설렘과 (   )을/를 나타냅니다. 그러므로 '겨울'의 뒷부분은 앞부분보다 (   ) 느낌으로 표현되었을 것입니다.

사실과 의견 구분하기

5. 이 글에 나타난 사실에는 '사', 의견에는 '의'를 쓰세요.

(1) 「사계」에서 '여름'은 가장 빠른 곡이다.   (   )

(2) 봄은 꽃이 피어나는 생생한 기운이 넘치는 계절이다.   (   )

(3) 비발디는 계절에 따라 바뀌는 상황과 느낌을 표현하기 위해 「사계」를 만들었다.

(   )

인물에게 질문하기

6. 다음 사회자의 질문에 대하여, 글의 내용을 바탕으로 비발디의 입장에서 답해 보세요.

사회자: 「사계」에서 분위기가 반대되는 두 계절은 무엇인가요?

비발디: _____

_____

_____

1 낱말 뜻 알기

다음 빈칸에 알맞은 낱말을 〈보기〉에서 찾아 쓰세요.

• 보기 •

계기   기운   변덕스러운   오들오들

1. 성격이 (   ) 사람은 믿기 어렵다.
   뜻 이랬다저랬다 하는. 변하기 쉬운 태도나 성질이 있는.

2. 벚꽃이 활짝 피면서 봄의 (   )이/가 느껴진다.
   뜻 보이지는 않지만 몸으로 느낄 수 있는 힘이나 분위기.

3. 그는 (   ) 떨면서도 끝까지 문밖에서 기다리고 있었다.
   뜻 춥거나 무서워서 몸을 작게 떠는 모양.

4. 김연아 선수의 올림픽 금메달이 (   )이/가 되어 피겨 스케이팅에 관심이 생겼다.
   뜻 어떤 일을 일으키거나 바뀌게 하는 중요한 까닭이나 기회.

2 관용 표현 알기

다음 빈칸에 알맞은 사자성어를 쓰세요.

"☐☐☐☐"

비발디의 「사계」 중 '겨울'에는 봄을 기다리는 마음이 표현되어 있어요. 우리는 무엇인가를 간절하게 기다릴 때 "목을 빼고 기다린다."라고 말하곤 해요. 이 사자성어는 학의 목처럼 목을 길게 빼고 간절히 기다린다는 뜻으로, 어떤 일을 몹시 간절하게 기다리는 상태나 마음을 나타내는 말이에요.

한자	뜻	음
鶴	학	
首	머리	
苦	괴로울	
待	기다릴	

3 한자어 익히기

다음 한자어를 소리 내어 읽고 빈칸에 따라 써 보세요.

四	季
넉 사	계절 계

사계(四季): 봄, 여름, 가을, 겨울의 네 계절.
• 우리나라는 사계가 뚜렷하다.
• 담쟁이덩굴이 보여 주는 사계가 아름답다.
• 자연 속에 있으면 사계의 변화를 더 잘 느낄 수 있다.

四	季						
넉 사	계절 계						

0보다 크지만 1보다 작은 수?

$$\frac{1}{8}$$

☑ 핵심 개념인 '분수'와 관련된 말들을 알아 둡시다.

→ 분수 계산 / 가분수 / 진분수

분수는 전체를 똑같이 나누었을 때 전체에 대한 부분의 수를 의미해요.

☑ 글을 읽고 이것만은 꼭 찾아냅시다.

→ 분수란 무엇일까요?

☑ 주요 개념을 파악하며 글을 읽어 봅시다.

→ 전문 영역의 글을 읽을 때에는 주요 개념의 의미를 구체적으로 정리하며 읽습니다.

| 글에 사용된 주요 개념 확인하기 | → | 글의 내용을 바탕으로 주요 개념의 의미 생각해 보기 | → | 주요 개념의 의미 정리하기 |

개념이란 어떤 것의 바탕을 이루는 생각, 여럿 가운데에서 큰 틀이 되는 생각을 말해요.

1 핵심 개념 미리 보기

다음 낱말들에 공통으로 들어가 있는 '분(分)'의 의미를 추측해 보세요.

- 부분(部分): 전체를 몇 개로 나눈 것의 하나.
- 분배(分配): 고르게 나눔.
- 분수(分數): 나눈 수.
- 분별(分別): 사물을 종류에 따라 나누어 가름.

➡ '분(分)'은 '⬜⬜⬜'라는 뜻입니다.

2 읽기 방법 미리 보기

다음 글을 읽고 '더하기'의 의미를 정리해 보세요.

숫자 1과 3을 모으면 4가 만들어집니다. 또 2를 두 번 모아 4를 만들 수도 있습니다. 더하기는 여러 수를 모아 합하는 것을 뜻합니다. 몇 개의 수를 모아 합하면 더 큰 수를 만들 수 있습니다. 더하기는 더 큰 수를 만들어 냅니다.

➡ '더하기'란 몇 개의 수를 모아 ⬜⬜⬜ 것을 뜻합니다.

정답 1. 나누다 2. 합하는

세준이는 친구들에게 '피자'를 나눠 주는 일을 맡았어요. 세준이는 피자를 공평하게 나누기 위해 각 모둠에 피자 한 판씩을 줬어요. 그리고 피자 한 판을 모둠원들에게 똑같이 나눠 줬어요. 1모둠은 모둠원이 3명이에요. 그래서 한 판을 세 조각으로 나눴어

요. 2모둠은 5명이어서 다섯 조각으로 나눴고요. 한 사람이 한 조각씩 먹을 수 있게 나눈 거예요. 그런데 2모둠은 1모둠과 비교했을 때 자신의 피자 조각이 작다고 불평했어요.

세준이는 두 모둠의 피자 조각을 살펴봤어요. 그러고는 깜짝 놀랐어요. 두 모둠의 피자 한 조각의 크기가 서로 달랐기 때문이에요. 왜 이런 일이 발생한 것일까요? 1모둠은 피자 한 판을 세 조각으로 나눈 것 중의 한 조각을 받았어요. 2모둠은 피자 한 판을 다섯 조각으로 나눈 것 중의 한 조각을 받았고요. 그래서 크기가 서로 달랐던 거예요. 각 모둠의 피자 한 조각을 '수'로 나타내 볼까요? 1모둠은 세 조각 중의 한 조각이므로 $\frac{1}{3}$로 나타내요. 2모둠은 다섯 조각 중의 한 조각이므로 $\frac{1}{5}$로 나타내고요.

이러한 $\frac{1}{3}$, $\frac{1}{5}$을 분수라고 한답니다. 분수에서 '분'은 '나누다'를 뜻해요. '수'는 '숫자'를 나타내고요. 이렇듯 분수란 '나눈 수'예요. 전체를 똑같이 나누었을 때 전체에 대한 부분을 나타내지요. 그래서 분수는 항상 1보다 작은 ㉠'모자란 수'예요. 이때 전체를 '분모'라고 해요. 전체를 나눈 것 중의 부분을 '분자'라고 하고요. 읽을 때에는 분모를 먼저 읽어요. 그다음 분자를 읽고요. $\frac{1}{3}$은 전체를 3개로 나눈 것 중에서 1개이니까 '삼분의 일'이라고 읽으면 돼요.

분수는 전체에 대한 부분을 나타내는 수이죠? 그래서 항상 1보다 작아요. 부분들을 다 합해야만 원래대로 전체인 하나가 되기 때문이지요. 그래서 1과 같거나 1보다 큰 분수는 가짜 분수예요. 이걸 '가분수'라고 말해요. 가분수의 반대말은 진짜 분수, '진분수'예요. 세준이가 실수를 안 하기 위해서는 어떻게 피자를 나눠야 할까요?

중심 화제 파악하기

1. 이 글은 무엇에 대해 설명하는 글인가요? (   )

① 분수의 의미

② 피자 한 조각의 크기

③ '수'를 나누는 다양한 방법

④ 피자를 공평하게 나누는 방법

⑤ 진분수와 가분수의 공통점과 차이점

내용 파악하기

2. 이 글의 내용으로 알맞지 <u>않은</u> 것은 무엇인가요? (   )

① 진짜 분수는 1보다 크기가 작다.

② 분자와 분모가 같으면 그 값은 '1'이다.

③ 가분수는 '분수'라는 말이 붙었지만 진짜 분수는 아니다.

④ 분수에서 전체를 나눈 것 중 일부분의 수를 '분모'라고 한다.

⑤ 세준이가 1모둠과 2모둠에게 나눠 준 피자 한 조각의 크기는 서로 달랐다.

그림으로 표현하기

3. 세준이가 나눠 준 1모둠과 2모둠의 피자 한 조각을 그림으로 그려 보세요.

1모둠	2모둠

⚠️ **주요 개념 파악하기**

4. ㉠의 뜻을 생각하며 '분수'의 의미를 다음과 같이 정리할 때, 빈칸에 알맞은 말을 쓰세요.

> 분수는 전체에 대한 부분의 수를 나타내기 때문에 항상 (   )보다 작으므로 '모자란 수'이다.

글의 내용 적용하기

5. 다음 중 분수로 나타낼 수 있는 것을 모두 골라 ✓표 하세요.

사과 네 쪽	케이크 두 조각	생선 다섯 마리
( )	( )	( )

문제 해결 방법 찾기

6. 세준이가 1모둠과 2모둠의 모둠원들에게 공평하게 피자 한 조각씩을 나누어 줄 수 있도록 피자를 다시 나누어 보세요.

어휘 익히기

1 낱말 뜻 알기

다음 빈칸에 알맞은 낱말을 〈보기〉에서 찾아 쓰세요.

```
• 보기 •

        공평       불평       발생       반대말
```

1. '배고프다'의 (   )은 '배부르다'이다.
   뜻 그 뜻이 서로 반대되는 관계에 있는 말.

2. 모든 사람을 (   )하게 대하는 것은 매우 중요하다.
   뜻 한쪽으로 기울거나 치우치지 않고 고름.

3. 작은 일에도 계속해서 (   )을 하면 일을 진행하기 어렵다.
   뜻 못마땅하게 여기거나 그런 마음을 말로 나타냄.

4. 화재 (   )을 막기 위해 사용하지 않는 전자 기기의 전원을 끄는 습관을 기르자.
   뜻 일이나 사물이 생김.

2 관용 표현 알기

다음 빈칸에 알맞은 말을 쓰세요.

"☐☐☐도 두들겨 보고 건너라"

이 속담은 확실하고 쉬워 보이는 일이라도 다시 한 번 확인하고 생각해 보라는 말이에요. 세준이는 각 모둠에 피자를 한 판씩 주면 된다고 쉽게 생각했다가 큰 실수를 했어요. 어떤 일을 할 때 이 속담이 말하는 것처럼 더 깊게 한 번 더 생각해 보는 것이 좋아요.

3 한자어 익히기

다음 한자어를 소리 내어 읽고 빈칸에 따라 써 보세요.

分	子
나눌 **분**	아들 **자**

분자(分子): 분수에서 나눈 조각의 일부분을 나타내는 수.
• $\frac{2}{3}$에서 분자는 '2'이다.
• 분자가 분모보다 작아야 진짜 분수이다.
• 분수에서 분모는 가로줄 아래에 쓰고 분자는 위에 쓴다.

分	子						
나눌 **분**	아들 **자**						

05회 읽기 방법 익히기

1 문장 관계 파악하기

글의 의미를 정확하게 이해하기 위해서는 글 속 문장들의 관계를 파악하는 것이 매우 중요합니다.

나열	앞 문장과 뒤 문장이 동일한 관점에서 제시되어 죽 벌어진 경우 [이어 주는 말] 그리고, 또한, 더하여, 뿐만 아니라, ~며, ~고
대조	앞 문장과 뒤 문장이 반대되는 관점의 내용인 경우 [이어 주는 말] 그러나, 하지만, 반면, 이와 달리, ~나, ~지만
인과	앞 문장과 뒤 문장이 원인과 결과의 관계인 경우 [이어 주는 말] 그러므로, 그래서, ~이므로, ~이기 때문에
예시	뒤 문장이 앞 문장에 제시된 대상이나 생각을 예를 들어 구체화하는 경우 [이어 주는 말] 예를 들어, 구체적인 사례를 말하자면, 가령

★ 문장 관계를 파악하려면,

(1) 앞 문장과 뒤 문장의 의미를 각각 파악합니다.

(2) 두 문장을 이어 주는 말이 있다면, 이어 주는 말의 의미를 파악합니다. 이어 주는 말이 없다면, 각 문장의 의미를 바탕으로 두 문장의 관계를 짐작합니다.

(3) 앞 문장과 뒤 문장의 의미 관계를 생각하며 두 문장의 의미를 종합하여 해석합니다.

---

1 문장 관계를 파악하는 방법을 바르게 말하지 <u>못한</u> 친구에게 √표 하세요.

> ㉠발레에서는 몸동작이 말이나 글을 대신해요. 독특한 몸동작으로 인물의 감정이나 생각을 전달하는 거예요. 그래서 ㉡공연을 관람할 때에는 발레 몸동작의 의미를 해석해야 해요. ㉢우리의 일상에서도 몸동작으로 의미를 전달하기도 해요. ㉣손짓과 발짓을 활용하여 인물의 감정이나 상태를 전달할 수 있으며, 구르기, 기어가기, 뛰기 등 이동하는 움직임을 통해 동물이나 사물의 특징을 표현할 수도 있어요.

(1) 신애: ㉠과 ㉡ 사이에 있는 '그래서'라는 이어 주는 말의 의미를 바탕으로 두 문장의 관계를 생각해야 해. ( )

(2) 수정: ㉡과 ㉢ 사이에는 이어 주는 말이 없으니 문장 간 관계를 파악할 수 없어. ( )

(3) 진아: ㉢과 ㉣ 사이에는 이어 주는 말이 없으니, 각 문장의 의미를 파악한 후 종합해서 문장 간 관계를 알아봐야 해. ( )

(4) 슬기: ㉣의 앞부분과 뒷부분은 '~며'라는 이어 주는 말의 의미를 파악해서 문장 관계를 생각할 수 있어. ( )

2 다음 글을 읽고 물음에 답하세요.

생각이나 느낌은 말이나 글, 몸동작이나 표정, 음악이나 소리 등 다양한 방법을 통해 표현할 수 있어요. **또한** 색깔을 활용해서도 생각이나 느낌을 표현할 수 있어요.

㉠색깔을 통해 생각이나 느낌을 표현하기 위해서는 각 색깔의 특성이나 의미를 아는 것이 중요해요. **예를 들어,** 빨간색은 '피'의 색깔이죠? **그래서** 빨간색은 생명, 열정, 강력한 힘을 나타내요. ㉡중국인들이 가장 좋아하는 색이 빨간색인 것도 이러한 특성 때문이에요. **이와 달리,** 한국인들이 가장 좋아하는 색은 파란색이라고 해요. 파란색은 평화를 나타내는 색이라고 생각하기 때문이지요. **그리고** 파란색은 자유, 조화로움, 우정, 믿음, 휴식, 순수함 등을 나타내기도 해요. **한편,** 노란색은 태양을 떠올리게 해요. **그러므로** 즐거움이나 활기찬 느낌을 표현하는 데 쓰여요. **뿐만 아니라** 노란색은 성숙함이나 권위를 나타내기도 해요. 과거에는 황제를 태양의 아들로 여겨 노란색이 황제를 상징한다고 생각했기 때문이에요. 파란색과 노란색을 섞은 초록색은 안정감을 주는 색이에요. **또한** 푸른 나무를 떠올리게 한다는 점에서 자연, 생명, 건강함을 나타내기도 해요.

색깔의 의미와 상징을 정확하게 알고 적절하게 사용하면 말이나 글보다도 더 효과적으로 생각이나 느낌을 표현할 수 있답니다.

(1) 이 글에서 진하게 표시된 이어 주는 말 중 나열 관계와 인과 관계를 나타내는 말을 모두 찾아 쓰세요.

① 나열 관계를 나타내는 이어 주는 말: _____

② 인과 관계를 나타내는 이어 주는 말: _____

(2) ㉠, ㉡에서 두 문장을 이어 주는 말의 의미를 생각하여 문장 간 관계를 설명해 보세요.

	두 문장을 이어 주는 말	문장 간 관계
㉠		뒤 문장이 앞 문장의 구체적인 예를 제시하는 경우
㉡	이와 달리	

2 인물에게 질문하기

글을 깊이 있게 이해하기 위해서는 인물에게 궁금한 것을 묻고 답하며 읽는 것이 중요합니다.

★ **인물에게 질문을 하며 읽으려면,**

(1) 질문하고 싶은 인물 정하기: 등장인물이나 글쓴이 등 글을 읽으며 궁금증을 갖게 된 인물을 대상으로 정합니다.

(2) 글의 내용과 관련하여 인물에게 궁금한 점을 중심으로 질문 만들기: 질문을 만들 때에는 깊이 생각하거나 오래 고민하기보다 떠오르는 대로 궁금한 점을 적어 보도록 합니다.

(3) 자신이 만든 질문 중에서 마음에 드는 질문을 골라 인물의 입장이 되어 질문에 답하기: 인물의 입장은 글의 내용을 바탕으로 확인하거나 추측하여 알 수 있습니다.

---

1 다음 글의 인물에 대하여 올바르게 질문한 친구를 모두 골라 √표 하세요.

> 지훈이는 쿵쾅거리는 마음을 진정시키기 위해 몇 번이고 숨을 크게 들이마셨다.
> '1년 동안 오늘을 위해 열심히 피아노를 연습했어! 긴장하면 실수할 가능성이 높아져. 긴장하지 말자! 열심히 연습한 만큼만 하자! 잘할 수 있어!'
> 마음속으로 계속해서 스스로에게 말하고 있지만 긴장감이 풀어지질 않았다. 무대에 오르기 5분 전이 되자 마음의 쿵쾅거림은 더 커졌고 눈앞이 깜깜해지는 기분이 들었다. 그때 대기실의 문을 열고 누군가가 들어왔다. 고개를 돌려 보니 동생 지은이였다. 지은이는 손에 큰 솜사탕을 들고 빙글빙글 웃으며 지훈이에게 걸어와서 말했다.
> "오빠! 이 솜사탕 기억나? 예전에 나 동요 대회 나갔을 때 오빠가 이거 먹으면 하나도 안 떨고 잘할 수 있다고 했잖아. 나 이거 먹고 동요 대회에서 우수상 받은 거 알지? 그러니까 오빠도 이거 먹어. 그럼 잘할 수 있어!"
> 2년 전 지은이의 동요 대회 날의 기억이 떠오르자 지훈이는 갑자기 잘할 수 있다는 자신감이 생기는 것 같았다. 동생이 준 솜사탕을 한입 베어 문 지훈이는 당당하게 웃으며 무대로 향했다.

지훈이는 연습을 열심히 했는데도 왜 많이 긴장한 것일까?

지은이는 왜 솜사탕을 좋아하는 것일까?

지훈이는 솜사탕을 보자 왜 갑자기 자신감이 생긴 것일까?

서희

( )

오선

( )

준우

( )

2 다음 글을 읽고 물음에 답하세요.

▲ 안토니오 비발디

비발디는 이탈리아를 대표하는 작곡가이자 바이올린 연주자예요. 비발디의 또 다른 직업은 가톨릭 성당의 신부였어요. 비발디가 살았던 17세기의 이탈리아에서는 신부가 작곡가, 선생님, 지휘자 등 여러 직업을 동시에 가질 수 있었어요. 비발디는 몸이 약했기 때문에 예배를 진행하는 것이 어려웠고, 바이올린을 연주하는 것을 무척 좋아했어요. 결국 비발디는 신부 대신 음악원에서 바이올린 선생님으로 일하는 것을 택했어요.

음악원에서 바이올린 선생님으로 일하게 된 비발디는 학생들과 함께할 공연회를 열심히 준비했어요. 학생들의 악기 연주를 꼼꼼하게 지도했고, 공연회에서 연주할 새로운 음악들을 열심히 만들었어요. 공연회 때마다 새로운 음악을 만드는 것이 비발디에게 많은 부담이 되었어요. 고민하던 비발디는 한 곡을 '빠름 – 느림 – 빠름'의 세 부분으로 구성하는 형식을 만들어 내었어요. 비발디는 이 형식을 활용하여 많은 곡을 작곡하기 시작했고, 대표적인 곡이 「사계」이지요.

비발디가 만든 공연은 사람들 사이에서 큰 인기를 얻었고, '빠름 – 느림 – 빠름'의 형식을 활용하는 작곡 방식이 유행하기 시작했어요. 이 덕분에 비발디는 음악가로서도 인정을 받을 수 있게 되었답니다.

(1) 이 글을 깊이 있게 이해하기 위해 비발디에게 할 수 있는 질문 두 가지에 √표 하세요.

① 17세기 이탈리아에서 가장 인기가 많았던 직업은 무엇인가요? (   )

② 신부를 포기하고 음악원 선생님이 되기로 결심한 가장 큰 이유는 무엇인가요? (   )

③ '빠름 – 느림 – 빠름'의 형식을 활용하는 작곡 방식이 유행하게 된 이유는 무엇인가요?

(   )

(2) 이 글을 읽고 비발디의 입장이 되어 (1)의 두 가지 질문에 대해 답해 보세요.

질문 ( )에 대한 답	
질문 ( )에 대한 답	

📷 사진 출처

쪽	사진	출처
24쪽	조선어 학회 학자들	©한글학회
26쪽	우리말 사전 원고	©독립기념관
30쪽	시화환상간(정선)	©간송미술문화재단
32쪽	인왕제색도(정선)	©인왕제색도, 정선, 공유마당, CC BY
34쪽	양천현아(정선)	©간송미술문화재단
47쪽	쟁기질	한국학중앙연구원, 유남해
49쪽	황소(이중섭)	©황소2, 이중섭, 공유마당, CC BY
	흰소(이중섭)	©흰소4, 이중섭, 공유마당, CC BY
52쪽	서로 다른 색이 모여 하나를 만듭니다(공익광고)	한국방송광고진흥공사
54쪽	손흥민	©EPA / 연합뉴스
66쪽	장독대와 김치광, 갓김치, 전복김치	한국학중앙연구원, 유남해
72쪽	청학서당	한국학중앙연구원
	천자문	©국립중앙박물관
93쪽	물박달나무	©Gina Kelly / Alamy Stock Photo
102쪽	보이저 1호가 찍은 지구 사진	©NASA Archive / Alamy Stock Photo
124쪽	발레에서 사용되는 몸동작	©무용수: 황혜민 유니버설 발레단 전 수석 무용수, 사진 제공: 유니버설 발레단
143쪽	안토니오 비발디	©Stefano Bianchetti / Corbis via Getty Images / 게티이미지코리아

• 좋은 사진을 제공해 주신 분들께 감사드립니다.

ERI 독해가
문해력이다
독해 학습으로
문해력 키우기

★ 주차별 읽기 방법을 생각하며 읽으면 더 큰 학습 효과를 얻을 수 있습니다.

중요한 내용 메모하기

낱말 관계 파악하기

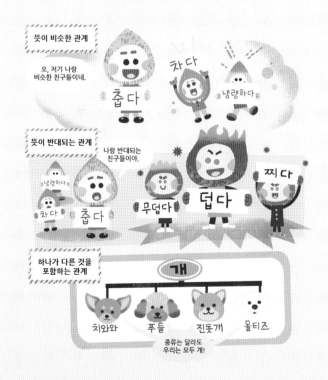

문단 파악하기

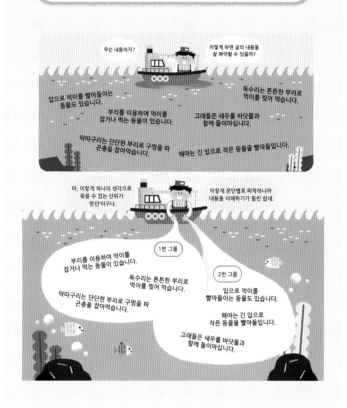

자연스럽지 않은 내용 파악하기

문단 파악하기

글을 읽을 때 문단을 고려해서 읽으면 글 내용을 정확하고 쉽게 이해하고 정리할 수 있습니다. 문단은 하나의 생각으로 묶을 수 있는 글 단위를 말합니다. 글쓴이가 만들어 놓은 문단, 즉 생각 단위를 보면서 글 내용을 정리하면, 생각 단위별로 글 내용을 파악할 수 있어 내용 이해가 쉬운 것입니다.

★ 글에서 문단을 파악하려면,

❶ 한 칸 들여 쓴 곳을 찾습니다.

❷ 한 칸 들여 쓴 곳에서부터, 줄을 바꾸지 않고 이어서 쓴 곳을 확인합니다.

❸ 문단에 담긴 내용이 하나의 생각으로 묶일 수 있는지 생각해 봅니다.

❹ 중심 내용을 뒷받침하는 세부 내용들을 알아 둡니다.

중요한 내용 메모하기

다른 사람에게 말을 전하거나 자신이 기억한 것을 잊지 않으려고 짧게 쓴 글을 '메모'라고 합니다. 글을 읽으며 중요한 내용을 메모해 두면 시간이 흐른 뒤에도 글의 내용을 다시 떠올리는 데 도움이 됩니다.

★ 글을 읽고 중요한 내용을 간추려서 메모하려면,

❶ 중요한 낱말을 중심으로 짧게 씁니다.

❷ 모든 내용을 다 쓰려고 해서는 안 됩니다.

❸ 너무 간추려서 중요한 내용을 빠뜨려서는 안 됩니다.

자연스럽지 않은 내용 파악하기

'자연스럽지 않은 내용 파악하기'는 글의 흐름에 맞지 않는 내용이 있는지 살피고, 글의 흐름에 어울리지 않는 내용이 있을 때는 그것을 골라내어 글의 내용을 바르게 이해하는 것을 말합니다. 가끔 글쓴이가 실수를 하거나 다른 생각을 했을 때에는 자연스럽지 않은 내용이 있을 수 있습니다. 그러므로 글을 읽을 때에는 자연스럽지 않은 내용을 골라내어, 글 전체의 흐름을 이해하며 읽어 나가도록 합니다.

★ 글에서 자연스럽지 않은 내용을 알아채며 읽으려면,

❶ 글에서 주로 말하고 있는 내용이 무엇인지를 파악합니다.

❷ 글에서 주로 말한 것을 중심으로 글의 전체적인 흐름을 파악합니다.

❸ 글의 전체적인 흐름에 어울리지 않거나, 반대되거나, 잘못된 내용이 있는지 살펴봅니다.

❹ 글 전체의 흐름을 생각하며 글 내용을 이해합니다.

낱말 관계 파악하기

낱말과 낱말은 서로 뜻이 비슷한 관계인 것도 있고, 뜻이 반대되는 관계인 것도 있습니다. 또한 한 낱말이 다른 낱말들을 포함할 때도 있습니다. 글을 읽을 때 문맥을 통해 비슷한 뜻을 지닌 낱말이나 반대되는 뜻을 지닌 낱말을 파악하면 글의 내용을 더 꼼꼼히 이해할 수 있습니다.

★ 글을 읽으며 낱말 관계를 파악하려면,

❶ 문맥을 통해 비슷한 뜻으로 쓰인 낱말이 있는지 살펴봅니다.

❷ 문맥을 통해 반대되는 뜻으로 쓰인 낱말이 있는지 살펴봅니다.

❸ 문맥을 통해 다른 낱말들을 포함할 수 있는 낱말이 있는지 살펴봅니다.

EBS

당신의 문해력

ERI 독해가

문해력이다

3단계 기본

초등 3 ~ 4학년 권장

정답과 해설

한눈에 보는 정답
상세한 지문·문항 해설

ERI 독해가 문해력이다

3단계 기본
초등 3~4학년 권장

정답과 해설

한눈에 보는 정답
상세한 지문·문항 해설

🔍 한눈에 보는 정답

2주차

01회 (55쪽)

1 (1) ×, (2) ○, (3) × 2 ① ㉠-손흥민, ㉡-손흥민의 아버지, ㉢-다문화 가정 친구
3 ② 4 차별, 노력 5 ② 6 ② 편견, ⑤ 인증 차별
[어휘 익히기] 1 1 차이 2 기들했다 3 다문화 4 동양인 2 공든 탑

02회 (61쪽)

1 ① 2 ③ 3 ⑤ 4 맛, 보관 5 식량 6 ⑤
[어휘 익히기] 1 1 서늘한 2 곡물 3 보관 4 재료 2 밀

03회 (67쪽)

1 ⑤ 2 ① 3 발효 4 ④ 5 ① 6 ③
[어휘 익히기] 1 1 절여 2 예방 3 국제적 4 영양소 2 김칫국

04회 (73쪽)

1 ① 2 ③ 3 서당, 선생님, 집 4 ① 5 생각하다, 예전, 배우다 6 ②
[어휘 익히기] 1 1 조선 2 수업료 3 한자 4 책거리 2 서당

05회 (76쪽)

1 1 (1) 해설 참조, (2) 3 2 중심 내용, 세부 내용 3 가족, 심부름, 잠언록, 행복
2 1 (1) ④, (2) 김치는 너무 맵고 짜서 건강에 해로워. 2 (1) 다른 사람을 배려하고 존
중하는 말을 하는 것이 중요하다. (2) ㉡ 3 ㉢

🔍 한눈에 보는 정답

1주차

01회 (21쪽)

1 ⑤ 2 ① 3 ④ 4 ⑤ 5 (2) 6 서희, 준우 7 음성이네 반 급식 순서 정하기
[어휘 익히기] 1 1 집안일 2 시범 3 분류 4 화목 2 (1)

02회 (27쪽)

1 ③ 2 ① 3 자기 지역 방언만으로 사전을 만들기를 바라는 마음 4 ② 5 방언 조사
수첩 6 ③ 7 할머니
[어휘 익히기] 1 1 원고 2 사전 3 조사 4 채점 2 대동단결

03회 (33쪽)

1 ③ 2 ③ 3 ② 4 시와 그림이 어우러지게 표현한 작품을 묶어서 만든 책 5 3
6 ⑤
[어휘 익히기] 1 1 신지럼 2 제주 3 국보 4 읽어보셨습니다 2 죽마고우

04회 (39쪽)

1 ③ 2 ⑤ 3 새들은 자연보다 도시에서 더 잘 적응하기 때문에 4 ① 5 둥지 6 ⑤
[어휘 익히기] 1 1 도시 2 야생 3 생태계 4 순산 2 (3)

05회 (42쪽)

1 1 조류 도감 2 물기 없애기 3 (1) ① 서희, ② 나윤, ③ 오선, (2) 서희
2 1 (1) ㉢, (2) ㉠, (3) ㉡ 2 준우

STEAM 독해 (47쪽)

1 예 바늘 도둑이 소도둑 된다: 바늘을 훔치는 일을 계속 반복하다 보면 결국은 소까지
도 훔치게 된다는 뜻으로, 작은 나쁜 짓도 자꾸 하게 되면 큰 죄를 저지르게 됨을 이르는
말입니다. 예 소 잃고 외양간 고친다: 소를 도둑맞은 다음에서야 빈 외양간의 허물어진
데를 고치느라 수선을 떤다는 뜻으로, 일이 이미 잘못된 뒤에는 손을 써도 소용이 없음
을 비꼬는 말입니다. 2 개, 양, 소, 말 / 소, 소 3 유럽 4 예 저는 소고기 스테이크를 먹
어 본 적이 있어요. 5 해설 참조

4주차

01회 (119쪽)

1 색, 감정 2 ㉠ 반면 (ㄴ) 한편 3 ⑤ 4 ⑤ 5 (1) 밝기, (2) 진하게 6 예 파란색(남색, 청록색 등), 예 하늘색
어휘 익히기 1 대표적 2 영향 3 청산 4 연구 2 청홍어람

02회 (125쪽)

1 ⑤ 2 ⑤ 3 몸동작 4 ⑤ 5 몸 6 (1)-ⓒ, (2)-ⓑ, (3)-㉮
어휘 익히기 1 관람 2 시동 3 해석 4 전달 2 로마

03회 (131쪽)

1 ④ 2 계절의 변화, 음악(소리) 3 경쾌한, 빠르게, 여유로운, 짧은, 긴 4 평화로움, 부드러운 5 (1) 사, (2) 의, (3) 사 6 예 '여름'이 비바람과 천둥번개 때문에 거칠고 강렬한 소리로 구성되었다면, '가을'은 부드러운 여유로운 느낌이 강하니까요.
어휘 익히기 1 변덕스러운 2 기온 3 오들오들 4 계기 2 하수고대

04회 (137쪽)

1 ① 2 ④ 3 해설 참조 4 1(전체) 5 사과 내 쪽, 케이크 두 조각 6 해설 참조
어휘 익히기 1 반대말 2 공평 3 불평 4 발생 2 둘레

05회 (140쪽)

1 1 (2) 2 (1) ① 또한, 그리고, 뿐만 아니라, ② 그래서, 그러므로, (2) 예를 들어, 앞 문장과 뒤 문장이 반대되는 관점의 내용인 경우
2 1 서희, 순우 2 (1) ②, ③, ②, ・질문 ②에 대한 답: 몸이 약해 예배를 진행하는 것이 어려웠고, 평소 바이올린 연주를 좋아했기 때문입니다. ・질문 ③에 대한 답: 한 곡을 '빠름-느림-빠름'의 세 부분으로 구성하는 형식을 활용하면 새로운 곡을 쉽게 작곡할 수 있기 때문입니다.

3주차

01회 (85쪽)

1 ④ 2 자성 3 ⑤ 4 해설 참조 5 클립, 못핀, 철사 6 ②
어휘 익히기 1 길쭉한 2 이루어진 3 문지르면 4 사라지게 2 근묵자흑

02회 (91쪽)

1 ③ 2 ④ 3 (1)-ⓒ, (2)-ⓓ, (3)-㉮, (4)-ⓑ 4 ① 5 (1) ○, (2) ×, (3) ○ 6 ⑤
어휘 익히기 1 쓰임새 2 고유한 3 광택 4 차지하고 2 나무

03회 (97쪽)

1 ② 2 ④ 3 (1)-ⓑ, (2)-㉮-ⓐ, 4 ⑤ 5 근종 6 ㉮→ⓒ→㉣→ⓑ
어휘 익히기 1 지손 2 몸집 3 부화 4 검색 2 개

04회 (103쪽)

1 지구 2 ③ 3 ・중심 문장: ㉠, ㄴ ・뒷받침 문장: ㄷ 4 ⑤ 5 ① 6 둥글기
어휘 익히기 1 터전 2 태양계 3 보존 4 인공위성 2 바다

05회 (106쪽)

1 1 사실, 의견 2 (1) ① 의, ② 사, ③ 의, ④ 사, (2) ③
2 1 준우, 나용 2 (1) 단거리 육상 선수의 신발, 고무, (2) ⑤

STEAM 독해 (111쪽)

1 소금 2 해설 참조 3 (1)-㉠, (2)-ⓒ, (3)-ⓒ 4 (1) 재료의 수분이 빠져나와 미생물의 번식이 어렵기 때문이다. (2) 예 자동 김치, 젓갈, 장아찌, 절임 생선 등 5 예 염증동, 염리동

ERI 지수 309　인문 | 도덕

가족끼리 서로 힘든 점을 이야기하고 따뜻한 말을 나눈 적이 있나요? 만약 그런 적이 없다면 가족회의를 해 보세요. 가족회의는 가족이 모여서 서로 고민을 나누고 함께 문제를 해결하는 방법을 찾는 것을 말해요. 가족회의를 하면 화목한 가정을 만들 수 있어요. 그럼 은성이네 가족이 어떻게 가족회의를 하는지 살펴볼까요?

지난 주말에 엄마가 아빠에게 말했어요.

"여보, ㉠요즘 집안일이 너무 많아 힘이 들어요. 같이 나눠서 하는 건 어때요?"

"그래요. 집안일은 가족이 함께 해야 하는데 미처 신경을 못 썼네요. 집안일을 어떻게 나눠서 할지 아이들과 함께 얘기해 볼까요?"

"좋아요. 은성아, 은우야, 이리 나와서 가족회의를 하자꾸나."

엄마가 부르자 은성이와 은우도 함께 모였어요.

"애들아, 요즘 집안일 할 게 많아 엄마가 좀 힘들구나. 우리 함께 나누어 하면 어떨까?"

"네, 엄마. ㉡여러 가지 일을 하시느라 힘드시죠? 무엇을 하면 될까요?"

"어디 보자. ㉢설거지, 청소, 빨래 개기, 재활용 쓰레기 분류를 나눠서 하면 좋을 것 같구나."

엄마는 나눠서 할 집안일을 설명해 주었어요. 이 말을 듣고 아빠가 말했어요.

"그러면 각자 자기가 잘할 수 있는 집안일이 무엇인지 ㉣은성이와 은우 먼저 얘기해 보렴."

은성이와 은우는 자기가 잘할 수 있는 집안일이 무엇인지 생각해 보았어요.

"저는 재활용 쓰레기를 분류해 볼게요. 어떻게 하면 되죠?"

"㉤그래, 종이는 종이끼리, 플라스틱은 플라스틱끼리, 유리는 유리끼리 모으면 된단다."

엄마는 은성이에게 우유갑, 페트병, 유리병을 보여 주면서 설명해 주었어요.

"그러면 저는 빨래를 갤게요. 아빠, 이 일은 어떻게 하는 거예요?"

"다 마른 빨래를 하나씩 개면 된단다. 이렇게 수건은 반을 접고 다시 반을 접은 다음에 돌돌 말아 보렴."

아빠는 은우에게 수건을 가지고 시범을 보여 주었어요. 그리고 나서 아빠는 엄마에게 말했어요.

"여보, 그럼 나는 청소를 할게요. 당신이 설거지를 맡아요."

"청소할 곳이 많으신데 맡아 주어서 고마워요. 그럼 각자 할 일을 잊지 않게 메모해서 붙여 둘 게요."

엄마는 가족회의 내용을 메모했어요.

은성이네는 이제 집안일을 함께 하기 시작했어요.

핵심어 찾기

1. 화목한 가정을 만들기 위해 이 글에서 강조하는 것은 무엇인가요? (⑤)

① 메모　　② 시범　　③ 분류
④ 집안일　⑤ 가족회의

➡ 이 글에서는 화목한 가정을 만들기 위해 가족회의를 통해 서로 고민을 나누고 문제를 해결하는 것을 강조하고 있습니다.

세부 내용 파악하기

2. 은성이네는 누구의 힘든 점을 해결하기 위해 모였나요? (①)

① 엄마　　② 아빠　　③ 은성
④ 은우　　⑤ 가족 모두

➡ 은성이네는 집안일이 너무 많아 힘들어하는 엄마의 문제를 해결하기 위해 모였습니다.

세부 내용 파악하기

3. 가족회의에서 정한 내용을 잊지 않기 위해 은성이네는 어떻게 했나요? (④)

① 가족회의 내용을 녹음해 두었다.
② 가족회의 과정을 글로 적어 두었다.
③ 가족회의 모습을 사진으로 찍어 두었다.
④ 가족회의 결과를 메모해 붙여 두었다.
⑤ 가족회의 내용을 다른 사람들에게 말해 두었다.

➡ 마지막 부분에서 엄마는 각자 할 일을 잊지 않도록 가족회의 내용을 메모해서 붙여 두겠다고 하였습니다.

표현의도 파악하기

4. ㉠~㉤ 중 가족의 고민에 대해 따뜻한 마음을 전하는 말은 무엇인지 기호를 쓰세요.

(㉡)

➡ ㉡은 집안일이 많아서 힘들어하는 엄마에게 엄마의 힘든 점을 공감하고 함께 하려는 따뜻한 마음을 전하고 있습니다.

5. 은성이네 가족회의 결과를 메모한 내용으로 알맞은 것에 ∨표 하세요.
중요한 내용 메모하기

(1)
우리 가족 집안일 나누기
• 은성: 빨래 개기
• 은우: 재활용 쓰레기 분류하기
• 아빠: 청소하기
• 엄마: 장보기
( )

(2)
우리 가족 집안일 나누기
• 은성: 재활용 쓰레기 분류하기
• 은우: 빨래 개기
• 아빠: 청소하기
• 엄마: 설거지하기
( )

(3)
우리 가족 집안일 나누기
• 은성: 청소하기
• 은우: 재활용 쓰레기 분류하기
• 아빠: 빨래 개기
• 엄마: 장보기
(∨)

➡ 은성이는 재활용 쓰레기 쓰레기를 분류하기, 은우는 빨래 개기, 아빠는 청소하기, 엄마는 설거지하기를 맡았습니다.

느끼거나 깨달은 점 공유하기
6. 이 글을 읽고 깨달은 점을 바르게 말한 친구를 모두 골라 ∨표 하세요.

가족끼리는 힘든 일이 있어도 말하지 않고 참는 것이 좋겠어.
은성 ( )

고민이 있을 때는 가족이 함께 해결 방법을 찾아 보는 것이 좋겠어.
서희 (∨)

문제를 해결할 수 있도록 서로 도우려는 마음을 갖는 것이 좋겠어.
은우 (∨)

글의 내용 적용하기
7. 다음번 은성이네 가족회의 주제로 알맞지 않은 것에 ∨표 하세요.

가족 여행지 정하기 ( )
가족에게 바라는 점 말하기 ( )
은성이네 반 급식 순서 정하기 (∨)

➡ 가족회의는 가족에 관한 주제를 다룹니다. '은성이네 반 급식 순서 정하기'는 학급 회의 주제로 알맞습니다.

---

1 낱말 뜻 알기
다음 빈칸에 알맞은 낱말을 <보기>에서 찾아 쓰세요.

보기		
화목	집안일	분류	시범

1. (집안일)을/를 게을리했더니 집 안이 엉망이다.
   뜻 밥하기, 설거지, 빨래, 청소처럼 집에서 하는 일.

2. 관장님께서 오셔서 격파 (시범)을/를 보여 주셨다.
   뜻 어떤 일을 본보기로 해 보임.

3. 옷장에 옷을 비슷한 색깔끼리 (분류)해서 정리해 두었다.
   뜻 여럿을 비슷한 것끼리 따로따로 묶음.

4. 아버지로는 가족 간의 (화목)이/가 가장 중요하다고 늘 가르치셨다.
   뜻 서로 돕고 사이좋게 지냄.

2 관용 표현 알기
다음 빈칸에 들어갈 말로 알맞은 것에 ∨표 하세요.

은성이는 아침에 맛있는 반찬을 두고 은우와 심하게 다투었어요. 은성이는 학교에 와서도 내내 마음이 불편했어요. 수업 시간에도 집중이 잘 되지 않았지요. 얼른 집에 돌아가서 은우와 화해해야겠다고 생각했어요. ( )(이)라는 말처럼 가족과 화목하게 지내야 ~ 가운 마음으로 다른 일도 잘할 수 있어요.

(1) 가화만사성(家和萬事成): 집안이 화목하면 모든 일이 잘 이루어진다. (∨)
(2) 고진감래(苦盡甘來): 괴롭고 힘든 일 뒤에 즐겁고 행복한 일이 생긴다. ( )

3 한자어 익히기
다음 한자어를 소리 내어 읽고 빈칸에 따라 써 보세요.

家 집 가	族 겨레 족
家 집 가	族 겨레 족

가족(家族):
• 몸이 되자 나들이를 나선 가족들이 많았다.
• 사정님은 식물들을 가족처럼 따뜻하게 대한다.
• 그는 그리운 가족의 사진을 늘 품속에 지니고 다닌다.

ERI 지수 **397** 인문 | 국어·역사

1945년 9월 8일, 서울역 창고에서 상자 하나가 발견되었습니다. 상자를 열어 보니 2만 6,500여 장에 가까운 원고가 들어 있었습니다. 바로 1942년에 일본 경찰에게 빼앗긴 우리말 사전 원고였습니다. 국어학자들은 이 원고를 받쳐 들고 눈물을 흘렸습니다. 대체 그동안 어떤 일이 있었던 걸까요?

우리나라는 1910년 일본에 나라를 빼앗긴 뒤에 우리말과 우리글을 마음대로 쓸 수 없었습니다. 학자들은 우리 말을 하나하나 기록했습니다. 하지만 학자들을 힘만으로는 사전을 만들기 어려웠습니다. ㉠각 지역마다 쓰이는 우리말이 달랐기 때문입니다. 예를 들어 '가위'는 지역에 따라 '가새', '가세', '가이게'라고 하기도 합니다. 이렇게 지역마다 서로 다르게 쓰는 말을 '방언'이라고 합니다. 학자들은 각 지역의 방언을 모으기로 했습니다.

첫 번째로, 방언 조사 수첩을 만들었습니다. 학교 선생님들은 학생들에게 이 수첩을 가지고 다니면서 방언을 모으도록 했습니다. ㉡학생들은 수첩에 자기 지역의 방언을 기록해서 냈습니다.

두 번째로, 『한글마춤법통일안』이라는 맞춤법을 만드는 잡지에 방언을 모으기 위한 '방언 채집란'을 만들었습니다. 전국에서 많은 사람이 방언을 보내 주었습니다.

이렇게 모은 방언을 모아 우리말 사전을 만들려고 했습니다. (㉢) 우리말 사전은 완성을 앞두고 있었습니다. 1942년 사전을 만들던 많은 한글 학자를 일본 경찰이 붙잡아 갔기 때문입니다. 이때 우리말 사전 원고까지 빼앗아 갔습니다. 우리말에는 우리 민족의 정신이 담겨 있습니다. 그래서 일본은 우리말 사전을 만들지 못하게 했던 것입니다.

1945년 드디어 우리나라가 일본으로부터 해방되었습니다. 감옥에서 나온 학자들은 『우리말 큰사전』을 만들기 시작했습니다. 1957년에 비로소 『우리말 큰사전』이 완성되었습니다. 28년에 걸쳐 사전이 만들어진 것입니다.

▲ 1945년에 발견된 우리말 사전 원고

내용 파악하기

1. 이 글의 내용으로 알맞지 않은 것은 무엇인가요? (③)

① 우리말 사전 원고에는 방언도 들어 있다.
② 우리말 사전 원고는 서울역에서 발견되었다.
③ 우리말 사전 원고는 학자들의 힘으로만 만들어졌다.
④ 우리말 사전을 만들던 많은 학자들 일본 경찰이 붙잡아 갔다.
⑤ 서울역에서 찾은 원고를 가지고 『우리말 큰사전』을 만들어 냈다.

➡ 우리말 사전을 만들기 위해 학생들과 전국의 많은 사람이 각지에서 쓰이는 방언을 조사했습니다.

낱말 뜻 짐작하기

2. ㉠을 뜻하는 낱말은 무엇인가요? (①)

① 방언 ② 원고 ③ 사전
④ 한글 ⑤ 맞모이

➡ 2문단의 뒷부분을 보면, 지역마다 서로 다르게 쓰는 말을 '방언'이라 한다고 하였습니다.

인물의 마음 짐작하기

3. ㉡의 마음을 짐작한 것으로 알맞지 않은 것에 V표 하세요.

우리말 사전이 무사히 만들어지기를 바라는 마음	자기 지역 방언만으로 사전을 만들기를 바라는 마음	우리말과 우리글을 자유롭게 사용할 수 있기를 바라는 마음
( )	(V)	( )

➡ 학생들은 일본에 나라를 빼앗겨 우리말 사전을 만들지 못하는 상황이었습니다. 따라서 방언을 조사해서 우리말과 우리글을 자유롭게 사용할 수 있기를 바랐을 것입니다. 자기 지역의 방언만으로 사전을 만들기를 바란다는 것은 알맞지 않습니다.

이어 주는 말 파악하기

4. ㉢에 들어갈 이어 주는 말로 알맞은 것은 무엇인가요? (②)

① 그래서 ② 그러나 ③ 따라서
④ 그리고 ⑤ 그러므로

➡ ㉢의 앞 문장에서는 우리말 사전이 완성을 앞두고 있었다고 하였는데, 뒤 문장에서는 우리말 사전이 완성을 임두고 취소되었다고 하였으므로 '그러나'가 들어가는 것이 알맞습니다.

어휘 익히기

1 낱말 뜻 알기
다음 빈칸에 알맞은 낱말을 〈보기〉에서 찾아 쓰세요.

보기 • 원고   사전   조사   채집

1. 그는 밤새 쓴 (원고)을/를 출판사에 보냈다.
   뜻 인쇄하거나 발표하기 위하여 쓴 글이나 그림.

2. 학생들은 모르는 단어의 뜻을 (사전)에서 찾았다.
   뜻 여러 낱말을 차례대로 늘어놓고 낱말 뜻을 풀이한 책.

3. 상대편 선수들의 장단점에 대해 철저하게 (조사)하였다.
   뜻 어떤 것을 정확하게 알아내려고 자세하게 살핌.

4. 우리는 설화를 (채집)하기 위하여 마을 노인정을 찾았다.
   뜻 널리 돌아다니며 잡거나 캐거나 얻어서 모으는 일.

2 관용 표현 알기
다음 빈칸에 알맞은 사자성어를 쓰세요.

"대 동 단 결"

우리말 사전 만드는 일을 돕기 위해 전국의 많은 사람이 마음과 힘을 모아 자기 지역의 방언을 조사했어요. 이 사자성어는 여러 사람이 어떤 목적을 이루려고 크게 한 덩어리로 뭉치는 것을 뜻하는 말이에요.

한자	뜻	음
大	큰	대
同	같을	동
團	둥글	단
結	맺을	결

3 한자어 익히기
다음 한자어를 소리 내어 읽고 빈칸에 따라 써 보세요.

方言

모 방 / 말씀 언

방언(方言): 어느 한 지역에서만 쓰는 말.
- 고향 친구를 만나면 저절로 방언이 나온다.
- 그는 방언을 조사하기 위해 지방으로 떠났다.
- 각 지역의 방언을 통해 다양한 우리말을 알 수 있다.

세부 내용 파악하기
5. 이 글에서 학생들이 우리말 방언을 모을 때 사용한 것으로 알맞은 것에 √표 하세요.

「한글」 잡지 ( )   방언 조사 수첩 (√)   우리말 사전 원고 ( )

→ 학생들은 방언 조사 수첩에 자기 지역의 말들을 기록해서 냈다고 하였습니다.

사건의 순서 파악하기
6. 다음 사건들을 시간 순서대로 알맞게 나열한 것은 무엇인가요? (③)

㉮ 『우리말 큰사전』을 완성함.
㉯ 전국의 방언을 모으기 시작함.
㉰ 서울역에서 우리말 사전 원고를 발견함.
㉱ 학자들이 일본 경찰에게 잡혀가 옥에 갇힘.

① ㉮-㉯-㉰-㉱
② ㉯-㉮-㉰-㉱
③ ㉯-㉱-㉰-㉮
④ ㉱-㉯-㉮-㉰
⑤ ㉱-㉯-㉰-㉮

→ 1929년 사전을 만들기 시작했고 전국의 방언을 수집했습니다(㉯). 1942년 학자들이 일본 경찰에게 잡혀가면서 원고를 빼앗겼고(㉱). 1945년 서울역에서 우리말 사전 원고를 발견했습니다(㉰). 그리고 1957년 『우리말 큰사전』이 완성되었습니다(㉮).

글의 내용 적용하기
7. 이 글을 읽고 제주도에 사는 학생이 제주도의 방언을 소개하는 글을 보내왔습니다. 빈칸에 알맞은 말을 쓰세요.

안녕하세요. 우리 제주도의 방언을 소개하겠습니다. 여러분은 부모님의 어머니를 어떻게 부르나요? 우리 제주도에서는 '할망'이라고 부릅니다. '할망'은 할 머 니 을/를 뜻하는 제주도 방언입니다. 제주도에는 할망이 나오는 유명한 이야기도 있습니다. 옛날 제주도에는 키가 어마어마하게 크고 힘이 센 설문대 할망이 살았다고 합니다. 설문대 할망이 한라산을 베고 누우면 다리가 제주도 앞바다의 섬에 닿았다고 합니다.

→ 부모님의 어머니를 부르는 말은 '할머니'입니다. '할망'은 할머니를 뜻하는 제주도 방언입니다.

ERI 지수 384 인문 | 도덕·역사

1 정선은 조선 시대의 유명한 화가입니다. 그는 우리나라의 풍경을 멋진 그림으로 담았습니다. 그중 가장 유명한 작품은 비가 그친 인왕산을 그린 「인왕제색도」인데요. 이 그림은 오늘날 국보로 보호되고 있습니다. 그런데 이 그림에는 우정을 향한 깊은 이야기가 담겨 있다고 합니다. 어떤 이야기일까요?

2 정선은 인왕산 아래에 있는 마을에서 태어나고 자랐습니다. 그래서는 같은 동네에서 친하게 지내 게 지낸 ㉠벗이 있었습니다. 바로 이병연입니다. 이병연은 정선보다 다섯 살이 많지 않았습니다. 하지만 두 사람은 나이를 뛰어넘어 친구가 되었습니다. 특히 이병연은 정선의 재주와 능력을 일찍 알아보았습니다. 그리고 그가 뛰어난 화가가 될 수 있도록 많은 도움을 주었습니다.

3 이들은 그림을 그리고 시를 지으며 우정을 키웠습니다. 어린이 되어 멀리 떨어져 지내게 되어서도 서로 우정을 나누었습니다. 이병연은 시를 써서 보내면 정선은 그림으로 답했습니다. 이 렇게 해서 만들어진 ㉡시화집이 바로 「경교명승첩」입니다.

4 어느덧 세월이 흘러 이병연은 죽음을 앞두게 되었습니다. 친한 친구의 죽음을 앞두고 정선은 그림을 그렸습니다. 안개 긴 산자락까지 인왕산의 모습을 그렸습니다. 그리고 산 아래에는 집 한 채를 그렸는데요. 사람들은 이 집을 이병연의 집이라고 생각합니다. 젊은 푸른 소나무로 둘러싸여 있습니다. 마지 이병연의 건강을 지켜 주고자 하는 정선의 마음 같습니다. 정선이 「인왕제색도」를 완성하고 나흘 후 이병연은 세상을 떠났습니다. 평생을 함께한 이들의 우정은 인왕산의 이 단단한 바위처럼 변하지 않았습니다.

▲ 정선, 「인왕제색도」

내용 파악하기

1. 이 글의 내용으로 알맞지 않은 것은 무엇인가요? (③)

① 정선은 조선 시대 유명한 화가이다.
② 정선과 이병연은 같은 동네에서 자랐다.
③ 정선과 이병연은 나이가 같아 쉽게 친해졌다.
④ 정선은 그림을 그리고 이병연은 시를 지었다.
⑤ 정선과 이병연은 멀리 떨어져서도 우정을 이어 나갔다.

➡ 이병연은 정선보다 다섯 살이 많았지만 이들은 나이를 뛰어넘어 친구가 되었습니다.

세부 내용 파악하기

2. 「인왕제색도」에 대한 설명으로 알맞지 않은 것은 무엇인가요? (③)

① 국보로 보호되고 있다.
② 정선의 대표적인 작품이다.
③ 정선이 젊은 시절에 그린 그림이다.
④ 비 내린 인왕산의 모습이 담겨 있다.
⑤ 작품 속 집 한 채는 이병연의 집이라 여겨진다.

➡ 이병연이 노인이 되어 죽음을 앞두고 이를 때 정선이 「인왕제색도」를 그리기 시작했으므로, 정선 역시 나이가 들었을 때입니다.

낱말 관계 파악하기

3. ㉠과 비슷한 뜻을 지닌 낱말은 무엇인가요? (②)

① 정선   ② 친구   ③ 능력
④ 화가   ⑤ 우정

➡ 오랜 친구를 뜻하는 깊은 우정이 담겨 있는 정선의 「인왕제색도」. ⑤와 비슷한 뜻을 지닌 낱말은 '친구' 입니다.

낱말 뜻 짐작하기

4. 앞뒤 내용으로 볼 때, ㉡의 뜻으로 알맞은 것에 √표 하세요.

시와 그림을 각각   (   )
따로 묶어서 만든 책

시와 그림이 어우러지게 표현한   (√)
작품을 묶어서 만든 책

➡ '시화'는 '시를 곁들인 그림. 또는 그림을 곁들인 시'를 뜻합니다. 정선은 자신의 그림에 이병연의 시를 넣어서 시화집을 만들었다고 하였으므로, '시화집'은 시와 그림이 어우러지게 표현한 작품을 묶어서 만든 책 이라 짐작할 수 있습니다.

어휘 익히기

1 낱말 뜻 알기

다음 빈칸에 알맞은 낱말을 <보기>에서 찾아 쓰세요.

보기: 국보   제주   얻어보았습니다   신사임당

1. 이 (신사임당)에는 외딴집이 한 채 있다.
   뜻 산 아래 밋밋하게 비탈진 부분.

2. 그는 어려서부터 노래하는 (제주)이/가 뛰어났다.
   뜻 어떤 일을 잘하는 바탕.

3. 우리나라 문화재 가운데 (국보) 제1호는 숭례문이다.
   뜻 나라에서 정하고 돌보는 문화재.

4. 여러 선생님 중에 딱 한 선생님만 그의 인성을 (얻어보았습니다).
   뜻 사람의 능력이나 물건의 가치를 알거나 인정하였습니다.

2 관용 표현 알기

다음 빈칸에 알맞은 사자성어를 쓰세요.

" 죽 마 고 우 "

한동네에서 자란 정선과 이병연은 어릴 적부터 그림을 그리고 시를 지으며 우정을 키웠습니다. 이 사자성어는 대나무 말을 타고 놀던 옛 친구라는 뜻으로, 어릴 때부터 가까이 지내며 자란 친구를 이르는 말이에요.

한자	뜻	음
竹	대	죽
馬	말	마
故	옛	고
友	벗	우

3 한자어 익히기

다음 한자어를 소리 내어 읽고 빈칸에 따라 써 보세요.

友情
벗 우 | 뜻 정

우정(友情): 친구끼리 나누는 따뜻한 정.
- 우정의 표시로 선물을 주고받았다.
- 친구와 변치 않는 우정을 약속했다.
- 우리 둘은 10년 동안 우정을 쌓아 왔다.

友	情
벗 우	뜻 정

글과 그림의 관계 파악하기

5. 1~4문단 중 <보기>와 관련 있는 문단은 어느 문단인지 쓰세요.

보기

▲ 정선, 「양천현아」

「양천현아」는 정선이 이병연과 이별할 때 그린 그림입니다. 이 그림에는 정선 자신이 지내던 양천 현아*의 모습과 이병연이 보내 준 시의 한 구절이 실려 있는데요, 시의 내용은 다음과 같습니다.

> 아침에 떨어져 있다 말하지 말게,
> 아침에 흥이 넘쳐날 터이니

*현아: 현의 수령이 사무를 맡아보던 관아.

문단 [3]

<보기>의 그림 속에는 정선이 지내던 양천 현아의 모습과 이병연이 보내 준 시의 한 구절이 실려 있습니다. 이병연이 시를 써서 보내면 정선은 그림으로 답했다고 설명하고 있습니다. [3]문단

자신의 생각 말하기

6. 이 글을 읽고 친구들이 대화를 나누었습니다. 알맞지 않은 말을 한 친구는 누구인가요? (⑤)

① 혁민: 정선은 자신의 재능을 알아보고 도와준 이병연이 고마웠을 거야.
② 다영: 인왕산은 정선과 이병연에게 어떤 시절 추억이 있는 장소일 거야.
③ 한결: 정선은 「인왕제색도」를 그리면서 이병연이 건강하기를 바랐을 거야.
④ 예지: 정선과 이병연을 보니 친구가 되는 데에 나이는 중요하지 않은 것 같아.
⑤ 도연: 눈에서 멀어지면 마음에서도 멀어지는 법이니 가까이에 있는 친구를 사귀는 것이 좋겠어.

[3]문단에서 알 수 있듯이 정선과 이병연은 멀리 떨어져 있어서도 시와 그림을 주고받으며 우정을 나누었습니다.

여러분은 하늘을 날아가는 새들을 본 적이 있나요? 새들은 어디서 어디로 오고, 또 어디로 가는 걸까요? 하늘을 나는 새를 보면 우리를 둘러싼 자연의 모습이 더욱 궁금해집니다. 그래서인지 자연에서 직접 새를 보러 나서는 사람들이 늘고 있다고 합니다. 계절에 따라 전 세계를 이동하며 살아가는 새들의 생명력을 느낄 수 있기 때문입니다. 이렇게 야생의 새가 사는 곳을 찾아가서 관찰하는 것을 탐조 활동이라고 합니다. 탐조 활동을 하면 새가 살아 숨 쉬는 모습을 직접 보고 느낄 수 있습니다.

탐조 활동을 하기 위해 반드시 멀리 가야 하는 것은 아닙니다. 우리 주변의 나무가 많은 공원이나 작은 숲에서도 새들을 많이 볼 수 있습니다. 까치, 비둘기, 참새, 직박구리 등도 도시에서도 쉽게 만날 수 있는 새들입니다. 여러분이 사는 곳에서도 새를 관찰할 수 있습니다.

탐조 활동을 하려면 어떤 준비물이 필요할까요? 작은 망원경, 카메라, 수첩, 조류 도감 등이 있으면 좋습니다. 망원경이 있으면 멀리서도 새를 관찰할 수 있습니다. 카메라로 새의 모습을 찍고, 수첩에 자신이 관찰하고 느낀 것을 적습니다. 어떤 새인지 궁금할 때에는 조류 도감에서 찾아보면 도움이 됩니다. 조류 도감은 새에 관한 사진과 그림을 모아서 새를 만날 수 있도록 만든 준비물입니다. →탐조 활동에 필요한 준비물

카메라
새의 모습을 찍을 수 있어요.

조류 도감
어떤 새인지 궁금할 때 찾아요.

수첩
관찰하고 느낀 것을 적을 수 있어요.

망원경
멀리서도 새를 관찰할 수 있어요.

▲ 탐조 활동에 필요한 준비물

탐조 활동을 할 때는 주의할 점이 있습니다. 탐조는 새를 만지거나 잡지 않고 관찰만 하는 것입니다. 새들이 놀라지 않도록 조용히 하고 주변 환경과 비슷한 색깔의 옷을 입는 것이 좋습니다. 또 그들이 사는 환경이 손상되지 않도록 해야 합니다. 만약 새 둥지를 발견하면 만지지 말고 얼른 그곳에서 벗어나는 것이 좋습니다. 사람이 만진 흔적이 있으면 새들이 둥지로 돌아오지 않을 수도 있기 때문입니다. 그리고 주변의 나무나 풀을 꺾지 말고 쓰레기를 주우면 새들이 사는 환경을 보호할 수 있습니다.

자연 속에서 새들을 관찰하다 보면 생태계에는 인간뿐만 아니라 다른 생명도 함께 살고 있다는 것을 알게 됩니다. 새들은 인간 곁에서 먹이를 찾아 잠시 쉬었다가 떠나갑니다. 그리고 다시 돌아옵니다. 자연은 인간과 다양한 생명이 서로 어우러져 살아가는 곳입니다. →탐조 활동을 할 때 주의할 점

여러 생물이 서로 영향을 미치면서 사는 세계

핵심어 찾기

1. 이 글에서 가장 핵심적인 낱말은 무엇인가요? (③)

① 야생   ② 관찰   ③ 탐조
④ 둥지   ⑤ 조류 도감

➡ 이 글은 새를 관찰하는 탐조 활동에 대해 설명하고 있습니다.

내용 파악하기

2. 이 글의 내용으로 알맞지 **않은** 것은 무엇인가요? (⑤)

① 새를 찾아가 관찰하는 것을 탐조 활동이라고 한다.
② 탐조 활동을 할 때 새들이 놀라지 않도록 해야 한다.
③ 탐조 활동을 할 때 자연환경을 손상시켜서는 안 된다.
④ 탐조 활동을 떠날 때 조류 도감을 챙겨 가면 도움이 된다.
⑤ 탐조 활동을 하기 위해서는 먼 곳으로 새를 쉽게 찾아가야 한다.

➡ 우리 주변의 가까운 곳에서도 새를 쉽게 만날 수 있다고 하였습니다.

배경지식을 활용하여 추론하기

3. 〈보기〉를 읽고, 우리 주변에서도 쉽게 탐조 활동을 할 수 있는 까닭으로 알맞지 **않은** 것에 ∨표 하세요.

보기

우리나라는 수많은 철새가 이동할 때 중간에 쉬어 가는 곳이다. 새들은 이동할 때 물과 먹이가 있는 쉼터가 반드시 필요하다. 우리나라의 갯벌에는 철새들의 먹이가 많다. 그래서 우리나라에는 사계절 철새들이 찾아온다. 그중에 여름 새가 도시를 지나간다. 그래서 도시의 하천이나 풀숲에서는 때가 되면 찾아오는 철새와 본래 도시에 사는 새를 모두 볼 수 있다.

새들은 자연보다 도시에서 더 잘 적응하기 때문에	철새들이 이동할 때 우리나라에서 쉬어 가기 때문에	도시에서 철새와 본래 도시에 사는 새들을 모두 볼 수 있기 때문에
(∨)	( )	( )

➡ 〈보기〉를 통해 우리나라는 사계절 철새가 찾아오고, 도시의 하천이나 우리 주변에서도 쉽게 철새를 관찰할 수 있다는 것을 알 수 있습니다. 도시에 사는 새들을 모두 볼 수 있는 것은 철새와 본래 도시에 사는 매가 되면 찾아오는 철새와 본래 도시에 사는 새를 관찰할 수 있다는 것을 알 수 있습니다.

1 낱말 뜻 알기

다음 빈칸에 알맞은 낱말을 <보기>에서 찾아 쓰세요.

<보기>
야생   도시   순상   생태계

1. (도시)은/는 교통이 복잡하다.
   뜻 사람이 많이 모여 사는 곳.

2. 멸종 위기에 처한 (야생) 동물.
   뜻 산이나 들에서 저절로 나서 자람.

3. 여러 생물이 (생태계)을/를 이루며 살아가고 있다.
   뜻 여러 생물이 서로 영향을 미치면서 사는 세계.

4. 전시된 상품에 (순상)을/를 입히면 물어 주어야 한다.
   뜻 망가뜨리거나 흠을 냄.

2 관용 표현 알기

다음 빈칸에 들어갈 알맞은 말에 V표 하세요.

하민: 하늘을 나는 새를 보니 우리가 사는 생태계가 더 궁금해져.
미선: 그래서 난 이번에 탐조 활동을 하러 갈 거야.
하민: ( )이라더니 야생의 새를 직접 관찰하러 가는구나.

(1) 군계일학(群鷄一鶴): 많은 사람 중에 뛰어난 사람. ( )
(2) 전화위복(轉禍爲福): 화가 바뀌어 오히려 복이 되다. ( )
(3) 백문이불여일견(百聞─見): 백 번 듣는 것이 한 번 보는 것만 못하다. (V)

3 한자어 익히기

다음 한자어를 소리 내어 읽고 빈칸에 따라 써 보세요.

생명(生命): 생물을 살아 숨 쉬고 움직이게 하는 기운.
• 모든 생물은 생명을 소중하게 보호해야 한다.
• 물이 되자 들에는 온갖 생명으로 가득 차 있다.
• 헤매는 땅에서도 끈질긴 생명력으로 살아 있었다.

生 날 생	命 목숨 명

세부 내용 파악하기

4. 탐조 활동을 가기 위한 준비물로 알맞지 <u>않은</u> 것은 무엇인가요? (①)
   ① 그물   ② 수첩   ③ 카메라
   ④ 조류 도감   ⑤ 작은 망원경
   ➡ 탐조는 새를 만지거나 잡지 않고 관찰만 하는 것이기 때문에 '그물'은 준비물로 알맞지 않습니다.

세부 내용 파악하기

5. 다음은 탐조 활동을 다녀와서 쓴 일기입니다. 빈칸에 공통으로 들어갈 낱말을 <보기>에서 찾아 쓰세요.

<보기>
둥지   마음   무리

오늘 선생님과 함께 탐조 활동을 나갔다. 해에서만 보던 새들을 직접 눈으로 보니 신기했다. 그런데 잘못해서 새들의 공간을 망가뜨릴 뻔했다. 탐조 활동을 하다가 [둥지]을/를 발견해서 반가운 마음에 손을 내밀었다. 선생님께서는 [둥지]은/는 새들의 소중한 공간이므로 만지지 말고 멀리 그곳에서 벗어나자고 말씀하셨다. 탐조 활동을 할 때는 [둥지]을/를 건드리지 않는 것이 좋다고 말씀하셨다. 탐조 활동을 다녀오니 우리가 사는 지구에 다양한 생명이 살고 있다는 것을 새삼 느꼈다. 모든 생명을 더욱 소중히 여겨야겠다.

답: 둥지

➡ 탐조 활동을 할 때 새들이 사는 공간인 둥지를 발견하면 손대지 말고 얼른 그곳에서 벗어나는 것이 좋습니다.

글의 내용 적용하기

6. 탐조 활동을 떠나기 위해 세운 계획으로 알맞지 <u>않은</u> 것은 무엇인가요? (⑤)
   ① 주변에 나무나 풀숲이 많을 때나 녹색이나 갈색 옷을 입어야겠어.
   ② 주변의 쓰레기를 주워 올 수 있게 쓰레기봉투를 챙겨 가야겠어.
   ③ 새들이 놀라지 않게 자세를 낮추고 살금살금 다니는 것이 좋겠어.
   ④ 새를 관찰하고 기록할 수 있게 망원경과 수첩을 꼭 챙겨 가야겠어.
   ⑤ 주변의 나무나 풀을 꺾어서 새들이 편히 머리를 구할 수 있게 해 주어야겠어.
   ➡ 탐조 활동을 할 때는 새들이 사는 환경을 훼손하지 않고 보호해야 합니다.

05회 읽기 방법 익히기

1 중요한 내용 메모하기

다른 사람에게 말을 전하거나 자신이 기억한 것을 잊지 않으려고 짧게 쓴 글을 '메모'라고 합니다. 글을 읽으며 중요한 내용을 메모해 두면 시간이 흐른 뒤에도 글의 내용을 다시 떠올리는 데 도움이 됩니다.

★ 글을 읽고 중요한 내용을 간추려서 메모하려면,
(1) 중요한 낱말을 중심으로 씁니다.
(2) 모든 내용을 다 쓰려고 해서는 안 됩니다.
(3) 너무 간추려서 내용을 빠뜨려서는 안 됩니다.

1 다음 글을 읽고 탐조 활동에 필요한 준비물을 메모하였습니다. 빈칸에 알맞은 말을 쓰세요.

탐조 활동을 하려면 어떤 준비물이 필요할까요? 작은 망원경, 카메라, 수첩, 조류 도감 등이 있습니다. 망원경이 있으면 멀리서도 새를 관찰할 수 있습니다. 카메라로 새의 모습을 찍고, 수첩에 자신이 관찰하고 느낀 것을 적습니다. 어떤 새인지 궁금할 때에는 조류 도감을 찾아보면 도움이 됩니다.

탐조 활동 준비물: 작은 망원경, 카메라, 수첩. (조류 도감)

▶ 이 글에서는 탐조 활동에 필요한 준비물로 작은 망원경, 카메라, 수첩, 조류 도감 등을 소개하고 있습니다.

2 다음 글을 읽고 딸기잼 만드는 순서를 메모하였습니다. 빈칸에 알맞은 말을 쓰세요.

딸기잼을 만들면 딸기를 오래 두고 먹을 수 있습니다. 딸기잼은 어떻게 만들까요? 제일 먼저 딸기를 깨끗이 씻어 주세요. 그리고 꼭지를 딴 다음 물기를 없애 주세요. 냄비에 딸기와 설탕을 넣고 푹 고아 주세요. 걸쭉해질 때까지 졸여 주면 딸기잼이 완성됩니다.

딸기잼 만드는 순서: 딸기 씻기 → 꼭지 따기 → (물기 없애기) → 냄비에 딸기와 설탕 넣고 푹 고아기 → 걸쭉해질 때까지 졸이기

▶ 이 글에서는 딸기잼 만드는 방법을 만드는 순서대로 설명하고 있습니다. 딸기를 씻어 꼭지를 딴 다음에는 물기를 없앱니다.

---

3 다음 글을 읽고 친구들이 아래와 같이 메모하였습니다. 물음에 답하세요.

우리나라의 대표적인 명절로는 설이 있습니다. 설은 음력 1월 1일로 새해를 맞는 명절입니다. 설에는 조상들께 차례를 지내고 어른들께 세배를 합니다. 그리고 한 해 동안의 복을 받고 떡국을 먹습니다. 윷놀이나 연날리기와 같은 놀이를 하기도 합니다.

나은
우리나라의 대표적인 명절로는 설이 있습니다. 설은 음력 1월 1일로 새해를 맞는 명절입니다. 설에는 조상들께 차례를 지내고 어른들께 세배를 합니다. 그리고 한 해 동안의 복을 받고 떡국을 먹습니다. 윷놀이나 연날리기와 같은 놀이를 하기도 합니다.

서희
우리나라 대표 명절 설
• 음력 1월 1일
• 새해를 맞는 명절
• 차례 지내기, 세배하기, 복 받기, 떡국 먹기, 윷놀이, 연날리기

오선
설
• 음력 1월 1일
• 윷놀이, 연날리기

(1) 다음은 누가 쓴 메모의 특징을 말한 것인지 친구의 이름을 쓰세요.

① 중요한 낱말을 중심으로 짧게 썼어.
(서희)

② 글의 모든 내용을 다 쓰려고 했어.
(나은)

③ 너무 간추려서 중요한 내용을 빠뜨렸어.
(오선)

▶ 나은이는 글의 모든 내용을 다 썼습니다. 서희는 중요한 낱말을 중심으로 짧게 썼습니다. 오선이는 너무 간추려서 중요한 내용을 빠뜨려서 글을 읽기 어렵습니다.

(2) 메모를 가장 잘한 친구는 누구인지 쓰세요.
(서희)

▶ 메모를 가장 잘한 친구는 중요한 낱말을 중심으로 짧게 쓴 서희입니다.

2 다음 글을 읽고 문맥을 통해 낱말 관계를 바르게 파악하지 못한 친구에게 √표 하세요.

내일 아침 기온

오늘 강원도에 강한 바람이 불었습니다. 우리나라 남쪽과 북쪽에 고기압과 저기압이 자리하며 기압 차이가 있기 때문인데요, 내일은 기압 차가 줄고, 오늘보다는 바람도 약해지겠습니다.

내일 아침은 오늘보다는 기온이 오르고 대체로 맑을 것으로 예상됩니다. 서울 17도, 대구 20도로 전국적으로 따뜻하고 포근할 것으로 보입니다.

( ) 오선

우리나라 남쪽과 북쪽은 고기압과 저기압이 자리해서 기압 차이가 크다고 하네. 고기압에서 '고'는 높다는 뜻이고, '저'는 낮다는 뜻이야. 이걸 보니 '고기압'과 '저기압'은 뜻이 반대되는 관계인 것 같아.

( ) 유진

내일 아침은 기온이 올라서 전국적으로 따뜻하고 포근할 거라고 하네. '따뜻하다'와 '포근하다'는 모두 기온이 올랐을 때의 날씨를 설명하고 있어. 이걸 보니 '따뜻하다'와 '포근하다'는 뜻이 비슷한 관계인 것 같아.

(√) 준우

일기 예보에서는 내일 아침 우리나라의 날씨를 설명하고 있어. 그리고 서울과 대구의 기온을 이야기하고 있어. 이걸 보니 '우리나라'와 '서울, 대구'는 뜻이 비슷한 관계인 것 같아.

➡ '서울'과 '대구'는 '우리나라'에 포함됩니다. 따라서 '우리나라'와 '서울, 대구'는 하나가 다른 것을 포함하는 관계입니다.

---

2 낱말 관계 파악하기

낱말과 낱말은 서로 뜻이 비슷한 관계인 것도 있고, 뜻이 반대되는 관계인 것도 있습니다. 또한 한 낱말이 다른 낱말들을 포함할 때도 있습니다. 글을 읽을 때 문맥을 통해 비슷한 뜻을 지닌 낱말이나 반대되는 뜻을 지닌 낱말을 파악하면 글의 내용을 더 꼼꼼히 이해할 수 있습니다.

★ 글을 읽으며 낱말 관계 파악하기
(1) 문맥을 통해 비슷한 뜻으로 쓰인 낱말이 있는지 살펴봅니다.
(2) 문맥을 통해 반대되는 뜻으로 쓰인 낱말이 있는지 살펴봅니다.
(3) 문맥을 통해 다른 낱말들을 포함할 수 있는 낱말이 있는지 살펴봅니다.

1 다음 밑줄 친 낱말들이 서로 어떤 관계인지 〈보기〉에서 찾아 기호를 쓰세요.

보기
㉠ 뜻이 비슷한 관계   ㉡ 뜻이 반대되는 관계   ㉢ 하나가 다른 것을 포함하는 관계

(1) "저는 재활용 쓰레기를 분류해 볼래요. 어떻게 하면 되죠?"
"그래. 종이는 종이끼리, 플라스틱은 플라스틱끼리, 우리는 우리끼리 모으면 된단다."
엄마는 은성이에게 유리잔, 페트병, 유리병을 보여 주면서 설명해 주셨어요.

➡ '재활용 쓰레기'는 '유리잔, 페트병, 유리병'을 포함할 수 있습니다.   (㉢)

(2) 정성은 인왕산 아래에 있는 마을에서 태어나고 자랐습니다. 그에게는 같은 동네에서 친하게 지낸 벗이 있었습니다. 바로 이형입니다.

➡ 마을과 '동네'는 서로 비슷한 뜻을 지니고 있습니다.   (㉠)

(3) 탐조는 새를 만지거나 잡지 않고 관찰만 하는 것입니다. 새들을 방해하지 않아야 합니다. 새들이 놀라지 않도록 조용히 하고 주변 환경과 비슷한 색깔의 옷을 입는 것이 좋습니다. 또 그들이 사는 환경이 손상되지 않도록 해야 합니다. 만약 새 둥지를 발견하면 만지지 않고 얼른 벗어나는 것이 좋습니다. 사람이 만진 흔적이 있으면 새들이 둥지로 돌아오지 않을 수도 있기 때문입니다. 그리고 주변에 나무나 풀을 꺾지 않고 쓰레기를 주우면 새들이 사는 환경을 보호할 수 있습니다.

➡ 자연환경을 '손상시키는 것'과 '보호하는 것'은 반대되는 뜻입니다.   (㉡)

소 이야기

이 글의 중심 화제는 소입니다. 소와 관련된 역사, 미술, 사회, 과학을 공부해요.
오랜 시간 동안 인간에게 깊숙한 소에 관한 다양한 이야기를 읽어보며 소에 대해 새롭게 생각해 보아요.

소는 아주 오래전부터 인간과 함께 살아온 동물이에요. 역사상 가장 오래된 소 그림으로 알려진 에스파냐의 알타미라 벽화에는 여러 마리의 들소가 그려져 있어요. 소는 일찍부터 인간의 사냥 대상이었기에 알타미라 벽화처럼 사냥의 성공을 기원하고 풍요를 바란 흔적들을 세계 곳곳에서 찾아볼 수 있어요.

지역에 따라 소를 신의 형상으로 여겨 숭배한 흔적도 찾아볼 수 있어요. 신석기 시대의 중요한 유적지인 차탈회위크*에서는 거대한 황소 신을 표현한 벽화가 발견되었어요. 또 지중해 여러 지역의 신화에서는 소의 모습을 한 신의 이야기가 전해져요. 이 신들은 강력한 힘으로 적들을 물리치고 사람들에게 풍요를 가져다주는 최고의 신으로 숭배되었어요.

▲ 알타미라 벽화 속 들소

→ 인간의 사냥 대상이었던 소

한편, 소는 다른 동물들에 비해 성질이 우직하고 순한 편이라 우리나라에서 길들여졌어요. 농경 문화가 중심으로 발달한 우리나라에서도 소는 흔히 볼 수 있는 동물이에요. 근면하면서도 힘이 좋은 소는 우리 조상들에게 일찍부터 농사부터 뒷바라지에 요긴한 재산이었어요. 지금도 소는 다양한 분야에서 '힘과 부유함, 풍요로움'을 상징해요. 뉴욕 맨해튼의 경제 중심지인 월가*에는 거래소 앞과 우리나라 여의도 증권 거래소에도 등에를 여며도 주식* 시장의 상승장을 상징하는 거대한 '돌진하는 황소'가 놓여 있어요.

→ 신의 형상으로 여겨진 소

→ 힘과 부유함, 풍요로움을 상징하는 소

소는 오래전부터 인간에게 중요한 식량 자원 중 하나로 현재 전 세계에 10억 마리 이상의 소가 사육되고 있어요. 옛날부터 소는 "하품밖에 버릴 게 없다."라는 말이 있을 만큼 고기, 가죽 등으로 재료 등으로 사용되며 인간의 삶에 유용한 동물이었어요. 하지만 10억 마리의 소들이 내뿜는 트림과 방귀 속에 포함된 메탄이라는 온실가스*는 지구 환경을 심각하게 위협하고 있어요. 지구 온난화의 대표적인 원인인 이산화 탄소보다 28배 더 심한 온난화를 일으킨다고 해요. 그래서 뉴질랜드에서는 소에서 배출되는 온실가스 해결 방안 중 하나로 '방귀세'라는 다소 웃음

▲ 농사에 중요한 노동력인 소

이 나오는 세금을 만들려고 했지만 실현되지는 못했어요. 한때는 신으로 여겨지던 신성했던 소가 어느새 지구 환경을 악화시키는 걱정거리가 되었네요.

▲ 월가의 상징, '돌진하는 황소'

→ 지구 환경을 악화시키는 걱정거리가 된 소

*대리: 남을 대신하여 일을 처리함. 또는 그런 사람.
*차탈회위크: 터키 남동부 아나톨리아 고원에 있는 신석기 시대 유적지.
*월가: 미국 뉴욕 맨해튼섬 남쪽 끝에 있는 금융 거리 구역.
*주식: 주식회사의 자본을 구성하는 단위.
*온실가스: 지구 대기를 오염시켜 온실 효과를 일으키는 가스를 통틀어 이르는 말.

1 소와 관련된 속담을 조사하여 그 뜻을 써 보세요.

소와 관련된 속담	뜻
쇠귀에 경 읽기	소의 귀에 대고 경을 읽어 봐야 단 한 마디도 알아듣지 못한다는 뜻으로, 아무리 가르치고 일러 주어도 알아듣지 못하거나 효과가 없는 경우를 이르는 말입니다.
예 바늘 도둑이 소도둑 된다	바늘을 훔치는 일을 계속 반복하다 보면 결국은 소까지도 훔치게 된다는 뜻으로, 작은 나쁜 짓도 자꾸 하게 되면 큰 죄를 저지르게 됨을 이르는 말입니다.
예 소 잃고 외양간 고친다	소를 도둑맞은 다음에서야 빈 외양간의 허물어진 데를 고치느라, 일이 이미 잘못된 뒤에는 손을 써도 소용이 없음을 비꼬는 말입니다.

그 외에 '쇠뿔도 단김에 빼라', '소도 언덕이 있어야 비빈다' 등도 있습니다.

소 이야기

2 윷놀이를 해 본 적이 있나요? 도, 개, 걸, 윷, 모에 해당하는 동물을 조사해 보고, '윷놀이'라는 이름의 유래를 짐작해서 써 보세요.

도	개	걸	윷	모
돼지	개	양	소	말

➡ 우리 민족은 농경 민족이었기 때문에 농사에 필요한 [소]가 제일 중요했습니다. 그래서 [소]에 해당하는 '윷'을 따서 '윷놀이'라고 불렀다고 합니다.

▶ 윷놀이에 도, 개, 걸, 윷, 모는 각각 돼지, 개, 양, 소, 말을 상징합니다.

3 우리나라의 겨울철 대표 별자리 중 하나인 황소자리 이야기를 읽고, 빈칸에 알맞은 말을 쓰세요.

옛날 페니키아에 에우로페라는 공주가 살고 있었어요. 에우로페는 너무나 아름다워서 올림포스의 신 제우스가 그녀를 보고 한눈에 반해 버릴 정도였죠. 그녀의 아름다움에 마음을 빼앗긴 제우스는 아내 여신의 눈을 피해 그녀에게 갈 방법을 궁리하다가 한 마리 황소로 변하여 페니키아로 달려갔어요. 그러고는 에우로페를 태우고 가 에우로페에게 열렬한 사랑을 고백했고, 두 사람은 서로 사랑을 하게 되었죠.

제우스는 에우로페에게 '우리의 자손들은 당신의 이름을 붙인 새로운 땅에서 살게 될 것'이라 약속했고, 그곳이 바로 에우로페의 이름을 연상시켜 준 유럽 대륙이 되었답니다. 그리고 제우스는 자신과 에우로페의 사랑을 연상시켜 준 소를 기념하기 위해 밤하늘로 올려 별자리로 만들었는데, 이것이 바로 '황소자리'라고 전해지죠.

▲ 유럽 지도

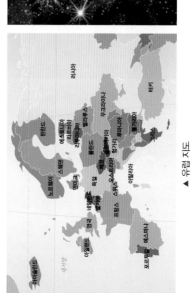
▲ 황소자리

➡ 황소자리의 유래가 된 이야기의 주인공인 에우로페는 지금의 [유][럽] 대륙의 이름이 되었어요.

▶ 유럽 대륙의 이름은 에우로페의 이름을 따 붙여졌고, 제우스와 에우로페의 사랑을 이어 준 소는 '황소자리'가 되었습니다.

4 소고기나 우유를 활용해서 만든 음식을 먹어 본 적이 있다면 써 보세요.

예) 저는 소고기 스테이크를 먹어 본 적이 있어요.

➡ 불고기, 갈비, 스테이크, 타르족, 요거트, 치즈 등 다양한 답을 적어 봅니다.

5 이중섭의 소 그림을 보고, 여러분도 자신만의 소를 자유롭게 그려 보세요.

▲ 이중섭의 소 그림

우리나라의 대표 화가 이중섭 하면 많은 사람이 소를 떠올려요. 일제 강점기를 살았던 이중섭의 소 그림은 식민지 시대 일제의 압박에도 우직하게 살아 낸 우리 민족을 비유한 것이라고도 하고, 화가의 분신이라고 해석하기도 해요.

예

▶ 소의 모습을 떠올려 보고 자유롭게 그려 봅니다.

ERI 지수 **380** 사회 | 사회 문화

얼마 전 도서관에서 『축구 선수 손흥민』이라는 책을 보았다. 이 책에는 손흥민이 ⊙세계적인 축구 선수가 되기까지 어떠한 과정을 거쳤는지 자세히 나와 있었다. 나도 커서 축구 선수가 되는 것이 꿈이다. 그래서 손흥민 선수가 어떻게 축구를 잘하게 되었는지 궁금해서 읽게 되었다.

손흥민은 어릴 적부터 축구밖에 모르던 소년이었다. 그는 ⓒ프로 축구 선수 출신인 아버지에게 축구를 배웠다. 손흥민은 고등학교 1학년 때 우수 선수로 뽑혀 유럽으로 가게 되었다. 저음에는 동양인이라는 이유로 다른 선수들이 공도 잘 주지 않고, 말도 잘 걸지 않았다고 한다.

그러나 손흥민은 포기하지 않았다. 팀에 적응하고 실력으로 인정받기 위해 피나는 노력을 계속했다. 그리하여 마침내 그는 세계 최고의 선수 중 한 명이 되었다.

이 책에서 가장 기억에 남는 점은 손흥민 선수가 여러 어려움을 이겨 내고 최고의 선수가 되었다는 것이다. 인종 차별이 따가운 시선과 편견에도 불구하고 손흥민 선수는 포기하지 않았다. 나라면 그런 어려움 속에서 한국으로 돌아왔을 것 같다. 그러나 손흥민 선수는 실력으로 보여 주려 한 것이다. 팀까지 자신의 뛰어난 실력을 보여 준 것이다. 평소에 나는 ⓒ그 친구가 우리와 다르다고 생각했다. 이름을 가진 친구를 이르는 말 어려운 그런 것을 이겨 내는 손흥민 우리와 다르고 있다. 나 또한 편견을 갖고 있다는 것을 깨달은 것이다. 피부색으로 친구를 차별하지 말아야겠다.

▲ 손흥민 선수

1. '축구 선수 손흥민'에 대한 설명으로 알맞으면 ○표, 알맞지 않으면 ×표 하세요.

(1) 어릴 때 프로 축구 선수 출신인 코치가 있는 학원에 다녔다. (×)

(2) 고등학교 1학년 때 우수 선수로 뽑혀 미국으로 가게 되었다. (×)

(3) 유럽에서 인종 차별의 어려움 속에서도 뛰어난 실력을 보여 주었다. (○)

→ (1) 손흥민은 어릴 적에 프로 축구 선수 출신인 아버지에게 축구를 배웠습니다. (2) 손흥민은 고등학교 1학년 때 우수 선수로 뽑혀 유럽으로 가게 되었습니다. (3) 손흥민은 유럽에서 인종 차별이라는 어려움 속에서도 뛰어난 실력을 포기하지 않고 열심히 훈련하여 뛰어난 실력을 보여 주었습니다.

가리키는 말의 의미 파악하기

2. ⊙~ⓒ이 가리키는 대상을 선으로 알맞게 이으세요.

⊙ '세계적인 선수'	•	•	손흥민
ⓒ '프로 축구 선수 출신'	•	•	다문화 가정 친구
ⓒ '그 친구'	•	•	손흥민의 아버지

→ ⊙은 앞 문장을 살펴보면 손흥민 선수를 말하는 것임을 알 수 있습니다. ⓒ은 '프로 축구 선수 출신'인 아버지'를 말하는 것임을 알 수 있습니다. ⓒ은 앞 문장을 살펴보면 다문화 가정 친구를 말하는 것임을 알 수 있습니다. ⓒ은 앞 문장 실제로 아버지를 반복하는 것을 피하는 것임을 알 수 있습니다.

문맥을 활용하여 추론하기

3. 이 글의 내용으로 보아, 손흥민 선수가 생각했을 내용으로 알맞지 않은 것은 무엇인가요? (②)

① 인종 차별이 심하지만 실력으로 이겨 내야겠어.

② 동양인이라고 무시하니 한국으로 당장 돌아가야겠어.

③ 말이 잘 통하지 않으니 외국어를 더 열심히 배워야겠어.

④ 세계적인 선수가 되도록 반복해서 더 열심히 훈련해야지.

⑤ 외국에서 지내려면 그 나라 문화를 더 적극적으로 이해야지.

→ 이 글에서 손흥민 선수는 여러 어려움 속에서도 포기하지 않고 피나는 노력을 기울였다고 하였습니다. ②는 이 내용과 맞지 않으므로 알맞지 않습니다.

1 낱말 뜻 알기

다음 빈칸에 알맞은 낱말을 <보기>에서 찾아 쓰세요.

<보기>
동일인 　 거듭했다 　 다문화 　 차이

1. 형과 나는 키(차이)이/가 많이 난다.
   뜻 서로 견주었을 때 다른 정도나 상태.

2. 그들은 새로운 치료제를 개발하기 위해 실험을 (거듭했다).
   뜻 어떤 일을 되풀이 했었다.

3. 1990년대 이후로 한국 사회는 (다문화) 사회로 접어들었다.
   뜻 한 사회 안에 여러 민족이나 여러 국가의 문화가 섞여 있는 것을 이르는 말.

4. 그는 서양인이지만 까만 눈에 까만 머리를 해서 (동일인) 느낌이 난다.
   뜻 아시아의 동부 및 남부 사람을 이르는 말.

2 관용 표현 알기

다음 빈칸에 알맞은 말을 쓰세요.

"공든 탑 이 무너지랴"

이 속담은 공들여 쌓은 탑은 무너질 리 없다는 뜻으로, 힘을 다하고 정성을 다하여 한 일은 그 결과가 반드시 헛되지 아니함을 이르는 말이에요. 어떤 일을 이루는 데 포기하지 않고 열심히 노력한다면 좋은 성과를 낼 수 있을 거예요.

3 한자어 익히기

다음 한자를 소리 내어 읽고 빈칸에 따라 써 보세요.

差 다를 차 　 別 나눌 별

차별(差別): 다르다고 해서 얕보거나 대접을 소홀하게 하는 것.
• 옛날에 백인들은 흑인들을 차별했다.
• 조선 시대에는 신분에 따른 차별이 심했다.
• 여자와 남자의 차이는 인정하되, 차별해서는 안 된다.

差 다를 차 　 別 나눌 별

내용 요약하기

4. 다음은 이 글의 내용을 한 문장으로 요약한 것입니다. 빈칸에 들어갈 말을 <보기>에서 찾아 쓰세요.

<보기>
과정 　 노력 　 차별 　 차이

손흥민 선수는 인종 차별을 극복하고 끊임없는 노력 (으)로 세계적인 축구 선수가 되었다.

➡ 글을 읽고 핵심어를 찾아 중심 내용을 요약해 보는 문제입니다. 손흥민 선수가 인종 차별에도 불구하고 끊임없는 노력으로 세계적인 축구 선수가 된 과정을 이야기하고 있으므로 '차별'과 '노력'이라는 낱말이 들어가야 합니다.

사전뜻 추론하기

5. 이 글을 읽고 우리가 마음에 새기야 할 내용을 바르게 말하지 못한 친구는 누구인가요? (②)

① 하희: 인종이 다르다는 이유로 차별해서는 안 돼.
② 소유: 축구를 잘하려면 흥선보다 출신 나라가 중요해.
③ 로이: 어려움이 있더라도 포기하지 말고 더 열심히 노력해야 해.
④ 유강: 다른 나라 친구들도 모두 나의 이웃이나 친구가 될 수 있어.
⑤ 이찬: 다른 점이 있다고 해서 그것 때문에 차별한다면 잘못된 거야.

➡ 이 글은 차이에 대한 존중을 담고 있습니다. '축구를 잘하려면 흥선보다 출신 나라가 중요하다'라는 것은 이 글에서 담고 있지 않으므로 알맞지 않습니다.

낱말 뜻 짐작하기

6. 가로세로 열쇠를 참고하여 다음 빈칸에 알맞은 말을 쓰세요.

①입	단	②	편
춘		③파	전
	④순		
⑤인	종	차	별

[가로 열쇠]
① 무리나 모임에 가입함.
③ 어떤 일을 맡겨서 사람을 보냄.
⑤ 사람을 인종에 따라 차별함.

[세로 열쇠]
① 한 해를 스물넷으로 나눌 때 가운데 하나. 봄이 시작되는 때라고 함.
② 한쪽으로 치우친 잘못된 생각.
④ 남이 뜻에 고분고분 따름.

➡ ② 한쪽으로 치우친 잘못된 생각을 '편견'이라고 합니다. ⑤ 사람을 인종을 인종에 따라 차별하는 것을 '인종 차별'이라고 합니다.

ERI 지수 **361** 사회 | 경제

1 세계 사람들은 어떤 재료로 만든 음식을 가장 많이 먹을까요? 바로 밀이에요. 밀은 쌀, 옥수수와 함께 세계 3대 곡물로 유명해요. ㉠이 곡물이 가장 많이 찾는 대표적인 음식 재료가 된 이유는 무엇인가요?

2 밀은 지구상의 아주 넓은 지역에서 심고 길러요. 밀은 비가 적게 내리고 서늘한 곳에서도 대부분이 밀이 쉽게 생산될 수 있는 땅에서 밀이 쉽게 기르기 쉬운 밀을 많은 지역에서 심고 기르게 되었어요.

3 밀은 맛이 좋아서 많은 사람이 밀로 만든 음식을 먹고 싶어 했어요. 그래서 밀로 만든 음식은 점점 더 많아졌어요. 그 덕분에 밀을 심어 기르는 사람들은 다른 식량에 비해 보관하기도 쉬워요. 밀은 단단한 껍질이 있어 오래 보관할 수 있어요. 하지만 밀은 몇 년씩 보관해도 상하지 않아요.

4 밀이 없었다면 많은 사람이 굶어야 했을지도 몰라요. 오늘날의 기술이 발달하여 밀을 먹을 수 있어요. 밀을 먹고 살 수 있어요.

5 밀이 없었다면 많은 사람이 굶어야 했을지도 몰라요. 오늘날은 기술이 발달하여 밀을 먹을 여러 사람들에게 가장 중요한 대표 식량 중 하나예요.

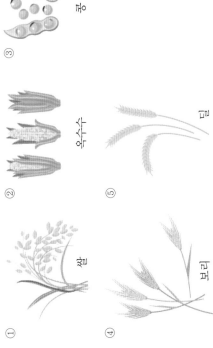

내용 파악하기

1. 이 글의 내용으로 알맞지 않은 것은 무엇인가요? (①)

① 밀은 영양이 풍부해서 위의 재료로 사용된다.
② 밀로 만든 음식을 매일 먹고 사는 사람이 많다.
③ 밀은 비가 적게 내리고 서늘한 곳에서도 잘 자란다.
④ 밀이 없었다면 많은 사람이 굶어야 했을지도 모른다.
⑤ 밀은 풀이 자랄 수 있는 대부분의 땅에서 쉽게 자란다.

글의 목적 추론하기

2. 글쓴이가 이 글을 쓴 목적은 무엇일까요? (③)

① 자신의 의견을 근거를 들어 주장하기 위해
② 일상에서 겪은 일을 누군가에게 알리기 위해
③ 어떤 사실을 쉽고 자세히 설명하기 위해
④ 자신의 생각과 느낌을 노래처럼 표현하기 위해
⑤ 자신이 상상한 일을 꾸며 써서 재미를 주기 위해

가리키는 말의 의미 파악하기

3. ㉠이 가리키는 것은 무엇인가요? (⑤)

① 쌀 ② 옥수수 ③ 콩
④ 보리 ⑤ 밀

어휘 파악하기 ①

4. 1~5 문단의 중심 내용을 다음과 같이 정리할 때, 빈칸에 알맞은 말을 쓰세요.

문단	중심 내용
1	밀은 사람들이 가장 많이 찾는 음식 재료이다.
2	밀은 기르기 쉬워서 대표적인 음식 재료가 되었다.
3	밀은 맛이 좋아서 대표적인 음식 재료가 되었다.
4	밀은 보관하기 쉬워서 대표적인 음식 재료가 되었다.
5	밀은 여전히 가장 중요한 대표 식량 중 하나이다.

3문단은 밀은 맛이 좋아서 많은 사람들이 즐겨 먹는 기르는 사람들이 많아졌다는 내용이므로 빈칸에는 '맛'이라는 말이 들어가야 한다. 4문단은 밀은 다른 식량에 비해 보관하기가 쉽다는 내용이므로 빈칸에는 '보관'이라는 말이 들어가야 한다.

낱말 뜻 짐작하기

5. 다음 두 친구가 무엇에 대해 말하고 있는지 <보기>에서 찾아 쓰세요.

보기: 기술　보관　생산　식량

사람이 사는 데 꼭 필요해요!

먹을거리예요!

(식량)

이 글에 나온 어려운 낱말의 뜻을 파악하는 문제입니다. '식량'은 음식을 만들어 먹을 수 있는 것을 이르는 말을 뜻합니다.

글의 내용 적용하기

6. 이 글을 읽고 더 알아볼 내용에 대해 친구들이 이야기를 나누었습니다. 알맞지 않은 말을 한 친구는 누구인가요? (⑤)

① 윤우: 밀은 단단한 껍질이 있다는데 어떻게 벗겨서 먹는지 찾아봐야지.
② 위지: 세계 여러 나라에서 밀을 가지고 어떤 음식을 만들 수 있는지 알아봐야지.
③ 시우: 밀을 많이 나타내는 어떤 나라들이 있는지 구체적으로 찾아봐야지.
④ 최은: 밀 외에도 쌀이나 옥수수는 왜 대표 식량이 되었는지 그 이유를 찾아봐야지.
⑤ 나임: 우리나라 사람들이 여름마다 먹는 전통 음식에는 어떤 것이 있었는지 알아봐야지.

---

1 낱말 뜻 알기

다음 빈칸에 알맞은 낱말을 <보기>에서 찾아 쓰세요.

보기: 재료　곡물　서늘한　보관

1. 가을이 되니 (서늘한) 바람이 분다.
   뜻 바람이나 공기가 조금 찬.

2. 올해 잦은 홍수 피해로 (곡물) 가격이 크게 올랐다.
   뜻 쌀, 보리, 콩, 밀, 수수, 조 같은 먹을거리.

3. 반찬은 상하지 않도록 냉장고에 넣어 (보관)해야 한다.
   뜻 물건을 맡아서 간직하고 관리함.

4. 떡볶이를 만들 (재료)에는 떡, 어묵, 고추장, 양파 등이 있다.
   뜻 어떤 것을 만드는 데 쓰는 것.

2 관용 표현 알기

다음 빈칸에 알맞은 말을 쓰세요.

> 밀 **"가루 장사 하면 바람 불고 소금 장사 하면 비가 온다"**

이 속담은 밀가루 장사를 하려고 장을 펼치면 바람이 불어와서 밀가루가 날리고, 소금 장사를 하려고 하면 비가 와서 소금이 녹아내린다는 뜻으로, 모처럼 좋은 기회가 와도 무슨 일 하나 뜻대로 되는 일이 없음을 이르는 말이에요.

3 한자어 익히기

다음 한자어를 소리 내어 읽고 빈칸에 따라 써 보세요.

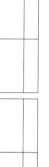

生	産
낱말 생	낱말 산

生産 낱말 생산

생산(生産): 어떤 것을 만들어 냄.
· 농촌에서는 곡식과 채소 등을 생산한다.
· 컴퓨터에 들어가는 반도체는 우리나라의 주요 생산품이다.
· 그 제과점은 우리나라에서 생산된 밀을 재료로 빵을 만든다.

ERI 지수 **356** 사회 | 사회 문화

크리스틴 안녕? 지난번 편지에서 영국의 음식에 대해 자세히 알려 주어서 고마웠어. 이번에는 내가 살고 있는 한국의 전통 음식에 대해 소개하려고 해.

아주 오래 옛날, 우리나라는 추운 겨울이 되면 채소를 쉽게 구할 수 없었어. 그래서 우리 조상들은 배추나 무 같은 채소를 소금에 절여 보관했지. 이것이 김치의 시작이란다. 그리고 거기에 온갖 양념을 더해 먹기 시작했어. 세월이 흐르면서 더욱 다양한 재료와 양념이 더해지면서 김치는 더욱 맛과 영양 면에서 점점 발전되어 왔지.

김치에는 건강을 유지하는 데 꼭 필요한 영양소들이 많이 들어 있어. 밤만으로는 모두 채울 수 없는, 우리 몸에 필요한 영양소들이 많이 들어 있어.

▲ 우리 조상들이 김치를 보관했던 장독대와 김치광

김치로 만들 수 있는 음식도 아주 많아. 김치찌개, 김치전, 김치볶음밥…… 그중에서도 나는 김치전을 제일 좋아해. 주룩주룩 비가 오는 날이면 우리나라 사람들은 김치전을 먹고 싶어 해. 빗방울이 떨어지는 소리와 기름에 지글지글 굽는 김치전 굽는 소리가 비슷해. 그래서 김치전이 더 생각나나 봐.

요즘 김치가 외국에서도 인기가 높아졌어. 그러자 일본이 김치가 원래 자기네 것이라며 '기무치'를 이야기했어. 하지만 김치와 기무치는 달라. 김치는 발효되면서 매콤새콤한 맛이 나지. 하지만 기무치는 발효 과정을 거치지 않아서 단맛과 신맛이 나. 2001년에는 국제적으로도 우리나라 김치가 국제 표준으로 인정을 받았어. 그래서 이제는 세계 여러 나라들도 '김치(Kimchi)'라는 이름을 쓰고 있어.

네게도 김치가 어떤 맛인지 보여 주고 싶어. 또 한국에는 김치 외에도 맛있는 음식이 많아. 비빔밥, 불고기 같은 여러 가지 맛있는 한국 음식을 만들어 줄게. 나중에 꼭 한번 놀러 오렴.

▲ 배추김치　　▲ 갓김치(전라도)　　▲ 전복김치(제주도)

종합 화제 파악하기

1. 이 글에서 글쓴이가 소개하고 싶은 대상은 무엇인가요? (⑤)

① 영국의 음식
② 한국의 날씨
③ 한국의 전통 옷
④ 몸에 좋은 음식
⑤ 한국의 전통 음식 김치

➡ 이 글에서 글쓴이가 소개하고 싶은 대상은 한국의 전통 음식인 '김치'입니다.

세부 내용 파악하기

2. 김치로 만든 음식 중 글쓴이가 가장 좋아하는 음식은 무엇인가요? (①)

① 김치전
② 김칫국
③ 김치찌개
④ 김치볶음밥
⑤ 김치말이 국수

➡ 4문단에서 글쓴이는 '김치찌개, 김치전, 김치볶음밥' 등 김치로 만든 음식 중에 '김치전'을 가장 좋아한다고 말하고 있습니다.

낱말 뜻 짐작하기

3. 친구들이 설명하는 것이 무엇인지 〈보기〉에서 찾아 쓰세요.

> **보기**
> 발효　소금　채소

효모나 세균 같은 미생물이 이 과정을 통해 치즈나 요거트 등을 만들어 내지요.

이 과정을 거쳐 간장, 된장 같은 많은 음식이 만들어져요.

우리나라에서는 이 과정이 잘 일어나도록 김치, 간장 등을 장독대에 보관하기도 해요.

(발효)

➡ '발효'란 효모나 세균 등이 미생물이 유기물을 분해하는 작용을 통해 이루어지며, 발효를 통해 김치, 된장, 간장, 치즈 등의 음식을 얻을 수 있습니다.

1 낱말 뜻 알기

다음 빈칸에 알맞은 낱말을 〈보기〉에서 찾아 쓰세요.

보기

절여   영양소   예방   국제적

1. 굵비는 조기를 소금에 (절여   ) 말린 것을 말한다.
   뜻 채소, 생선 등에 소금기나 식초 등이 배어들게 하여.

2. 독감에 걸리지 않기 위해 독감 (예방   ) 주사를 맞았다.
   뜻 병이나 사고 같은 것이 나지 않게 미리 막음.

3. 우리나라에도 (국제적   )(으)로 유명한 스타들이 많이 있다.
   뜻 여러 나라에 관계되는 성격을 가지거나 그 범위가 여러 나라에 미치는 것.

4. 의사 선생님은 키가 크려면 (영양소   )을/를 골고루 섭취해야 한다고 하셨다.
   뜻 생물이 영양을 얻는 물질. 탄수화물, 단백질, 지방, 비타민, 무기질 등이 있음.

2 관용 표현 알기

다음 빈칸에 알맞은 말을 쓰세요.

"떡 줄 사람은 생각도 않는데 [김][칫][국] 부터 마신다"

예전에는 다른 사람이 떡을 먹을 때 무이 메치 않도록 김칫국을 함께 먹었어요. 이 속담은 다른 사람은 떡을 주려고 하는 것을 보고 '저 떡을 나에게 줄 것이나' 라고 생각하며 '다고 생각한다는 뜻으로, 상대방은 김칫국을 먹어 두어졌어. 김치도 하지 않는데 혼자 미리 짐작하여 기대하는 것을 이르는 말이에요.

3 한자어 익히기

다음 한자어를 소리 내어 읽고 빈칸에 따라 써 보세요.

전통(傳統): 한 집단에 옛날부터 이어져 내려오는 것.
- 우리 전통의 옷은 한복이다.
- 우리나라에는 설날에 떡국을 먹는 전통이 있다.
- 이날 행사에는 윷놀이, 널뛰기, 연날리기 등 전통 놀이가 펼쳐졌다.

傳 전할 전 | 統 거느릴 통

傳 전할 전 | 統 거느릴 통

세부 내용 파악하기

4. **이 글의 내용으로 보아, 김치의 재료가 아닌 것은 무엇인가요? (④)**
   ① 무   ② 배추   ③ 소금
   ④ 식용유   ⑤ 온갖 양념

   2문단에서 김치의 재료와 발전 과정에 대해 이야기하고 있습니다. 배추나 무 같은 채소를 소금에 절여 보관했고, 거기에 온갖 양념을 더해 먹기 시작했다는 내용을 통해 '무', '배추', '소금', '온갖 양념'은 김치의 재료임을 알 수 있습니다.

문맥을 활용하여 추론하기

5. **이 글의 내용을 정확하게 이해하지 못한 친구는 누구인가요? (①)**
   ① 조은: 이 글은 영국의 전통 음식에 대해 자세하게 소개하고 있어.
   ② 아인: 김치에는 배추, 무뿐 아니라 여러 다양한 재료들이 들어가는구나.
   ③ 은혜: 맛과 영양 면에서 뛰어난 김치를 보면 우리 조상들의 지혜가 느껴져.
   ④ 하라: 김치에 자부심을 갖고 김치를 전 세계에 알리도록 더욱 노력해야겠어.
   ⑤ 소망: 김치를 먹으면 여러 가지 병이 예방된다니 김치는 영양소가 정말 풍부한가 봐.

   이 글은 우리나라의 전통 음식인 김치에 대해 소개하고 있으므로 '영국의 전통 음식'에 대해 자세하게 소개하고 있다는 반응은 알맞지 않습니다.

자연스럽지 않은 내용 파악하기

6. **이 글의 내용으로 보아, 빈칸에 들어갈 말로 알맞지 않은 것은 무엇인가요? (③)**

김치나 기무치나 달리 발효되면서 매콤새콤한 맛이 나.
주로 만든 배 같지 뭐.

그렇지 않아.

   ① 김치는 기무치와 달리 발효되면서 매콤새콤한 맛이 나.
   ② 세계 다른 나라들도 '김치(Kimchi)'라는 이름을 쓰고 있어.
   ③ 김치는 일본 사람들이 처음 만들어서 먹어 온 일본 음식이야.
   ④ 기무치는 발효 과정을 가치지 않고 만들어서 단맛과 신맛이 나.
   ⑤ 김치는 2001년에 국제적으로 '김치(Kimchi)'라는 이름으로 인정을 받았어.

   글의 내용과 어울리지 않거나 반대되는 내용, 또는 잘못된 내용을 찾아서는 문제입니다. 이 글에서는 김치에 대해 소개하고 있으므로, 3은 이 글의 내용과 일치하지 않으므로 빈칸에 들어갈 말로 알맞지 않습니다.

ERI 지수 392 사회 | 사회 문화

옛날에도 학교가 있었을까요? 대한민국 이전, 우리나라 땅에는 조선이라는 나라가 있었어요. 조선 시대의 초등학교는 서당이었어요. 서당은 조선 시대 어린이들이 공부하던 학교예요.

서당에서는 한자를 읽을 줄 아는 어른을 선생님으로 모셨어요. 서당의 선생님을 훈장님이라고 불렀지요. 아이들은 훈장님 집에서 공부를 했고 야간이 야인의 늑식을 수업료로 내고 매일 공부하러 다녔어요.

서당에 들어가면 제일 먼저 배우는 책이 『천자문』이었어요. 『천자문』은 가장 기본적인 한자 천 개를 배우도록 만든 책이에요. 옛날에는 책들이 한자로 적혀 있었어요. 그래서 한자를 익혀야 책을 읽고 이해할 수 있었어요. 마치 오늘날 초등학교에 들어가면 한글을 배우는 것과 같지요.

『천자문』한 권을 다 익히는 데에는 보통 10개월 정도가 걸렸어요. 아이들은 이 책을 익히기 위해 수업이 끝난 후 집에 가서 숙제를 했어요. 책을 다 익히고 나면 떡을 해서 서당에 가져가 함께 나누어 먹으며 축하했어요. 이런 축하 행사를 '책거리'라고 불렀답니다.

이렇듯 조선 시대의 서당은 오늘날의 초등학교와 조금은 다를 거예요. (ⓐ) 열심히 배우고자 하는 학생들의 마음은 같았지요? 시간 여행을 조선 시대로 가게 된다면, 여러분은 서당에서 어떻게 공부하고 있을지 상상해 보세요.

▲ 『천자문』

▲ 청학서당

중심 화제 파악하기

1. 이 글에서 중요하게 설명하고 있는 것은 무엇인가요? (①)

① 서당 ② 책거리 ③ 수업료
④ 훈장님 ⑤ 시간 여행

➡ 1문단에 '옛날에도 학교가 있었을까요? ~ 서당은 조선 시대 어린이들이 공부하던 학교예요.'에서 글의 관심이 '서당'에 있음을 밝혔고, 이어지는 문단들에서도 '서당'에 관해 자세히 설명하고 있습니다.

글의 목적 추론하기

2. 이 글을 쓴 목적을 가장 잘 파악한 친구는 누구인가요? (③)

① 아린: 조선 시대에 살았던 사람이 서당에 다닌 경험을 소개한 글이야.
② 시온: 조선 시대에 착한 사람들의 이야기를 통해 교훈을 주는 글이야.
③ 진결: 조선 시대의 초등학교인 서당의 특징을 설명해 주려고 쓴 글이야.
④ 소을: 조선 시대처럼 『천자문』을 지금도 배워야 한다고 주장하는 글이야.
⑤ 송찬: 조선 시대에 있었을 법한 일을 재미를 위해 상상해서 지어낸 글이야.

➡ 이 글의 중심 내용과 함께 글의 종류를 묻고 있습니다. 중심 내용은 '조선 시대의 초등학교인 서당의 특징'이고, 이 글의 종류는 설명문입니다. 따라서 ③이 이 글을 쓴 목적을 가장 잘 파악한 것이라 할 수 있습니다.

세부 내용 파악하기

3. 다음은 오늘날과 조선 시대의 학교를 비교한 것입니다. 빈칸에 알맞은 말을 이 글에서 찾아 쓰세요.

오늘날		조선 시대
초등학교	—	서당
선생님	—	훈장님
학교 건물	—	훈장님의 집

➡ 1문단의 '조선 시대의 초등학교는 서당이었어요.'에서 '초등학교-서당'이, 2문단의 '서당의 선생님을 훈장님이라고 불렀지요.'에서 '선생님-훈장님'이, 2문단의 '아이들은 훈장님 집에서 공부를 했고'에서 '학교 건물-훈장님의 집'이 서로 관련됨을 알 수 있습니다.

1 낱말 뜻 알기

다음 빈칸에 알맞은 낱말을 〈보기〉에서 찾아 쓰세요.

보기 ┌──────────────────────────────┐
조선   한자   수업료   책거리

1. 세종 대왕은 (조선)이 제4대 왕이다.
   뜻 1392년 이성계가 고려를 무너뜨리고 세운 나라.

2. 우리나라에는 (수업료)을/를 내지 않고 다닐 수 있는 학교가 많다.
   뜻 학교나 학원에서 배우는 값으로 내는 돈.

3. 자기 이름에 쓰인 (한자)의 뜻을 알아보면 자기 이름의 뜻을 알 수 있다.
   뜻 중국 사람이 쓰는 글자. 우리나라, 일본 같은 동아시아에 여러 나라에서도 씀.

4. 우리 반은 한 학기가 끝나고 나면 다 함께 (책거리)을/를 하며 학기를 마무리한다.
   뜻 글방 같은 곳에서 책 한 권을 다 공부해 뗄 때에 선생님과 친구들에게 한턱내는 것.

2 관용 표현 알기

다음 빈칸에 알맞은 말을 쓰세요.

"서 당 개 삼 년에 풍월 한다"

서당에 사는 개는 매일 글 읽는 소리를 늘 듣는 것입니다. 이 속담은 서당에서 삼 년 동안 살면서 매일 글 읽는 소리를 듣다 보면 개조차 글 읽는 소리를 내게 된다는 뜻으로, 무엇이든 오랜 시간 동안 보고 듣고 하다 보면 자연스럽게 그것을 할 수 있게 된다는 것을 이르는 말이에요.

3 한자어 익히기

다음 한자어를 소리 내어 읽고 빈칸에 따라 써 보세요.

書 글서	堂 집당		
書堂 서당			

서당(書堂): 조선 시대에, 공부를 시작한 사람들을 가르치던 곳.
• 그는 서당으로 공부를 다녔다.
• 한석봉은 서당에서 한자를 배웠다.
• 지리산 속에 있는 청학동 마을에는 지금도 서당이 있다.

---

4. ⊙에 들어갈 이어 주는 말로 알맞은 것은 무엇인가요? (①)

① 그러나   ② 그래서   ③ 그리고
④ 왜냐하면   ⑤ 따라서

앞 문장과 뒤 문장을 이어 주는 말을 찾는 문제입니다. 앞 문장인 '이들도 조선 시대에 서당은 오늘날 초등학교의 모습과는 조금 달라요'와 뒤 문장인 '열심히 배우고자 하는 학생들이 마음은 서로 반대되는 내용이므로 ⊙에는 '그러나'가 들어가는 것이 알맞습니다.

5. 사다리 타기 놀이를 하며, 다음 낱말과 비슷한 뜻을 가진 낱말은 무엇일지 첫소리를 참고하여 빈칸에 쓰세요.

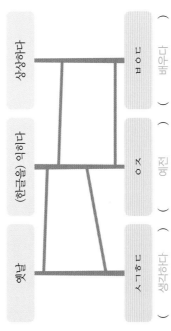

옛날   (한글을) 익히다   상상하다

ㅅㅎㄷ 생각하다   ㅇㅈ 예전   ㅂㅇㅇㄷ 배우다

'옛날'은 지난 지 꽤 오래된 시기를 뜻하며, 이러는 것과 비슷한 낱말로는 '예전', '과거' 등이 있습니다. '익히다'는 '자주 경험하여 능숙하게 하다.'라는 뜻입니다. 비슷한 낱말로는 '배우다', '학습하다' 등이 있습니다. '상상하다'는 '실제로 경험하지 않은 현상이나 사물에 대하여 마음속으로 그려 보다.'라는 뜻이니다. 비슷한 낱말로는 '생각하다', '예상하다' 등이 있습니다.

6. 이 글을 읽은 친구들의 생각으로 알맞지 않은 것은 무엇인가요? (②)

① 가나: 『천자문』을 다 배우고 책거리를 하면 너무 신났을 것 같아.
② 시윤: 나는 영어를 잘한기 때문에 앉아서도 공부해야겠어.
③ 하준: 『천자문』을 다 익히려면 집에 가서도 숙제를 열심히 했겠는.
④ 다엘: 내가 서당에 다닌다면 『천자문』을 배우는 것이 너무 어려울 것 같아.
⑤ 해춘: 국식을 수업료로 받았다는데, 집에 국식이 없었을 때는 어떻게 했을까?

②는 앞으로 영어 공부를 열심히 하겠다는 내용이라 했습니다. 이 글의 내용을 자신에게 적용하며 감상한 것이라고 보기 어렵습니다.

05회 읽기 방법 익히기

1 문단 파악하기

글을 읽을 때 문단을 고려해서 읽으면 글 내용을 정확하고 쉽게 이해하고 정리할 수 있습니다. 문단은 하나의 생각으로 묶을 수 있는 글 단위를 말합니다. 글쓴이가 만들어 놓은 문단, 즉 생각 단위를 보면서 글 내용을 정리하면, 생각 단위로 글 내용을 파악할 수 있어 내용 이해하기가 쉬운 것입니다.

★ 글에서 문단을 파악하려면,
(1) 한 칸 들여 쓴 곳을 찾습니다.
(2) 한 칸 들여 쓴 곳에서부터, 줄을 바꾸지 않고 이어서 쓴 곳을 확인합니다.
(3) 문단에 담긴 내용이 하나의 생각으로 묶을 수 있는지를 생각해 봅니다.
(4) 중심 내용을 뒷받침하는 세부 내용을 읽어 봅니다.

1 다음 글을 읽고 물음에 답하세요.

1 밀은 지구상의 아주 넓은 지역에서 심고 길러요. 밀은 비가 적게 내리고 서늘한 곳에서도 잘 자라지요. 물이 자랄 수 있는 대부분의 땅에서 밀은 쉽게 생산될 수 있어요. 그래서 기르기 쉬운 밀을 많은 지역에서 심고 기르게 되었어요.

2 밀은 맛이 좋아서 많은 사람이 좋아해요. 예전부터 밀을 한번 맛본 사람들은 계속해서 밀로 만드는 음식을 먹고 싶어 했어요. 그래서 밀로 만든 음식을 먹고 사는 사람 수도 많아졌답니다. 그 때문에 밀을 심어 기르는 사람들도 점점 더 많아졌어요.

3 밀은 고기나 채소 등 다른 식량에 비해 보관하기도 쉬워요. 고기와 채소는 오래 보관하기 어렵지요. 하지만 밀은 몇 년씩 보관해도 상하지 않아요.

(1) 이 글의 각 문단이 시작되는 곳에 문단 번호를 알맞게 붙여 보세요.
→ 먼저, 새롭게 줄을 시작하면서 한 칸 들여 쓴 곳을 찾습니다. 그리고 문단마다 하나씩 생각 단위로 묶여 있는지를 확인해 봅니다.

(2) 다음 문장은 어느 문단의 뒷받침 내용으로 알맞을지 문단의 번호를 쓰세요.

밀은 단단한 껍질이 있어 오래 보관할 수 있거든요.

→ 📥 3 문단
→ 제시된 문장은 '밀은 고기나 채소 등 다른 식량에 비해 보관하기도 쉬워요.'라는 3문단의 중심 문장을 뒷받침하는 내용이므로

---

2 다음 문단을 읽고, 아래의 빈칸에 중심 내용과 세부 내용 중 알맞은 말을 쓰세요.

반려동물은 장난감이 아닙니다. 반려동물은 나와 같이 자기 뜻대로 움직이고 싶어 하는 동물입니다. 반려동물을 내 마음대로 하려고 해서는 안 됩니다. 반려동물을 나와 같은 생명으로 존중해야 합니다.

(중심 내용)	(세부 내용)
반려동물을 존중해야 한다.	• 반려동물은 장난감이 아니다. • 반려동물은 자기 뜻대로 움직이고 싶어 한다. • 반려동물을 내 마음대로 하려고 해서는 안 된다.

→ 문단은 중심 내용과 세부 내용으로 이루어집니다. 중심 내용은 그 문단에서 말하는 생각의 핵심을 말하고, 세부 내용은 중심 내용을 뒷받침하는 내용을 말합니다. 중심 내용은 세부 내용의 뜻을 포함할 수 있어야 하고, 세부 내용은 모두 중심 내용의 뜻에 포함될 수 있어야 합니다.

3 다음 글을 읽고 각 문단의 중심 내용을 정리하려 합니다. 빈칸에 알맞은 말을 <보기>에서 찾아 쓰세요.

1 여러 사람이 함께 살면 불편함이 생긴다. 가족이어도 서로 불편한 점이 있다. 가족으로 불편함을 참고 서로 도우며 살아야 진정한 가족이라 할 수 있다.

2 은하이는 스스로 자기 책가방을 챙기고 방 청소를 한다. 그리고 가끔 심부름을 하며 부모님 일을 도와 드린다. 은하이는 힘들 때도 있지만 가족을 도울 수 있어 기쁘게 생각한다.

3 은하의 부모님은 낮에는 직장에 나가 일을 하시고, 저녁에 돌아와 집안일을 나누어 하신다. 부모님은 힘드실 텐데도 가족을 위해 기꺼이 즐겁게 임하신다.

4 은하의 가족은 힘들지만 서로를 위하는 마음을 갖고 있다. 그래서 함들어도 서로 돕고 위로해 준다. 이런 마음 덕분에 은하네 가족은 행복하다.

<보기>

가족   행복   심부름   집안일

문단	중심 내용
1	서로 아끼는 마음으로 도우며 살아야 진정한 (가족)이다.
2	은하이는 자기 일을 스스로 하고 (심부름)을 하며 부모님을 돕는다.
3	은하의 부모님은 가족을 위해 직장일과 (집안일)을 즐겁게 하신다.
4	은하의 가족은 서로를 위하는 마음을 갖고 있어 함들어도 (행복)하다.

2 자연스럽지 않은 내용 파악하기

'자연스럽지 않은 내용 파악하기'는 글의 흐름에 맞지 않는 내용이 있는지 살피고, 글의 흐름에 어울리지 않는 내용이 있을 때는 그것을 골라내어 글의 내용을 바르게 이해하는 것을 말합니다. 가끔 글쓴이가 실수를 하거나 다른 생각을 했을 때에는 자연스럽지 않은 내용이 있을 수 있습니다. 그러므로 글을 읽을 때에는 자연스럽지 않은 내용을 골라내어, 글 전체의 흐름을 이해하며 읽어 나가도록 합니다.

★ 글에서 자연스럽지 않은 내용을 알아채며 읽으려면,

(1) 글에서 주로 말하고 있는 내용이 무엇인지를 파악합니다.
(2) 글에서 말한 것을 중심으로 글의 전체적인 흐름을 파악합니다.
(3) 글의 전체적인 흐름에 어울리지 않거나, 반대되거나, 잘못된 내용이 있는지 살펴봅니다.
(4) 글의 흐름을 생각하며 글 내용을 이해합니다.

1 다음 글을 읽고 물음에 답하세요.

김치에는 건강을 유지하는 데 꼭 필요한 영양소들이 많이 들어 있어. 밥만으로는 채울 수 없는, 우리 몸에 이로운 영양소들이 풍부하게 들어 있지. 김치는 나무 맵고 짜서 건강에 해로워. 김치를 먹으면 여러 가지 병이 예방된다는 연구 결과도 많단다.

(1) 이 글의 중심 내용으로 알맞은 것은 무엇인가요? (④)

① 밥에는 영양소가 별로 없다.
② 김치는 맵고 짜서 건강에 좋다.
③ 김치는 건강을 유지하는 데 좋지 않다.
④ 김치에는 몸에 좋은 영양소들이 많이 들어 있다.
⑤ 김치를 먹어도 여러 가지 병이 예방되지는 않는다.

➡ 이 글은 김치에 몸에 좋은 영양소들이 많이 들어 있다는 중심 내용으로 구성된 글이므로 ④가 알맞습니다.

(2) 이 글에서 자연스럽지 않은 문장을 골라내어 밑줄을 그으세요.

➡ 이 글에서는 김치의 몸에 좋음과 영양소에 대해 이야기하고 있습니다. 그런데 '김치는 너무 맵고 짜서 건강에 해로워.'는 김치를 해로운 음식으로 보고 있으므로 글의 전체 흐름에 어울리지 않습니다. 따라서 글의 전체적인 흐름에 자연스럽지 않은 문장이므로 이 문장을 골라내야 합니다.

---

2 다음 글을 읽고 물음에 답하세요.

옛 속담에 ㉠'말 한마디에 천 냥 빚도 갚는다'라는 말이 있다. 말을 잘하면 큰 빚도 갚을 수 있다는 뜻이다. 지금은 돈의 단위가 '원'이지만, 옛날에는 '냥'이라는 단위를 사용하였다. 조선 후기를 기준으로 한 냥은 지금 돈으로 2만 원이나 되는 큰돈이다. 그러나 천 냥은 2천만 원이나 되는 큰돈이다. ㉡큰돈은 잃어버리기 쉽기 때문에 부모님께 맡겨야 한다. 이 속담은 다른 사람의 마음을 헤아려서 따뜻하고 지혜로운 말을 하면 어려운 어려운 일이나 불가능해 보이는 일도 해결할 수 있음을 알려 준다. ㉢다른 사람을 배려하고 존중하는 말을 해야 한다는 것을 잊지 않는다.

(1) 이 글에서 주로 말하고 있는 내용으로 알맞은 것에 √표 하세요.

다른 사람의 이야기를 잘 듣고 이해하는 것이 중요하다. ( )

다른 사람을 배려하고 존중하는 말을 하는 것이 중요하다. (√)

➡ '말 한마디에 천 냥 빚도 갚는다'라는 속담을 통해 다른 사람을 배려하고 존중하는 말을 하는 것이 중요함을 말하고 있습니다.

(2) ㉠~㉢ 중 글의 흐름에 자연스럽지 않은 내용은 무엇인지 기호를 쓰세요. (㉡)

➡ 이 글에서 주로 말하고 있는 것은 '말 한마디가 중요하다'는 것입니다. 이 흐름으로 볼 때 ㉠과 ㉢은 '말 한마디가 중요하다'는 내용과 자연스럽게 어울립니다. 그러나 ㉡은 지금까지의 흐름과 달리 '큰돈은 잃어버리기 쉽기 때문에 부모님께 맡겨야 한다'는 이야기하고 있습니다. 따라서 ㉡은 글의 흐름에 자연스럽지 않은 내용입니다.

3 다음 글을 읽고, ㉠~㉤ 중 자연스럽지 않은 내용은 무엇인지 기호를 쓰세요.

여러분은 '빛 좋은 개살구'라는 속담을 들어 본 적 있나요? ㉠겉보기에 실구와 비슷한 개살구라는 열매가 있어요. ㉡개살구는 실구보다 열매도 빨리 맺는다고 해요. ㉢나는 과일 중에 자두와 복숭아를 좋아해요. ㉣하지만 좋은 빛깔과 다르게 맛도 시고 떫다고 해요. ㉤이렇듯, 겉모습만 그럴 듯하고 그 안에 실속이 없는 경우에 '빛 좋은 개살구'라는 속담을 써요. (㉢)

➡ 이 글이 '빛 좋은 개살구'라는 속담의 유래에 대해 쓴 글입니다. ㉢은 이 속담과 관련 없는 내용이므로 자연스럽지 않은 문장입니다.

ERI 지수 **361** 과학 | 물리

1️⃣ 어린이 여러분, 오늘 선생님은 여러분에게 신기한 자석 이야기를 들려주려고 합니다. 모두 귀 기울여 들어 볼까요?

2️⃣ 자석은 철로 이루어진 물체를 끌어당기는 성질을 가지고 있는 물체입니다. 그래서 어떤 물체가 철로 되어 있는지 아닌지를 알기 위해서는 자석에 가까이 가져가 보면 됩니다. 자석에는 철로 이루어진 물체를 끌어당기는 힘인 '자기력'이 있기 때문이지요. 선생님은 지금 막대자석과 바늘, 고무지우개를 가지고 있습니다. 어떤 물체가 자석에 붙을까요? 철로 된 물체는 자석에 붙습니다. 자석에 붙는 바늘이 철로 된 물체이고, 자석에 붙지 않는 고무지우개는 철로 된 물체가 아니라는 것을 알 수 있고요. 자석은 이렇게 철로 된 물체를 가까이 가져가면 물체가 철로 되어 있는지 아닌지를 알 수 있습니다. 그래서 자석에 붙는 물체를 보면 그 물체가 철로 되어 있는 성질인 '자성'을 갖고 있다고 말할 수 있습니다.

3️⃣ 그렇다면 자석은 철로 된 물체 한 개만 끌어당길 수 있을까요? 자석은 자신의 자성을 자석에 붙어 있는 다른 철에 나누어 줄 수도 있습니다. 선생님이 지금 자석에 클립을 붙여 보겠습니다. 클립이 가장 많이 붙는 곳은 자석의 양쪽 끝부분입니다. 그 이유는 양쪽 끝부분이 자석에서 가장 힘이 센 곳이기 때문입니다. 그리고 가장 힘이 센 곳에 계속해서 여러 개의 클립을 붙여 보겠습니다. 자석에 클립이 줄줄이 붙어 있는 모습이 보이시나요? 이것이 자성을 나누어 주는 자석의 성질을 보여 주는 대표적인 현상입니다.

4️⃣ 자성을 나누어 주는 자석의 성질을 활용하여 간단한 자석을 만들 수도 있습니다. 바늘 같은 철로 된 물체를 오래 문지르면 자석과 같은 성질이 생깁니다. 자석을 문지른 바늘은 근처에 있는 클립을 붙일 수 있으면 클립을 끌어당깁니다. 이러한 성질은 어느 정도 시간이 지나면 없어지게 됩니다. 이처럼 자석이 아닌 물체가 자석의 성질을 갖게 되는 것을 '자화'라고 합니다.

5️⃣ 자석은 우리 생활 곳곳에서 사용되고 있습니다. 여러분 주변에는 자석 단추가 달린 가방이나 필통을 가지고 있는 친구가 있을 것입니다. 가방에 달린 자석 단추는 가방을 쉽게 열 수 있게 해 줍니다. 또 필통에 달린 자석 단추는 뚜껑을 쉽게 여닫히게 해 줍니다. 이렇게 작은 물건들에만 자석이 사용되는 것은 아닙니다. 집에 있는 커다란 냉장고 문에도 자석의 성질이 사용되었습니다. 우리가 냉장고 문을 쉽게 여닫을 수 있는 이유는 무엇일까요? 바로 냉장고 문 테두리에 붙어 있는 고무 속에 자석이 들어 있기 때문이랍니다.

▲ 우리 생활 곳곳에서 사용되고 있는 자석

---

26 정답과 해설

내용 파악하기

1. 이 글의 내용으로 알맞지 <u>않은</u> 것은 무엇인가요? (④)

① 자석은 철로 이루어진 물체를 끌어당긴다.
② 자석은 철을 끌어당기는 힘을 나누어 줄 수 있다.
③ 자화는 자석이 아닌 물체가 자석의 성질을 갖는 것이다.
④ 자성을 이용하면 철로 된 물체를 한 개만 끌어당길 수 있다.
⑤ 길쭉한 철에 자석을 오래 문지르면 자석과 같은 성질이 생긴다.

핵심어 파악하기

2. 철로 된 물체를 끌어당기는, 자석이 갖고 있는 성질을 무엇이라 하는지 쓰세요.

(자성)

중심 문장과 뒷받침 문장 구분하기

3. 각 문단의 중심 문장으로 알맞은 것은 무엇인가요? (⑤)

① 1문단: 모두 귀 기울여 들어 볼까요?
② 2문단: 선생님은 지금 막대자석과 바늘, 고무지우개를 가지고 있습니다.
③ 3문단: 선생님이 지금 자석에 클립을 붙여 보겠습니다.
④ 4문단: 자석을 문지른 바늘은 근처에 있으면 클립을 끌어당깁니다.
⑤ 5문단: 자석은 우리 생활 곳곳에서 사용되고 있습니다.

▲ 가방에 달린 자석 단추

1 낱말 뜻 알기

다음 빈칸에 알맞은 낱말을 〈보기〉에서 찾아 쓰세요.

> 보기 •
> 이루어진   걸쭉한   묻지르면   사라지게

1. 그는 (걸쭉한) 다리와 작은 엉덩을 가졌다.
   뜻 길이가 조금 긴.

2. 삼각형은 세 개의 선분으로 (이루어진) 도형이다.
   뜻 여러 부분이 모여서 어떤 성질이나 모양을 갖춘.

3. 공작기로 파부를 (묻지르면) 살결이 희고 고와진다고 한다.
   뜻 어떤 것에 다른 것을 대고 이리저리 말거나 비비면.

4. 마술사는 상자 안에 사람을 넣고 (사라지게) 하는 마술을 부렸다.
   뜻 어떤 것이 없어지게.

2 관용 표현 알기

다음 빈칸에 알맞은 사자성어를 쓰세요.

"근 묵 자 흑"

바늘에 자석을 오래 문지르면 자석과 같은 성질이 생기게 되지요. 서로 어울려 함께 지내다 보면 상대와 비슷해지기도 한답니다. 이 사자성어는 먹을 가까이하는 사람은 검어진다는 뜻으로, 나쁜 사람과 가까이 지내면 지내면 나쁜 버릇에 물들기 쉬움을 이르는 말이에요.

한자	뜻	음
近	가까울	근
墨	먹	묵
者	사람	자
黑	검을	흑

3 한자어 익히기

다음 한자어를 소리 내어 읽고 빈칸에 따라 써 보세요.

理 由 (이유): 어떤 일의 까닭이나 근거.
- 그런 주장을 하는 이유가 궁금하다.
- 그 친구가 좋은 이유는 여러 가지가 있다.
- 자석에 철을 끌어당기는 이유는 자성이 있기 때문이다.

理 다스릴 이   말미암을 유

由 다스릴 이   말미암을 유

---

(1) 그림으로 표현하기

4. 선생님이 막대자석에 클립 세 개를 붙였을 때 자석에 클립이 줄줄이 붙어 있는 모습을 그림으로 표현해 보세요.

예

자석에서 철로 된 물체를 가장 세게 끌어당기는 곳은 자석 끝부분입니다. 따라서 자석 끝부분에 클립을 붙이면 여러 개의 클립을 이어 붙일 수 있습니다.

배경지식을 활용하여 추론하기

5. 자석에 붙을 수 있는 물건을 모두 골라 ○표 하세요.

클립   고무지우개   플라스틱 화분   옷핀   유리컵   철사

자석에 붙는 물건은 철로 만든 물체입니다. 클립, 옷핀, 철사는 철로 만든 것이므로 자석에 붙을 수 있습니다. 고무 지우개, 플라스틱 화분, 유리컵은 철로 만들어지지 않아 자석에 붙을 수 없습니다.

글의 내용 적용하기

6. 자석을 활용하는 방법으로 알맞은 것끼리 짝지어진 것은 무엇인가요? (②)

㉠ 바닥에 떨어진 바늘을 찾을 때
㉡ 고춧가루와 철가루를 분리할 때
㉢ 아이스크림이 녹지 않도록 포장할 때
㉣ 쇠구슬과 플라스틱 구슬을 구분할 때
㉤ 10원짜리 동전과 100원짜리 동전을 나눌 때

① ㉠, ㉡
② ㉠, ㉡, ㉣
③ ㉠, ㉢, ㉤
④ ㉡, ㉢, ㉣
⑤ ㉢, ㉣, ㉤

자석에 붙는 물건은 바늘, 철가루, 쇠구슬 등 철로 만든 물체입니다. 아이스크림이 녹지 않도록 포장하는 것은 자석과 관련된 현상이므로 자석을 활용하는 방법으로 알맞지 않습니다. 동전은 자석에 붙지 않으므로 동전을 나누는 것은 자석을 활용하는 것은 알맞지 않습니다. 10원짜리 동전과 100원짜리 동전을 나누기 위해 자석을 활용하는 것은 알맞지 않습니다.

ERI 지수 **379** 과학 | 화학

우리가 공부하는 교실을 한번 둘러봅시다. 교실에는 책상, 걸상, 교탁이 있습니다. 책상 위에는 책과 연필이 있습니다. 책상이나 연필처럼 모양이 있고 공간을 차지하고 있는 것을 물체라고 합니다. 물체는 우리가 사용하기 위해 만든 물건을 말합니다. 이러한 물체는 나무, 금속, 고무, 플라스틱 등 다양한 재료로 만들어집니다. 이렇게 물체를 만드는 재료를 '물질'이라고 합니다. 연필을 예로 들어 볼까요? 연필은 물체입니다. 그리고 연필의 재료인 나무와 흑연은 물질입니다.

어떤 물질이 무엇인지 알기 위해서는 물질의 성질을 살펴보아야 합니다. 물질에는 저마다 고유한 성질이 있습니다. 서로 다른 물질은 색깔과 냄새가 다릅니다. 그리고 손으로 만졌을 때의 느낌, 긁히는 정도, 구부러지는 정도, 물에 뜨는 정도 등도 다릅니다.

우리 주변에서 흔히 볼 수 있는 물질에는 나무, 금속, 고무, 플라스틱 등이 있습니다. 나무는 가벼우며 구하기도 쉽고 가공*하기도 쉽습니다. 그래서 옛날부터 생활용품의 재료로 널리 이용되어 왔습니다. 책상, 연필, 나무젓가락 등이 나무로 만든 물체입니다.

금속은 다른 물질보다 단단하며, 대체로 광택이 나고 전기와 열을 잘 전달합니다. 못, 가위, 주전자 등은 금속으로 만든 물체입니다.

고무는 잘 늘어났다가 놓으면 다시 돌아오는 성질이 있습니다. 고무로 만든 물체에는 풍선, 고무줄 등이 있습니다. 플라스틱은 금속보다 가볍습니다. 그리고 다양한 모양과 색깔의 물체를 쉽게 만들 수 있습니다. 플라스틱으로 만든 물체에는 플라스틱 바구니, 플라스틱 물통 등이 있습니다.

물체는 쓰임새에 따라 다른 물질로 만들 수 있습니다. 나무로도 책상을 만들 수 있고 금속으로도 책상을 만들 수 있습니다. 반대로 쓰임새는 같은 물체인데 다른 물질로 만들어질 수도 있습니다. 모자를 떠올려 볼까요? 섬유로 만든 야구 모자는 부드럽고 가벼워 쓰는 사람을 편하게 해 줍니다. 그런데 공사장에서 쓰는 안전모는 플라스틱으로 만들어서 (㉠) 튼튼합니다. 이렇게 물체가 어떻게 쓰일지를 생각하면 그에 알맞은 물질이 무엇인지 생각해 낼 수 있습니다.

*가공: 무엇을 만들기 위해 사람의 힘을 더함.

---

1. 이 글에서 주로 설명하고 있는 것은 무엇인가요? (③)

① 연필과 나무
② 책상과 의자
③ 물체와 물질
④ 서로 다른 물질
⑤ 야구 모자와 안전모

2. 이 글은 몇 개의 문단으로 이루어져 있는지 쓰세요.

[4] 개의 문단

3. 이 글에 나타난 물질과 그 물질로 만든 물체를 선으로 알맞게 연결하세요.

(1) 나무 · · ㉮ 풍선, 고무줄
(2) 금속 · · ㉯ 플라스틱 바구니, 플라스틱 물통
(3) 고무 · · ㉰ 책상, 연필, 나무젓가락
(4) 플라스틱 · · ㉱ 못, 가위, 주전자

어휘 익히기

1 낱말 뜻 알기
다음 빈칸에 알맞은 낱말을 〈보기〉에서 찾아 쓰세요.

보기			
차지하고	고유한	광택	쓰임새

1. 톱은 여러 가지 (쓰임새)이/가 있다.
   뜻 쓰임이 정도나 쓰이는 바.

2. 한글은 우리나라만의 (고유한) 문자이다.
   뜻 본래부터 가지고 있어 특별한.

3. 나는 아버지의 구두를 닦아 (광택)을/를 냈다.
   뜻 물체가 빛을 받아 윤이 나고 번쩍거리는 것.

4. 놀부는 부모님이 물려주신 많은 혼자 (차지하고) 흥부를 내쫓았다.
   뜻 자기 몫으로 가지고.

2 관용 표현 알기
다음 빈칸에 공통으로 들어갈 말을 쓰세요.

> "딱딱하기는 삼 년 묵은 물박달[나][무] 같다"

오래된 물박달[나][무]는 한가나 부러지지 않는다고 합니다. 이 속담은 고집이 몹시 세어서 남의 말은 도무지 들으려 하지 않는 사람을 이르는 말로 쓰는 말이여요.

3 한자어 익히기
다음 한자어를 소리 내어 읽고 빈칸에 따라 써 보세요.

物 만물 물	質 바탕 질

物質(물질): 물체의 바탕이 되는 것.
· 나무는 물에 잘 타는 물질이다.
· 물질은 다양한 물체를 만드는 재료가 된다.
· 철, 고무, 유리, 나무 등은 우리가 많이 쓰는 물질이다.

物 만물 물	質 바탕 질

이어 주는 말 파악하기
4. ㉠에 들어갈 이어 주는 말로 알맞은 것은 무엇인가요? (①)

① 그러나   ② 그래서   ③ 그리고
④ 왜냐하면   ⑤ 그러므로

㉠의 앞 문장은 섬유로 만든 여러 모양의 부드럽고 가벼운 내용이고, 뒤 문장은 공사장에서 쓰는 안전모는 플라스틱으로 만들어서 튼튼하다는 내용입니다. 따라서 앞 문장과 뒤 문장이 상반된 의미를 가질 때 이어 주는 말인 '그러나'가 들어가는 것이 알맞습니다.

세부 내용 파악하기
5. 이 글에서 나타난 '물체'에 대한 설명으로 알맞으면 ○표, 알맞지 않으면 ✗표 하세요.

(1) 물체는 물질로 만들어진다.   (○)
(2) 쓰임새가 달라도 물질이 같으면 같은 물체이다.   (✗)
(3) 물체는 모양이 있고 일정한 공간을 차지하고 있다.   (○)

1문단에서 물체는 '모양이 있고 공간을 차지하고 있는 것', 물질은 '물체를 만드는 재료'라고 설명하고 있습니다. 또한 4문단에서는 '쓰임은 물건이라도 쓰임새에 따라 다른 물체로 만들 수 있다'라고 설명하고 있습니다.

글의 내용 적용하기
6. 이 글에 나타난 물질에 대한 설명을 바탕으로 할 때, 가장 알맞은 물체를 고른 친구는 누구인가요? (⑤)

@는 나무로 만든 바구니입니다. 나무는 구하기 쉽고 가벼워서 생활용품의 재료로 널리 이용되어 왔습니다. ⓑ는 플라스틱으로 만든 바구니입니다. 플라스틱은 금속보다 가벼우나 다양한 모양과 색깔의 물체를 다른 물질보다 쉽게 만들 수 있습니다. ⓒ는 금속으로 만든 바구니입니다. 금속은 단단하며 금속으로 만든 물체는 대체로 광택이 나고 전기나 열을 잘 전달합니다. 무거운 물건을 담기 위해서는 단단한 성질을 가지고 있는 금속 바구니를 골라야 합니다.

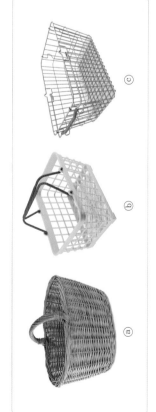

① 윤수: 여러 가지 색이 섞여 쉬운 가벼운 바구니가 필요해서 @를 골랐어.
② 은서: 뜨거운 물건을 담기 위해 전기와 열을 잘 전달하는 @를 골랐어.
③ 서영: 장난감 인형을 담기 위해 고유한 무늬가 있는 ⓑ를 골랐어.
④ 진휘: 귀중품을 담기 위해 잡아당겨도 다시 원래 모양으로 돌아오는 성질이 있는 ⓑ를 골랐어.
⑤ 상민: 무거운 물건을 담기 위해 단단한 성질을 갖고 있는 ⓒ를 골랐어.

정답과 해설 30

ERI 지수 356 과학 | 생물

수지는 방학이 되어 시골에 계신 할머니 댁에 놀러 왔습니다.

"오느라 고생 많았다. 우리 강아지."

"할머니, 보고 싶었어요. 그런데 강아지는 제가 아니라 저기 있는 무지잖아요. 헤헤."

수지가 할머니께 안기며 ㉠말했습니다.

"우리 수지가 그만큼 귀엽다는 말이지. 그리고 무지는 이제 강아지가 아니란다."

"왜, 벌써 다 자라서 개가 되었네요. 지난번에 왔을 때는 엄마 개가 막 새끼를 낳았을 때였 잖아요. 그때 무지는 몸집도 작고 이빨도 없었는데, 지금은 몸집도 커지고 이빨도 다 났어 요. 무지는 다 컸어도 여전히 귀여워요."

"처음 태어났을 때 눈도 못 뜨던 녀석이 벌써 저렇게 자랐단다. 강아지는 태어나서 9개월 정 도가 지나면 다 자라거든."

"개는 사람보다 훨씬 빨리 자라네요. 할머니 댁에 있는 동물들은 다 빨리 자라는 것 같아요."

수지는 지난번 방학에서 알을 품은 닭을 보았던 기억을 떠올렸습니다. 그때 할머니께서는 닭이 알을 낳고 그 알을 품어 약 21일이 지나면 병아리가 온몸이 젖은 채로 태어난다고 말씀해 주셨습니다. 솜털로 덮여 있던 병아리가 온몸이 젖은 깃털로 닭이 된다고 말씀해 주셨습니다. 그리고 동물이 태어나서 어린 시절을 거치며 성장하여 자손을 남기고 죽을 때까지의 과정을 '한살이'라고 한다고 설명해 주셨습니다.
→ 자손의 순서로

"이하, 그러니까 엄마 개도 한살이가 다르군요."
→ 닭과 개의 한살이가 다르다는 것을 알게 된 수지

그러다 문득 사슴벌레, 잠자리는 어떻게 성장하여 어른이 되는 것인지 궁금해졌습니다. 수 지는 인터넷에서 '(㉢)의 한살이'를 검색해 보았습니다. 그리고 다음과 같은 내용을 찾았습니다.
책이나 컴퓨터 등에서 알고 싶은 것을 찾음.

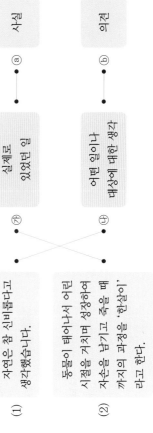

파일(F) 편집(E) 보기(V) 즐겨찾기(A) 도구(T) 도움말(H)

인터넷

일에서 태어난 곤충들은 애벌레가 됩니다. 이 애벌레는 우리가 생각하는 곤충들과는 다른 모습 이며, 먹이를 먹으며 다음 단계를 준비합니다. 어느 정도 자란 애벌레는 몸의 겉이 단단해지는 번 데기의 형태가 됩니다. 이때는 먹지도 않고 움직이지도 않으며, 가만히 껍데기를 뚫을 수 있을 때까 지 기다립니다. 번데기가 껍데기를 뚫고 나오면 우리가 아는 곤충이 됩니다. 나비, 장수풍뎅 이. 사슴벌레와 같은 모습을 앉았죠. 그런데 모든 곤충이 다 이런 단계를 거치는 것은 아니랍니 다. 잠자리나 사마귀 같은 곤충은 번데기 단계를 거치지 않고 어른벌레로 성장하기도 합니다.
→ 인터넷으로 곤충의 한살이에 대한 내용을 알고 싶은 수지

수지는 동물마다 한살이가 다르다는 것을 알게 되었습니다. 그리고 자연은 참 신비롭다고 생각했습니다.
→ 동물마다 한살이가 다르다는 것을 알게 된 수지

내용 파악하기

1. 이 글의 내용으로 알맞지 않은 것은 무엇인가요? (②)

① 강아지는 자라면서 이빨이 나고 몸집도 커진다.
② 강아지는 태어나서 6개월 정도가 지나면 다 자란다.
③ 개는 새끼를 낳는 동물이고, 닭은 알을 낳는 동물이다.
④ 병아리는 솜털로 덮여 있는 데 비해, 닭은 깃털로 덮여 있다.
⑤ 엄마 닭이 알을 품은 지 약 21일이 지나면 병아리가 태어난다.

➡ 이 글을 통해 강아지가 한살이를 다루고 있습니다. 수지의 할머니가 키우는 개는 처음 태어났을 때에는 몸집도 작고 이빨 도 없었지만 자라면서 이빨이 나고 몸집도 커졌습니다. 강아지가 다 자라기 위해서는 9개월 정도의 시간이 걸립니다. 병 아리는 엄마 닭이 알을 품은 지 약 21일이 지나면 태어나며, 솜털로 덮여 있던 병아리가 깃털로 덮인 닭으로 자라기 위해 서는 6개월 정도의 시간이 필요합니다.

표현의 의도 파악하기

2. 이 글에서 수지의 할머니가 수지에게 우리 강아지 라고 말한 까닭은 무엇인가요? (④)

① 수지가 강아지를 좋아하기 때문에
② 수지의 별명이 강아지이기 때문에
③ 수지 할머니가 강아지를 기르고 있기 때문에
④ 수지가 강아지처럼 귀엽다고 생각했기 때문에
⑤ 수지 할머니가 수지에게 강아지를 선물했기 때문에

➡ 수지의 할머니가 수지를 '우리 강아지'라고 부른 까닭은 수지가 귀엽다고 생각했기 때문입니다. 이는 '우리 수지가 그만큼 귀엽다는 말이지.'라는 할머니의 말을 통해 확인할 수 있습니다.

사실과 의견 구분하기

3. 이 글에 나타난 사실과 의견을 선으로 알맞게 이으세요.

(1) 자연은 참 신비롭다고 생각했습니다.

(2) 동물이 태어나서 어린 시절을 거치며 성장하여 자손을 남기고 죽을 때 까지의 과정을 '한살이'라고 한다.

㉮ —— 실제로 있었던 일 —— ⓐ 사실

㉯ —— 어떤 일이나 대상에 대한 생각 —— ⓑ 의견

➡ 사실은 실제로 있었던 일을 뜻합니다. 동물이 태어나서 성장하여 죽을 때까지의 과정을 '한살이'라고 한다는 것은 실제로 있었던 일이므로 사실에 해당합니다. 의견은 어떤 일이나 대상에 대한 생각을 뜻합니다. 자연은 참 신비롭다는 것은 자연 현상에 대한 판단에서 비롯된 것이므로 의견에 해당합니다.

1 낱말 뜻 알기

다음 빈칸에 알맞은 낱말을 <보기>에서 찾아 쓰세요.

보기			
몸집	부화	자손	검색

1. 그분이 (자손)들은 모두 성공했다.
   > 뜻 자식과 손자.

2. 나는 (몸집)에 비해 손과 발이 매우 큰 편이다.
   > 뜻 몸의 크기.

3. 갓 (부화)한 평병아리들은 등에 까만 줄이 나 있다.
   > 뜻 새끼가 알을 깨고 나옴.

4. 이 프로그램을 사용하면 필요한 정보를 쉽게 (검색)할 수 있다.
   > 뜻 책이나 컴퓨터 등에서 읽고 싶은 것을 찾음.

2 관용 표현 알기

다음 빈칸에 알맞은 말을 쓰세요.

"닭 쫓던 [개] 지붕 쳐다본다"

이 속담은 개에게 쫓기던 닭이 지붕으로 올라가니 개가 쫓아 올라가지 못하고 지붕만 쳐다본다는 뜻으로, 애써 하던 일이 실패로 돌아가거나 남보다 뒤떨어져 어쩔 도리가 없이 됨을 이르는 말이에요.

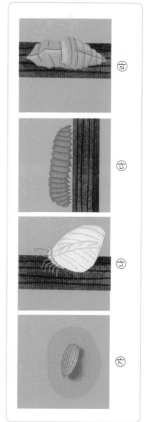

3 한자어 익히기

다음 한자어를 소리 내어 읽고 빈칸에 따라 써 보세요.

動 움직일 동	物 만물 물
動 움직일 동	物 만물 물

동물(動物): 사람을 제외한 길짐승, 날짐승, 물짐승 따위를 통틀어 이르는 말.
• 동물 병원에 강아지를 데려갔다.
• 아무리 추위도 독도 동물들을 잘 견딘다.
• 동물은 사람과 함께 살아가는 생명체이다.

낱말 관계 파악하기

4. 다음 중 낱말의 관계가 ㉠, ㉡의 관계와 다른 것은 무엇인가요? (⑤)

① 밤 – 진지
② 생일 – 생신
③ 오다 – 오시다
④ 묻다 – 여쭙다
⑤ 주다 – 주무시다

➡ ㉠과 ㉡은 예사말과 높임말의 관계입니다. '주다'의 높임말은 '드리다'입니다.

세부적 내용 짐작하기

5. ㉢에 들어갈 말로 가장 알맞은 것에 ✓표 하세요.

사람	곤충	동물	식물
( )	(✓)	( )	( )

➡ 수지는 검색어를 입력한 결과, 앞에서 태어난 애벌레가 성장하여 곤충이 되는 내용의 글을 찾았습니다. '동물의 한살이'를 입력했다면 넓음수가 검음을 포함하는 내용이 검색되었을 것입니다. 이는 수지가 찾던 검음보다 넓은 범위에 해당하므로 알맞지 않습니다. 따라서 수지가 입력한 검색어는 '곤충의 한살이'입니다.

그림으로 표현하기

6. 수지는 ㉣을 읽고 다음과 같이 그림으로 나타냈습니다. 수지가 그린 그림을 순서에 맞게 기호를 쓰세요.

㉮ → ㉭ → ㉯ → ㉰

➡ 수지가 찾은 글에서는 앞에서 태어난 곤충들이 애벌레가 되고, 애벌레가 자라 번데기가 되며, 번데기가 껍데기를 뚫고 나오면 우리가 아는 곤충의 모습이 된다고 설명하고 있습니다. 따라서 알맞은 순서는 ㉮→㉭→㉯→㉰입니다.

ERI 지수 **385** 과학 | 지구 과학

1990년 2월 14일 미국 항공 우주국의 태양계 탐사선 보이저 1호는 지구로부터 60억 킬로미터 떨어진 먼 우주에서 지구를 촬영하였습니다. 이 사진에서 지구는 아주 작은 푸른 점으로 나타났습니다. 미국의 과학자는 이 사진을 보고 지구를 '창백한* 푸른 점'이라고 표현하였습니다. 멀고 먼 우주에서 지구는 보일락말락 하나의 작은 점처럼 보였기 때문입니다.

ㄱ지구는 둥근 공 모양입니다. 지구의 모양을 알지 못하였던 옛날 사람들은 지구가 편평한* 모양이라서 지구 끝까지 가면 아래로 떨어진다고 생각하였습니다. 그렇게 생각한 이유는 지구가 매우 커서 그 모양을 알 수 없었기 때문입니다. 그러나 사람들은 바다를 향해 한 방향으로 계속 출발한 곳으로 돌아오는 것을 알게 되었습니다. 그 결과, 지구가 둥글다는 것을 깨닫게 되었습니다.

ㄴ인공위성에서 찍은 지구 사진을 보면, 육지와 바다, 그리고 구름을 관찰할 수 있습니다. 육지는 바다와 같이 붙어 있는 곳을 제외하면 육지를 열세 부분으로 나눕니다. 세계 지도를 50개의 칸으로 나누어 보면 육지가 14칸, 바다가 36칸을 차지합니다. 넓이를 비교해 보면, 바다가 육지보다 더 ㉮넓습니다. 지구 사진을 보면 구름도 많이 보입니다. 공기가 지구를 둘러싸고 있기 때문에 구름이 보이는 것입니다. 공기가 없다면 구름도 없고 비도 오지 않을 것입니다. 그리고 생물이 살아갈 수도 없을 것입니다.

ㄷ우리가 살고 있는 지구에 대해서 잘 알게 되었나요? 지구는 멀리서 보면 '창백한 푸른 점'처럼 보입니다. 그러나 우리가 살고 있는 지구는 파란색의 바다, 초록색의 산과 들, 흰색의 구름이 함께 있는 아름다운 삶의 터전입니다. 사람들은 소중한 지구를 보존하기 위해 매년 4월 22일을 '지구의 날'로 정하여 지구의 환경을 기울이고 있습니다.

* **창백한**: 얼굴빛이나 살빛이 핏기가 없이 하얀.
* **편평한**: 넓고 고른.
* **흑갈색**: 검은빛을 띤 짙은 갈색.

▲ 보이저 1호가 찍은 지구 사진

↑ 둥근 공 모양인 지구

정답과 해설

[중심 화제 파악하기]

1. 이 글에서 설명하고 있는 '창백한 푸른 점'이 무엇을 가리키는지 쓰세요.

(지구)

▶ 창백한 푸른 점은 1990년 보이저 1호가 우주에서 찍은 지구의 모습을 나타낸 말입니다.

[내용 파악하기]

2. 이 글의 내용으로 알맞지 않은 것은 무엇인가요? (③)

① 지구 표면은 육지와 바다로 이루어져 있다.
② 지구 표면에서 바다는 육지보다 면적이 넓다.
③ 지구에 공기와 물이 없어도 구름을 볼 수 있다.
④ 지구에는 공기가 있어 다양한 생물들이 살 수 있다.
⑤ 매년 4월 22일은 지구의 환경을 보호하기 위해 정한 '지구의 날'이다.

▶ 이 글에서는 지구의 표면이 육지와 바다로 이루어져 있으며, 바다의 면적이 육지보다 넓다고 설명하고 있습니다. 또한 지구에는 공기가 있어 구름을 볼 수 있으며 다양한 생물들이 살아갈 수 있다고 설명하고 있습니다. 매년 4월 22일은 '지구의 날'입니다.

[중심 문장과 뒷받침 문장 구분하기]

3. ㉠~㉢을 중심 문장과 뒷받침 문장으로 구분하여 기호를 쓰세요.

중심 문장	㉠, ㉡
뒷받침 문장	㉢

▶ 중심 문장은 문단의 내용을 대표하는 핵심이 되는 문장입니다. ㉠, ㉢은 해당 문단의 중심 문장에 해당합니다. 중심 문장이 문단의 맨 처음에 들어 있는 경우가 대부분입니다. ㉢은 하나의 문단에는 하나의 중심 문장이 들어 있는 것은 아니므로 중심 문장이 처음에 위치하기보다는 그 문장이 문단의 내용을 대표하고 있는지를 살펴야 합니다.

[낱말 뜻 짐작하기]

4. ㉮와 같은 뜻으로 사용된 낱말은 무엇인가요? (⑤)

① 언니는 지식이 넓습니다.
② 아버지는 마음이 넓습니다.
③ 두 팔 사이의 간격이 넓습니다.
④ 언니가 입은 바지는 통이 넓습니다.
⑤ 우리 지역에 있는 야구장은 넓습니다.

▶ ㉮의 '넓다'는 '면이나 바닥 면적이 크다', '마음 쓰는 것이 크고 너그럽다', '내용이나 범위 따위가 널리 미치다.'의 뜻이 있습니다. ①은 '내용이나 범위 따위가 널리 미치다.'의 의미로, ②는 '마음 쓰는 것이 크고 너그럽다.', ③, ④는 '너비가 크다.'의 의미이며, ⑤는 '면이나 바닥 면적이 크다.'의 의미로 사용되었습니다. ①은 '넓다'와 같은 의미로 사용되었습니다. ①은

5. 이 글의 내용으로 보아, 옛날 사람들이 지구가 편평하다고 생각했던 까닭은 무엇인가요? (①)

세부 내용 파악하기

① 지구가 매우 크기 때문에
② 지구의 환경을 보호했기 때문에
③ 지구에 다양한 생물이 살기 때문에
④ 지구 바다와 육지로 이루어졌기 때문에
⑤ 지구 끝에서 떨어지는 사람을 봤기 때문에

➡ 2문단에서 지구가 매우 커서 그 모양을 알 수 없었기 때문에 옛날 사람들은 지구가 편평한 모양이라고 생각했다고 설명하고 있습니다.

6. 다음은 마젤란 탐험대가 세계 일주를 한 뱃길을 보여 주는 지도입니다. 마젤란 탐험대가 세계 일주에 성공한 까닭을 지구의 모양과 관련하여 쓰세요.

배경지식을 활용해 추론하기

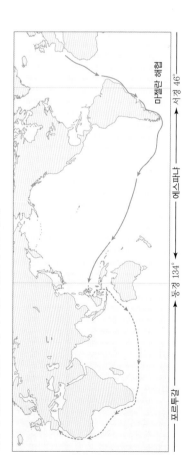

포르투갈 동경 134° 에스파냐 서경 46° 마젤란 해협

➡ 마젤란 탐험대가 출발점으로 다시 돌아올 수 있었던 까닭은 지구가 (둥글기) 때문이다.

➡ 마젤란 탐험대가 세계 일주에 성공한 까닭은 지구의 모양이 둥글어서 한 방향으로 가면 출발한 곳으로 되돌아올 수 있기 때문입니다.

어휘 익히기

1 낱말 뜻 알기

다음 빈칸에 알맞은 낱말을 〈보기〉에서 찾아 쓰세요.

보기 ·
태양계   인공위성   타전   보존

1. 어부들은 바다가 삶의 (터전)이다.
   뜻 자리 잡고 살아가는 곳.

2. 우주선 ○○호가 지구를 출발해 긴 (태양계) 탐사에 나선다.
   뜻 태양과 그 둘레를 도는 천체 무리.

3. 우리나라는 소중한 문화재를 (보존)하기 위해 힘쓰고 있다.
   뜻 망가지거나 없어지지 않게 보살핌.

4. 새로 쏘아 올린 (인공위성)은/는 우주에서 지구 표면을 관찰하는 역할을 할 것이다.
   뜻 로켓으로 쏘아 올려서 지구 둘레를 돌게 만든 장치.

2 관용 표현 알기

다음 빈칸에 알맞은 말을 쓰세요.

"바 다 는 메워도 사람의 욕심은 못 채운다"
바다는 지구의 절반 이상을 차지할 만큼 넓죠. 이 속담은 아무리 넓고 깊은 바다라도 메울 수는 있지만, 사람의 욕심은 끝이 없어 메울 수 없다는 뜻으로, 사람의 욕심이 끝이 없음을 이르는 말이에요.

3 한자어 익히기

다음 한자어를 소리 내어 읽고 빈칸에 따라 써 보세요.

太 클 태	陽 볕 양
太 클 태	陽 볕 양

太陽(태양) : 태양계 한가운데에 있으면서 스스로 밝은 빛을 내는 큰 별.
• 매일 아침 태양이 뜬다.
• 지구는 태양에서 에너지를 얻는다.
• 우리는 떠오르는 태양을 보며 각자 소원을 빌었다.

05회 읽기 방법 익히기

1 사실과 의견 구분하기

사실은 실제로 있었던 일이나 직접 겪거나 보고 들은 일을, 의견은 어떤 일이나 대상에 대한 생각이나 느낌을 말합니다. 글에 나타난 내용이 사실인지 의견인지 구분하기 위해서는 그 내용이 누구에게나 같은 뜻으로 받아들여지는 내용인지, 사람마다 다를 수 있는 생각을 나타내는 내용인지 '의견'에 해당합니다. 사실과 의견을 구분하며 글을 읽으면 글 속의 내용을 좀 더 정확하고 비판적으로 이해할 수 있게 됩니다.

★ 사실과 의견을 구분하려면,

(1) 글에 나타난 내용이 사실인지 아닌지 판단하기 위해서는 그 내용이 실제로 있었던 일인지, 증명이 가능한 일인지 생각해 봅니다.

(2) 글에 나타난 내용이 의견인지 아닌지 판단하기 위해서는 그 내용이 어떤 일이나 대상에 대한 생각이나 느낌을 나타내고 있는지 생각해 봅니다.

1 다음 글을 읽고, 친구들이 사실과 의견을 구분할 수 있도록 (   ) 안에서 알맞은 말을 골라 ○표 하세요.

수지는 지난번 농장에서 알을 품은 닭을 보았던 기억을 떠올렸습니다. 그때 할머니께서는 암탉이 알을 낳고 그 알을 품어 약 21일이 지나면 부화하여 병아리가 태어난다고 말씀해 주셨습니다. 다. 솜털로 덮여 있던 병아리가 온몸이 깃털로 덮인 닭으로 자라는 데에는 6개월 정도가 걸린다는 것도 말씀해 주셨습니다. 할머니께서는 동물이 태어나서 어린 시절을 거치며 성장하여 자손을 남기고 죽음을 맞이하는 과정을 '한살이'라고 한다고 설명해 주셨습니다.

수지는 동물마다 한살이가 다르다는 것을 쉽게 알 수 있게 되었습니다. 그리고 자연은 참 신비롭다고 생각했습니다.

우진

병아리가 닭으로 자라는 데에 6개월 정도가 걸린다는 것은 실제 있었던 일을 나타내고 있으니까 (의견, 사실)이야.

수지가 자연이 신비롭다고 생각한 것은 수지의 생각을 나타내고 있으니까 (의견, 사실)이야.

▶ 사실은 실제로 있었던 일이나 직접 겪거나 보고 들은 일을 말합니다. 병아리가 닭으로 자라는 데에 6개월 정도가 걸린다는 것은 실제 있었던 일이므로 '사실'에 해당합니다.
실제 있었던 일이므로 '사실'입니다. 의견은 어떤 일이나 대상에 대한 생각이나 느낌을 말합니다. 자연이 신비롭다는 것은 자연에 대한 수지의 생각을 나타내므로 '의견'입니다.

2 다음 글을 읽고 물음에 답하세요.

오늘은 보름달이 뜨는 날입니다. 밤하늘을 환히 비추어 주는 둥근 보름달은 우리의 마음을 포근하게 만들어 줍니다. 그런데 언제나 보름달을 볼 수 있는 것은 아닙니다. 그 이유는 바라는 달의 모양 때문입니다. 달은 모양이 계속해서 바뀝니다. 달은 얇게 휘어진 손톱 모양의 초승달이 지나면 반으로 잘린 둥그러미 모양으로 변합니다. 그리고 점점 동그러미 모양이 되었다가 둥근 보름달이 되는 것입니다. 실제 일그러진 동그러미 모양으로 보름달이 되면 다시 반으로 잘린 동그러미 모양으로 되고 더 작은 그믐달로 변하게 됩니다. 그런 모습을 보면 마치 달이 없어졌다가 생겨났다가, 생겼다가 사라지는 것 같다는 생각이 듭니다.

달은 일정한 거리를 두고 지구의 주위를 돌고 있습니다. 지구와 달, 그리고 태양이 위치에 따라 달의 모양이 다르게 보이는 것이죠. 지구와 태양, 그리고 지구와 달은 항상 비슷한 거리를 유지하며 달도 일정한 거리를 두고 지구의 주위를 돌고 있습니다.

이 떠는 것입니다. 그리고 보름달은 다시 반으로 잘린 동그러미 모양이 되고 더 작은 그믐달로 변하게 됩니다. 그런 모습을 보면 마치 달이 없어졌다가 생겨났다가, 생겼다가 사라지는 것 같다는 생각이 듭니다.

달은 일정한 거리를 두고 지구의 주위를 돌고 있습니다. 달이 높이나 떠 있는 시간이 달을 뿐, 달이 모양이 변하는 모습은 언제든 지구 위 어디서든 볼 수 있습니다.

(1) 다음 중 사실에 해당하는 문장에는 '사', 의견에 해당하는 문장에는 '의'를 쓰세요.

① 밤하늘을 환히 비추어 주는 둥근 보름달은 우리의 마음을 포근하게 만들어 줍니다. (의)

② 달은 모양이 계속해서 바뀝니다. (사)

③ 그런 모습을 보면 마치 달이 없어졌다가 생기고, 생겼다가 사라지는 것 같다는 생각이 듭니다. (의)

④ 달은 일정한 거리를 두고 지구의 주위를 돌고 있습니다. (사)

▶ 달은 모양이 계속해서 바뀐다는 것, 일정한 거리를 두고 지구의 주위를 돌고 있다는 것은 실제로 있었던 일이므로 2와 ④는 '사실'입니다. ①과 ③은 달의 모양에 대한 글쓴이의 생각이나 느낌을 나타내므로 '의견'입니다.

(2) 이 글을 읽은 친구들의 반응 중 '의견'에 해당하지 않는 것은 무엇인가요? (③)

① 정욱: 구름에 가려진 초승달을 보면 무서운 이야기가 생각나.

② 혜민: 달의 모양에 따라 사람들에게 주는 느낌이 다른 것 같아.

③ 성진: 달은 초승달에서 보름달이 되었다가 다시 그믐달로 변하는구나.

④ 유연: 지구와 달은 항상 비슷한 거리를 유지하며 돌고 있다는 것이 놀랍기도 해.

⑤ 태준: 달이 초승달에서 보름달이 되었다가 다시 그믐달로 변한다는 것은 신기하다는 생각이 들어.

2 중심 문장과 뒷받침 문장 구분하기

문단은 중심 문장과 뒷받침 문장으로 이루어집니다. 문단에서 나타내고자 하는 중심 내용을 쉽게 파악하기 위해서는 중심 문장을 찾아야 합니다. 중심 문장은 문단을 대표하는 문장이고, 뒷받침 문장은 중심 문장의 내용을 보충해 주는 문장입니다. 한 문단에서 중심 문장은 하나이지만 뒷받침 문장은 여러 개가 될 수 있습니다.

★ 중심 문장과 뒷받침 문장을 구분하려면,
(1) 글쓴이가 말하고자 하는 중심 생각이 무엇인지 살펴봅니다.
(2) 문단에서 중심 생각이 담겨 있는 문장이 무엇인지 찾아봅니다.
(3) 중심 문장을 자세히 설명해 주거나 예를 들어 주는 문장이 무엇인지 확인해 봅니다.

1 다음 문단에서 중심 문장을 찾아 밑줄을 긋고, 중심 문장을 찾는 방법을 알맞게 말한 친구를 모두 골라 ∨표 하세요.

인공위성에서 찍은 지구의 사진을 보면, 육지와 바다 같이 물이 있는 곳을 관찰할 수 있습니다. 육지는 바다와 같이 물이 있는 곳을 제외한 지구의 표면을 말합니다. 그리고 바다는 육지를 제외한 부분입니다. 세계 지도를 50개의 칸으로 나누어 보면 육지가 14칸, 바다가 36칸을 차지합니다. 넓이를 비교해 보면, 바다가 육지보다 더 넓습니다. 지구 사진을 보면 구름도 많이 보입니다. 공기가 지구를 둘러싸고 있기 때문에 구름이 보이는 것입니다. 공기가 없다면 구름도 오지 않고 비도 오지 않을 것입니다. 그리고 생물이 살아갈 수도 없을 것입니다. 지구를 둘러싸고 있는 공기는 눈에 보이지는 않지만 우리와 다양한 생물들이 숨을 쉬고 살아가게 해 줍니다.

- 준수: 문단을 대표하는 문장을 찾아야 해. (∨)
- 나윤: 중심 생각이 담겨 있는 문장을 찾아야 해. (∨)
- 오선: 내용을 자세하게 풀이 쓴 문장을 찾아야 해. ( )
- 서희: 예를 들어서 설명하고 있는 문장을 찾아야 해. ( )

▶ 이 문단의 중심 문장은 첫 번째 문장입니다. 중심 문장은 중심 생각이 담겨 있는 문장이며, 문단을 대표하는 문장입니다.

---

2 다음 글을 읽고 물음에 답하세요.

운동선수들은 어떤 신발을 신을까요? 운동선수들은 자신이 활동하는 종목에 따라 서로 다른 신발을 신습니다. 신발을 만들 때에 사용하는 물질이 다르기 때문입니다.

단거리 육상 선수가 신는 신발은 단단하고 가벼운 플라스틱으로 만들어져 있으며, 바닥에는 철로 된 징이 붙어 있습니다. 단거리 육상은 짧은 거리를 전속력으로 달려야 하는 운동입니다. 단거리 육상을 할 때에 단단한 플라스틱으로 만든 신발은 가볍게 도움을 주는 역할을 합니다.

배드민턴 선수가 신는 신발은 밑창이 고무로 되어 있습니다. 고무는 잘 미끄러지지 않는 성질이 있습니다. 배드민턴은 빠르게 움직이면서 순간적인 힘을 정확하게 전달해야 하는 운동입니다. 신발의 밑창이 미끄러우면 빠르게 움직이기 어렵고 힘을 정확하게 전달할 수 없습니다. 그래서 잘 미끄러지지 않는 고무로 신발을 만드는 것입니다.

㉠역도 선수가 신는 신발은 밑창이 단단한 나무와 단단한 플라스틱으로 만들어져 있습니다. 역도 선수의 신발 밑창이 푹신한 물질로 만들어졌다면 무거운 역기를 들어 올릴 때에 중심을 잡을 수 없습니다. 그래서 몸의 중심을 잡으면서도 몸을 수월하게 움직일 수 있는 물질로 신발을 만듭니다.

(1) 이 글의 내용을 다음과 같이 정리할 때, 빈칸에 알맞은 말을 쓰세요.

운동선수들의 신발을 만들 때 사용하는 물질

- 단거리 육상 선수의 신발 → 플라스틱, 철
- 배드민턴 선수의 신발 → 고무
- 역도 선수의 신발 → 나무, 플라스틱

▶ 이 글은 운동선수들이 신는 신발을 만들 때 사용하는 물질이 다르다는 것을 설명하는 글입니다. 2문단에서는 단거리 육상 선수가 신는 신발은 단단한 플라스틱과 철로 만들어진 신발이라고 설명하고 있습니다. 3문단에서는 배드민턴 선수가 신는 신발은 고무로, 4문단에서는 역도 선수가 신는 신발은 나무와 플라스틱으로 만들어진 신발이라고 설명하고 있습니다.

(2) 이 글의 내용을 뒷받침하는 문장으로 알맞은 것은 무엇인가요? (⑤)
① 운동선수들은 어떤 신발을 신을까요?
② 운동선수들은 자신이 활동하는 종목에 따라 서로 다른 신발을 신습니다.
③ 배드민턴은 빠르게 움직이면서 순간적인 힘을 전달해야 하는 운동입니다.
④ 신발의 밑창이 미끄러우면 빠르게 움직이기 어렵고 힘을 정확하게 전달할 수 없습니다.
⑤ 역도 선수의 신발 밑창이 푹신한 물질로 만들어졌다면 무거운 역기를 들어 올릴 때에 중심을 잡을 수 없습니다.

▶ ㉠은 4문단의 중심 문장으로, 역도 선수가 신는 신발에 대한 내용입니다. 이 중심 문장에 대한 뒷받침 문장입니다. 신발 밑창이 푹신한 물질로 만들어졌다면 무거운 역기를 들어 올릴 때에 중심을 잡을 수 없습니다. 그래서 몸의 중심을 잡으면서도 몸을 수월하게 움직일 수 있는 물질로 신발을 만듭니다. 입니다.

모차르트의 고향, 소금

이 글의 중심 화제는 소금입니다. 소금과 관련된 교육, 음악, 사회를 공부해요.

오스트리아 잘츠부르크의 지명, 이름, 도시, 음식, 음악, 관광업과 관련하여 소금에 대한 다양한 이야기를 이어 나가 봅니다.

소금은 아주 오래전부터 다양한 용도로 사용되어 온, 인간의 필수품입니다. 지금도 주로 음식의 맛을 낼 때 사용하고 있으며, 음식물을 오래 보관하고 싶을 때도 사용합니다. 이처럼 소금은 누구에게나 필요하고 중요하기 때문에 그런 의미에 빗대어 "빛과 소금 같은 사람이 되세요."라고 말하기도 합니다.

소금을 구하기가 어려웠던 과거에는 소금이 한 국가의 경제를 좌지우지하기도 했습니다. 또 소금 산지를 둘러싸고 큰 전쟁이 벌어지기도 했습니다. 그래서 소금의 성분인 '하얀 금'이라고 불리며 높은 가치를 가졌던 시대에는 소금이 생산되는 곳이 자연스럽게 큰 부(富)를 얻었습니다. 그중 대표적인 곳이 바로 오스트리아의 '잘츠부르크(Salzburg)'입니다.

→ 소금 생산으로 큰 부를 얻었던 오스트리아의 잘츠부르크

▲ 오스트리아 잘츠부르크

잘츠부르크는 오스트리아 알프스산맥의 북쪽 끝자락에 위치하고 있는 인구 15만여 명의 작은 도시입니다. '잘츠부르크'라는 도시 이름은 독일어로 소금을 뜻하는 '잘츠(Salz)'와 성(城)을 가리키는 '부르크(Burg)'가 합쳐진 말입니다. 이처럼 '소금성'이라는 특이한 이름이 붙으 이유는 잘츠부르크 인근에 암염 광산이 있기 때문입니다. 암염이란 먼 옛날 바다였다가 지각 변동으로 육지가 된 곳에 소금기가 맞추 같은 곳에 돌처럼 뭉친 것으로, 탄광에서 석탄을 캐듯 암염을 캐어 소금을 얻는 일이 가능했습니다. 그래서 바다와 거리가 먼 육지에서도 사람들이 소금을 얻을 수 있었던 것입니다. 잘츠부르크 암염 광산에서 생산된 소금은 오스트리아 전역으로 공급되었고, 잘츠부르크는 오스트리아에서도 가장 부유한 도시로 성장했습니다. 이런 도시의 부유함으로 음악, 미술과 같은 예술이 꽃을 피울 수 있었습니다.

→ 암염 광산을 통해 부유한 도시로 성장해 예술이 발달하게 된 잘츠부르크

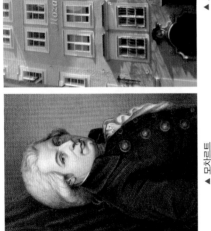

▲ 모차르트

▲ 모차르트 생가

지금도 잘츠부르크에서는 매년 7월부터 한 달 정도 유럽 3대 음악 축제 중 하나인 '잘츠부르크 페스티벌'이 열립니다. 100년이 넘는 역사를 가진 이 축제는 잘츠부르크에서 태어나고 자란 음악가 모차르트를 기념하기 위한 축제입니다. 축제 기간에 되면 잘츠부르크의 인구보다 훨씬 더 많은 클래식 음악 애호가*와 관광객이 도시를 방문해 다양한 공연을 즐깁니다. 이처럼 잘츠부르크가 과거에는 소금 생산과 무역의 중심지로 명성을 얻었다면 지금은 모차르트의 도시, 유럽의 대표적인 예술 문화 도시로 그 유명세를 이어 가고 있습니다.

→ 모차르트의 도시, 예술 문화 도시로 유명세를 이어 가고 있는 잘츠부르크

* 좌지우지하기도: 이리저리 제 마음대로 휘두르거나 다루기도.
* 지각 변동: 지구 내부의 원인 때문에 생기는 지각의 여러 가지 움직임. 융기, 침강, 단층, 습곡, 조산 운동, 화산 활동, 지진 현상 따위가 있음.
* 애호가: 어떤 사물을 사랑하고 좋아하는 사람.

1 다음 설명에 해당하는 것이 무엇인지 이 글에서 찾아 쓰세요.

- 사람이 살아가는 데 꼭 필요한 짠맛을 내는 조미료이다.
- 바닷물을 증발시키거나 암염을 캐는 방법으로 얻을 수 있다.
- 고대 로마 제국에서는 군인들의 급료를 이것으로 지급했었다고 한다.

(소금)

➤ 소금은 사람이 살아가는 데 꼭 필요한 짠맛을 내는 조미료입니다.

소금소 고양, 오스트리아?

2 다음 유럽 백지도에서 오스트리아의 위치를 찾아 색칠해 보세요.

➡ 오스트리아 주변에는 독일, 스위스, 이탈리아, 체코, 헝가리 등이 있습니다. 주변 국가가 있는 위치를 찾아 두도록 합니다.

3 다음은 소금과 관련된 속담입니다. 각 속담에 담긴 의미를 선으로 바르게 이으세요.

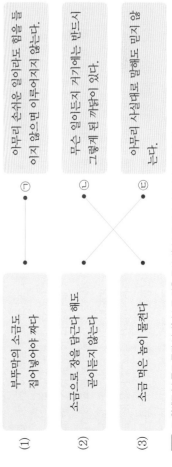

(1) 부뚜막의 소금도 집어넣어야 짜다 ●

(2) 소금으로 장을 담근다 해도 곧이듣지 않는다 ●

(3) 소금 먹은 놈이 물켠다 ●

㉠ 아무리 손쉬운 일이라도 힘을 들이지 않으면 이루어지지 않는다.

㉡ 무슨 일이든지 거기에는 반드시 그렇게 될 까닭이 있다.

㉢ 아무리 사실대로 말해도 믿지 않는다.

➡ 그 외에도 '소금도 곰팡 난다', '소금 먹은 무성귀', '소금 팔러 나섰더니 비가 온다' 등도 있습니다.

---

4 다음 글을 읽고 물음에 답하세요.

우리나라의 여름은 덥고 습하여 음식이 상하기 쉽습니다. 반면 겨울은 기온이 낮아 대부분의 지역에서 농사가 불가능하여 먹거리가 부족해집니다. 따라서 소금으로 저장한 음식이 발달하였는데요, 대표적인 음식이 김치입니다. 김치를 만들 때 가장 먼저 하는 일이 소금에 절이는 것입니다. 각종 젓갈도 마찬가지입니다. 소금으로 절인 음식은 제료의 수분이 빠져나가 와 미생물의 번식이 어려워 잘 상하지 않아 오래 두고 먹을 수 있습니다.

(1) 소금으로 절인 음식이 쉽게 상하지 않는 이유는 무엇인지 쓰세요.

[예] 재료의 수분이 빠져나가와 미생물의 번식이 어렵기 때문이다.

➡ 소금으로 절인 음식은 재료의 수분이 빠져나와 미생물이 번식이 어려워 잘 상하지 않아 오래 두고 먹을 수 있다고 하였습니다.

(2) 평소 우리가 섭할 수 있는, 소금으로 절인 음식을 찾아 써 보세요.

[예] 각종 김치, 장아찌, 젓갈, 절인 생선 등

➡ 우리나라는 소금으로 저장성을 높인 음식이 발달되어 있습니다. 평소 즐겨 먹는 음식을 중심으로 써 봅니다.

5 '잘츠부르크'처럼 세계 여러 곳에는 소금과 관련된 지명을 가진 지역들이 있습니다. 다음과 같이 소금과 관련된 지명을 가진 지역이 우리나라에도 있는지 조사하여 써 보세요.

솔트레이크시티 (Salt Lake City)	2002년 동계 올림픽이 열렸던 미국의 솔트레이크시티는 그레이트솔트 호(Great Salt Lake)와 로키산맥 사이에 위치한 도시이다. 도시의 이름은 소금기 가득한 그레이트솔트호에서 따서 붙인 것이다.
할슈타트 (Hallstatt)	'할(Hal)'은 고대 켈트어로 소금을 뜻한다. 오스트리아의 할슈타트에 는 기원전 2000년경에 형성된 세계 최초의 암염 광산이 있다.

[예] 염창동, 염리동

(　　　　　　　)

➡ 염창동(서울 강서구)이라는 지명은 조선 시대 서해안 염전에서 채취한 소금을 서울로 운반하는 소금배의 벗길 어귀에서 소 금 창고의 역할을 했던 대서 유래되었습니다. 염리동(서울 마포구)이라는 지명은 예로부터 소금장수들이 많이 살았던 대서 유래 되었습니다. 염창동 염리동 모두 지명에 소금 '염(鹽)' 자가 사용되었습니다.

ERI 지수 **344** 예술 | 미술

우리는 일상에서 '색'에 대한 고민을 자주 해요. 옷이나 이불을 살 때, 집을 꾸미기 위해 벽지나 가구를 고를 때 어떤 색이 좋을지 고민하곤 하죠. 왜 색을 연구하는 사람들은 색에 따라 사람이 느끼는 감정이 달라진다고 설명하는 일이 많을까요? 색에 따라 느끼는 감정이 달라지기 때문이라고 설명해요. 색에 따라 우리는 어떤 감정을 느낄 수 있을까요?

우선, 색을 통해 온도를 느낄 수 있어요. 색 중에는 따뜻하게 느껴지는 색이 있어요. (㉠) 차갑게 느껴지는 색도 있어요. 주황색, 노란색 등이 따뜻하게 느껴지는 색이에요. 파란색이나 청록색, 남색 등이 차갑게 느껴지는 색은 따뜻함과 차가움이 모두 느껴지기도 해요. 초록색이나 보라색 등이 대표적이에요.

색에 따라 무게가 다르게 느껴지기도 해요. 색이 얼마나 밝은가에 따라 무게감이 달라지기 때문이에요. 밝은 색일수록 가볍게 느껴져요. 어두운 색일수록 무겁게 느껴지고요. 실제로는 똑같은 무게와 크기의 자동차를 상상해 볼까요? 어두운 자동차와 밝은 자동차가 있다면 흰색 자동차보다 검은색 자동

흰색이나 밝은색 등 밝은 느낌의 색은 다른 색보다 가볍게 느껴지는 무게감

차가 더 무겁게 느껴지죠?

또한 색에 따라 다르게 느껴지기도 해요. 따뜻한 느낌의 색은 화려함과 활발함을 느끼게 해요. 반대로 차가운 느낌의 색은 안정감과 침착함을 느끼게 하고요. 따뜻한 느낌의 색이 진해질수록 화려한 느낌이 커져요. 반대로 차가운 느낌의 색이 연해질수록 침착한 느낌이 커지고요.

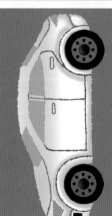
검은색이나 어두운색 등 진한 느낌의 색은 다른 색보다 무겁게 느껴지는 문제감

이렇게 색에 따라서 사람은 다른 감정을 느껴요. 그래서 색을 잘 이용하면 사람의 감정에 영향을 미칠 수 있다고 설명하고 있습니다. 1문단에서 색에 따라 사람이 느끼는 것에 미치는 영향을 얻으므로 ㉢은 색에서 느껴지는 감정이나 분위기를 잘 이해하고 파악해야 한다는 것을 뜻한다고 할 수 있습니다.

라고 말하는 이유예요. 때와 장소에 따라 어떤 색을 골라야 할지 알겠지요?
↑ 사람의 감정에 영향을 미칠 수 있는 색

중심 화제 파악하기

1. 이 글은 무엇에 대해 설명하고 있는지 빈칸에 알맞은 말을 쓰세요.

→ [색]에 따라 다르게 느껴지는 [감][정]

▶ 이 글은 색에 따라 느끼는 감정이 어떻게 달라지는지를 설명하고 있습니다. 그러므로 이 글이 화제는 '색에 따라 다르게 느껴지는 감정' 정도로 정리할 수 있습니다.

문장 관계 파악하기

2. 〈보기〉를 참고하여 ㉠과 ㉡에 들어갈 알맞은 말을 쓰세요.

보기

- 즉: 앞에서 말한 내용을 정리해서 다시 한 번 말할 때 쓰는 말이에요.
- 반면: 뒤에 나올 내용이 앞에서 말한 내용과 반대 관계일 때 쓰는 말이에요.
- 한편: 어떤 일에 대하여 앞에서 말한 부분과 다른 부분을 말할 때 쓰는 말이에요.
- 따라서: 앞에서 말한 내용이 뒤에서 말할 내용의 이유나 원인이 될 때 쓰는 말이에요.

㉠: (반면)

㉡: (한편)

▶ ㉠의 앞 문장은 따뜻하게 느껴지는 색에 대해 말하고 있고, 뒤 문장은 차갑게 느껴지는 색에 대해 말하고 있습니다. ㉠의 앞 문장은 차갑게 느껴지는 색에 대해 말하고 있으니 ㉠에는 반대 관계를 나타내는 '반면'이 들어가는 것이 알맞습니다. ㉡의 뒤 문장은 따뜻함과 차가움이 모두 느껴지는 색에 대해 말하고 있습니다. 따라서 ㉡에는 '어떤 일에 대하여 앞에서 말한 부분과 다른 부분을 말할 때 쓰는 말'인 '한편'이 들어가는 것이 알맞습니다.

세부 내용을 활용하여 추론하기

3. ㉢의 의미를 가장 잘 이해한 것은 무엇인가요? (⑤)

① 색이 사용될 목적을 파악해야 한다.
② 사용된 색이 무엇인지 확인해야 한다.
③ 사용된 색의 종류를 꼼꼼하게 파악해야 한다.
④ 색이 표현하는 시각적 정보를 확인해야 한다.
⑤ 색에서 느껴지는 감정이나 분위기를 파악해야 한다.

어휘 익히기

1 낱말 뜻 알기

다음 빈칸에 알맞은 낱말을 〈보기〉에서 찾아 쓰세요.

보기 ┌─ 연구   대표적   침착   영향 ─┐

1. 이순신은 나라를 위해 싸운 (대표적) 인물이다.
   뜻 어떤 분야나 집단에서 무엇을 대표할 만큼 특징적인 것.

2. 아이는 부모의 (영향)을/를 매우 많이 받는다.
   뜻 효과나 작용이 다른 것에 미치는 일.

3. 나는 (침착)해 보이려 애썼지만 가슴은 매우 떨렸다.
   뜻 행동이 들뜨지 아니하고 차분함.

4. 행복한 사회를 만들기 위해서는 지속적인 (연구)이/가 필요하다.
   뜻 깊이 조사하고 생각하여 진리를 밝혀내는 일.

2 관용 표현 알기

다음 빈칸에 알맞은 사자성어를 쓰세요.

" 청 출 어 람 "

이 사자성어는 쪽에서 뽑아낸 푸른 물감이 쪽보다 더 푸르다는 뜻으로, 제자나 후배가 스승이나 선배보다 더 뛰어난 것을 이르는 말이에요. '쪽'이란 마디풀과의 한해살이풀로서, 이 풀을 찧어 옷에 담가 놓으면 푸른 물이 나오는데, 그 색이 원래의 쪽 빛깔보다 더 파랗습니다. 그래서 이런 표현이 생겼지요.

한자	뜻	음
青	푸를	청
出	날	출
於	어조사	어
藍	쪽	람

3 한자어 익히기

다음 한자어를 소리 내어 읽고 빈칸에 따라 써 보세요.

감정(感情): 어떤 일에 대해 일어나는 마음이나 느끼는 기분.
- 음악을 들으면 감정이 풍부해진다.
- 어머니는 복받치는 감정을 억누르셨다.
- 나는 내 감정을 솔직하게 말하는 편이다.

感	情
느낌 감	뜻 정
感	情
느낌 감	뜻 정

내용 파악하기

4. 이 글의 내용을 잘못 이해한 것은 무엇인가요? (⑤)
   ① 주황색은 따뜻함이 느껴지는 색이다.
   ② 빨간색은 활발함이 느껴지는 색이다.
   ③ 파란색은 차가움이 느껴지는 색이다.
   ④ 검은색은 가볍게 느껴지지 않는 색이다.
   ⑤ 보라색은 따뜻함이 느껴지지 않는 색이다.

   ➡ 2문단에서 보라색은 따뜻함과 차가움이 모두 느껴지는 색이라고 하였습니다.

세부 내용 파악하기

5. 이 글의 내용을 바탕으로 ( ) 안에서 알맞은 말을 골라 ○표 하세요.
   (1) 무거운 느낌을 나타내기 위해서는 색이 (으기, 밝기)를 조절해야 한다.
   (2) 활발한 느낌을 나타내기 위해서는 색을 (진하게, 연하게) 한다.

   ➡ (1) 3문단에서 받은 색일수록 가볍게 느껴지고, 어두운 색일수록 무겁게 느껴진다고 하였으므로 색의 무게감은 밝기와 관련된다고 할 수 있습니다. (2) 4문단에서 따뜻한 느낌의 색은 화려함과 활발함을 느끼게 하는데, 따뜻한 느낌의 색이 진할수록 활발한 느낌이 커진다고 하였습니다.

글의 내용 적용하기

6. 이 글의 내용을 바탕으로 '준우'의 문제를 해결할 수 있는 방법을 써 보세요.

   준우: 반장 선거용 포스터를 만들어야 해! 성격이 침착하여 안정적으로 문제를 잘 해결해 나갈 수 있는 친구라는 점을 알리려면 전체 포스터를 어떤 색으로 만드는 게 좋을까?

   내가 제시하는 해결 방안

   안정적인 느낌은 (예 파란색(남색, 청록색 등))으로 표현할 수 있어. 이 색들이 연해질수록 침착한 느낌이 커지니까 파란색보다 연한 (예 하늘색)으로 포스터를 만드는 것이 좋을 것 같아.

   ➡ 스스로 침착한 느낌이 느껴지는 색을 골라 깊게 알맞게 작성해 봅니다. 안정감은 차가운 느낌을 주는 파란색, 청록색, 청록색, 남색 등을 통해 표현할 수 있습니다. 또 차가운 느낌이 색의 연해질수록 커지므로 연한 파란색 계열의 색으로 포스터를 만드는 것이 좋습니다.

예술 | 체육

여러분은 발레를 본 적이 있나요? 발레에는 대사*가 없어요. 음악과 무용수가 만들어 내는 몸짓이 말이나 글을 대신하지요.

요, 독특한 몸동작으로 인물이 인물의 감정이나 생각을 전달하는 거예요. 그래서 공연을 관람할 때에

는 발레 무용수의 의미를 해석해야 해요.

→ 어떤 일이나 행동을 만드는고 이래함.

㉠   ㉡

(   )㉠처럼 두 손을 왼쪽 가슴으로 모으는 것은 '사랑

한다'는 의미예요. ㉡는 어떤 의미일까요? 손바닥을 빼으며 팔을 XX자로 만들고 고개를 돌리는

것은 '거절'을 뜻해요. 또 누군가를 향해 손가락이나 손으로나 사람을 가리키면 매

요. 감정도 표현할 수 있어요. 화낼 때에는 두 주먹을 머리 위로 올려 흔들면 돼요. 슬플 때에

는 눈물을 닦는 시늉을 하면 되고요. 기쁠 때는 두 팔을 머리 위로 들어 한 손으로 다른 손을 감싼 후

에 왼쪽으로 움직이면 돼요.

발레뿐 아니라 우리의 일상에서도 ㉡같은 방식으로 의미를 전달할 수 있어요. 사랑하는 마

음은 어떻게 표현할 수 있을까요? 말과 글이 아닌 숫자와 발짓으로도 충분히 마음을 표현할

수 있어요. 손가락으로 하트 모양으로 만들어서 상대방에게 보여 주면 되지요. 몸짓을 통해서도

사랑하는 마음을 표현할 수 있어요. 사랑하는 상대를 안거나 상대에게 기대려는 몸짓을 취하

면 됩니다.

발레 무용수을 살펴보면, 우리가 일상에서 사용하고 있는 숫자와 발짓, 몸짓과 비슷한 경우

가 많아요. 우리의 일상 경험을 떠올리며, 발레 무용수의 의미를 해석해 보면 어떨까요?

→ 비슷한 경우가 많은 발레와 일상에서의 몸동작

* 대사: 영화, 연극, 드라마 등에서 배우가 하는 말.

중심 화제 파악하기

1. 이 글의 중심 화제로 가장 알맞은 것은 무엇인가요? (⑤)

① 발레 관람 방법
② 발레리나의 움직임
③ 움직임 언어의 장점
④ 발레리나의 느낌 표현
⑤ 몸동작을 통한 의미 표현

▶ 이 글의 앞부분은 발레에서 말이나 글 대신에 독특한 몸동작을 사용하여 인물의 감정이나 생각을 전달한다는 점을 설명하고 있습니다. 뒷부분은 이러한 몸동작을 활용한 의미 표현과 전달이 우리의 일상 속에서도 이루어지고 있음을 설명하고 있습니다. 글의 앞부분과 뒷부분은 공통적으로 말이나 글 대신 움직임, 몸동작을 통해서도 의미를 표현하고 전달하는 것과 관련된 내용을 다루고 있으므로 ⑤가 이 글의 중심 화제로 가장 알맞다고 할 수 있습니다.

세부 내용 추론하기

2. 이 글을 읽고 알 수 있는 내용이 아닌 것은 무엇인가요? (⑤)

① 발레 공연에서 발레리나는 말을 하지 않는구나.
② 빠르빠르 도는 움직임을 통해 뼈의의 특징을 표현할 수 있겠구나.
③ 발레리나는 몸동작을 통해 자신의 생각이나 감정을 표현하는구나.
④ 두 팔을 손으로 수도를 조절해서 바람의 세기를 표현할 수 있겠구나.
⑤ 몸동작을 통해 의미를 전달하는 것은 발레 공연에서만 볼 수 있겠구나.

▶ 3문단에서 발레뿐 아니라 우리의 일상에서도 몸동작을 통해 의미를 전달하는 것이 가능하다고 언급하고 있습니다.

낱말뜻 짐작하기

3. 이 글에서 말이나 글을 대신할 수 있는 표현 수단을 나타내는 낱말을 찾아 쓰세요.

(몸동작   )

▶ 이 글에서는 '몸동작'이 말이나 글을 대신하여 의미를 표현하거나 전달할 수 있다고 반복해서 설명하고 있습니다.
그러므로 '말이나 글을 대신할 수 있는 표현 수단을 나타내는 낱말은 '몸동작'이라 할 수 있습니다.

생략된 내용 짐작하기

4. ㉠에 들어갈 말로 알맞은 것은 무엇인가요? (⑤)

① 반대의 예를 생각해 볼가요?
② 자신의 경험을 떠올려 볼가요?
③ 두 번째 이유를 생각해 볼가요?
④ 또 다른 특징을 생각해 볼가요?
⑤ 구체적인 예를 들어 살펴볼까요?

▶ 앞에는 발레에서는 몸동작으로 인물의 감정이나 생각을 전달한다는 이를 해석하면서 관람하는 태도가 중요하다는 내용을 전달하고 있으므로 이를 해석하면서 관람하는 태도가 중요하다. ⑤ 뒤에는 발레에서 사용되는 몸동작이 예가 제시되어 있습니다. 이로 보아 ㉠에는 뒤이어서 구체적인 예기 제시될 것을을 알려 주는 말이 들어가야 합니다.

1 낱말 뜻 알기

다음 빈칸에 알맞은 낱말을 〈보기〉에서 찾아 쓰세요.

보기
전달   관람   해석   시늉

1. 친구와 함께한 영화 (관람)은 즐거웠다.
   뜻 공연, 영화, 그림, 경기 등을 구경함.

2. 내 짝꿍은 음식 사진을 보며 맛있게 먹는 (시늉)을 했다.
   뜻 모양이나 움직임을 흉내 냄.

3. 그림책을 읽는 때에는 그림의 이미를 (해석)하며 읽어야 한다.
   뜻 어떤 일이나 행동을 판단하고 이해함.

4. 나는 내가 가진 지식을 다른 사람에게 (전달)하는 것을 좋아한다.
   뜻 물건, 말, 지식 같은 것을 남한테 전함.

2 관용 표현 알기

다음 빈칸에 공통으로 들어갈 말을 쓰세요.

"로마 에 가면 로 마 법을 따르라"

이 말은 어느 공동체에 새로 들어가게 되면, 그 공동체가 가지고 있는 문화와 규칙을 따라야 한다는 것을 이르는 말이에요. 발레를 제대로 관람하려면 관람객이 발레 언어를 배워 잘 이해해야 하는 것처럼, 새로 들어간 곳의 규율을 배우고 존중해야 한다는 것이지요.

3 한자어 익히기

다음 한자어를 소리 내어 읽고 빈칸에 따라 써 보세요.

動作   움직일 동   지을 작

動作   움직일 동   지을 작

동작(動作): 몸이나 로봇이 자연스럽다.
• 요즘은 로봇이 자연스럽다.
• 나는 날쌘 동작으로 뜀틀을 넘었다.
• 태권도는 주로 발차기 동작으로 상대방을 공격한다.

가려뽑은 말의 의미 파악하기

5. ⓒ의 의미로 무엇인지 빈칸에 알맞은 말을 쓰세요.

↑ 말이나 글이 아닌 [몸] 으로 의미를 표현하여 전달하는 것

ⓒ은 발레와 우리 일상의 공통점을 말합니다. ⓒ 뒤에는 일상에서 몸동작을 사용해 의미를 전달하는 예들이 제시되어 있으므로 ⓒ은 발레처럼 '말이나 글이 아닌 몸으로 의미를 표현하여 전달하는 것'을 의미한다고 할 수 있습니다.

글과 그림의 관계 파악하기

6. 이 글을 읽고 다음 발레 동작들이 나타내는 감정을 선으로 알맞게 이으세요.

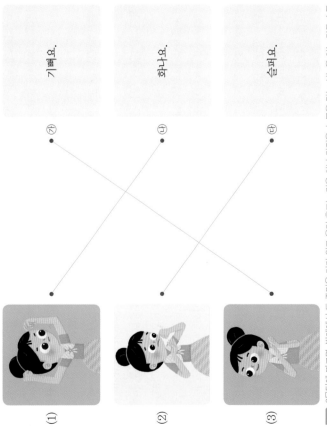

(1)   ㉮ 기뻐요.

(2)   ㉯ 화나요.

(3)   ㉰ 슬퍼요.

2문단에 따르면, 발레에서 두 주먹을 머리 위로 올려 위로 뻗는 것은 화난 감정을, 눈물을 흘러 내리듯 두 손을 얼굴 양쪽 옆으로 기울이는 것은 슬픈 감정을 나타냅니다. 감정을 한 손으로 다른 손을 감싼 후에 손을 양옆으로 펼치는 것은 기쁜 기본 감정을 나타냅니다.

ERI 지수 362 | 예술 | 음악

사회자: 여러분, 이탈리아에서 가장 유명한 음악가가 누군지 아시나요? 바로 '안토니오 비발디'입니다. 비발디는 바이올린 연주자이자 작곡가이자 신부님. 비발디의 곡 중 가장 유명한 곡은 「사계」입니다. 「사계」는 사계절의 변화를 표현한 곡이에요. 자세한 것은 비발디를 직접 만나 이야기해 보도록 하겠습니다. 안녕하세요.

→ 비발디와 「사계」에 대한 소개

비발디: 네, 안녕하세요.

사회자: 「사계」를 만들게 된 계기는 무엇인가요?

비발디: 음악을 통해 계절에 따라 바뀌는 상황과 느낌을 표현하고 싶었어요. 상황이 느낌을 표현할 수 있다는 것을 모르는 사람이 많더군요. 눈으로 봐야만 알 수 있다고 생각해요. 계절이 변하면 하늘과 땅의 색이 달라지죠. 그런데 색과 움직임뿐 아니라 소리도 달라지죠. 새소리, 물소리, 바람 소리가 달라지죠. 소리로도 계절의 변화를 느낄 수 있어요.

→ 「사계」를 만들게 된 계기

사회자: 계절의 변화를 ⓐ눈이 아닌 귀로 느낄 수 있도록 만들고 싶으셨던 거군요. 「사계」는 '봄', '여름', '가을', '겨울'의 총 네 부분으로 구성되어 있습니다. 자세히 설명해 주시겠어요?

비발디: 네, 그러죠. 봄이 오면 우리 주변이 어떤 모습이 되나요?

사회자: 겨울이 끝나면서 겨울잠을 자던 동물들이 깨어나죠. 꽃이 피어나는 생생한 기운이 넘치는 것 같아요.

비발디: 맞아요. 그래서 '봄'에서는 다양한 악기를 사용해요. 생기 넘치고 경쾌한 느낌을 강조하려고 바이올린도 사용해서 새의 즐거운 노랫소리를 표현하기도 했고요.

사회자: 많으셨으니 「사계」에서 '봄'이 가장 빠른 곡일 것 같은데요?

비발디: 아뇨, '여름'이 가장 빠른 곡이에요. 여름은 더위에 지쳐 모든 것이 느려지죠. 그러나 비바람이 몰고 전동번개가 치면 모든 것이 빨라지죠. 참 변덕스러운 계절이에요. 그래서 거칠고 강렬한 소리를 내는 악기들로 빠르게 연주해서 여름의 무서운 느낌을 표현하려고요.

사회자: 나머지 두 계절은 어떻게 표현하셨나요?

비발디: 가을은 열매를 맺는 풍요로운 계절이잖아요. 그래서 '가을'에서는 부드러운 소리의 악기를 사용했어요. 여유로운 느낌을 나타내려고요. '겨울'은 앞부분과 뒷부분을 다르게 만들었어요. ⓑ앞부분은 짧은 음을 사용해서 차가운 느낌, 뒷부분은 긴 음을 사용해서 봄을 기다리는 마음을 표현하고자 했지요.

사회자: 정말 음악을 통해 사계절의 느낌을 표현하는 것이 가능하군요. 다시 한번 「사계」를 들으며 계절을 느껴 보아야겠습니다. 오늘 좋은 말씀을 해 주셔서 감사합니다.

→ 「사계」에서 사계절을 표현한 방법

중심 화제 파악하기

1. 이 글의 화제로 알맞은 것은 무엇인가요? (④)

① 「사계」를 만든 음악가의 삶
② 「사계」에 담긴 비발디의 삶
③ 「사계」를 만들 때의 어려움
④ 「사계」에서의 사계절 표현 방법
⑤ 「사계」가 사람들에게 인기 있는 이유

▶ 이 글의 화제는 "「사계」에서의 사계절을 음악으로 표현한 방법"이라 할 수 있습니다.

표현의 의도 추론하기

2. ⓐ에서 '눈으로 느끼는 것'과 '귀로 느끼는 것'은 각각 무엇을 뜻하는지 빈칸에 알맞은 말을 쓰세요.

• 눈으로 느끼는 것: (계절의 변화)을/를 시각적으로 느끼는 것
• 귀로 느끼는 것: 계절의 변화를 (음악(소리))(으)로 느끼는 것

세부 내용 파악하기

3. 비발디가 사계절을 어떻게 표현했는지 빈칸을 채워 정리해 보세요.

계절	표현 방법
봄	다양한 악기를 사용해 생기 넘치고 (경쾌한) 느낌을 강조한다.
여름	거칠고 강렬한 소리를 내는 악기들로 (빠르게) 연주한다.
가을	부드러운 소리의 악기를 사용해 (여유로운) 느낌을 나타낸다.
겨울	(짧은) 음을 사용해 차가운 느낌을 표현하고, (긴) 음을 사용해 봄을 기다리는 마음을 표현한다.

1 낱말 뜻 알기

다음 빈칸에 알맞은 낱말을 〈보기〉에서 찾아 쓰세요.

• 보기 •

계기	기운	변덕스러운	오들오들

1. 성격이 (변덕스러운) 사람은 믿기 어렵다.
   뜻 이랬다저랬다 하는. 변하기 쉬운 태도나 성질이 있는.

2. 벚꽃이 활짝 피면서 봄의 (기운)이/가 느껴진다.
   뜻 보이지는 않지만 몸으로 느낄 수 있는 힘이나 분위기.

3. 그는 (오들오들) 떨면서도 끝까지 문밖에서 기다리고 있었다.
   뜻 춥거나 무서워서 몸을 작게 떠는 모양.

4. 김연아 선수의 올림픽 금메달이 (계기)이/가 되어 피겨 스케이팅에 관심이 생겼다.
   뜻 어떤 일을 일으키거나 바꾸게 하는 중요한 까닭이나 기회.

2 관용 표현 알기

다음 빈칸에 알맞은 사자성어를 쓰세요.

"학 수 고 대"

비발디의 「사계」에서 '겨울'은 봄을 기다리는 마음을 표현하여 있어요. 우리는 무엇인가를 간절하게 기다릴 때 "목을 빼고 기다린다."라고 말하곤 해요. 이 사자성어는 학의 목처럼 목을 길게 빼고 간절히 기다린다는 뜻으로, 어떤 일을 몹시 간절하게 기다리는 상태나 마음을 나타내는 말이에요.

한자	뜻	음
鶴	학	학
首	머리	수
苦	괴로울	고
待	기다릴	대

3 한자어 익히기

다음 한자어를 소리 내어 읽고 빈칸에 따라 써 보세요.

| 四 | 넉 사 | | | |
| 季 | 계절 계 | | | |

사계(四季): 봄. 여름. 가을. 겨울 네 계절.

• 우리나라는 사계가 뚜렷하다.
• 단풍(丹楓)이 보여 주는 사계가 아름답다.
• 자연 속에 있으면 사계의 변화를 더 잘 느낄 수 있다.

---

4. ⓒ의 내용을 바탕으로, '겨울'의 뒷부분이 어떻게 표현되었을지 〈보기〉의 낱말을 사용하여 정리해 보세요.

문맥을 활용하여 추론하기

• 보기 •

두려움	평화로운	거센	부드러운

'반면' 뒤에 오는 내용이 앞의 내용과 반대될 때 사용하는 말입니다. 그리고 '봄을 기다리는 마음은 차갑보다는 설렘과 (평화로운)을/를 나타냅니다. 그러므로 '겨울'의 뒷부분은 앞부분보다 (부드러운) 느낌으로 표현되었을 것입니다.

5. 이 글에 나타난 사실에는 '사', 의견에는 '의'를 쓰세요.

사실과 의견 구분하기

(1) 「사계」에서 '여름'은 가장 빠른 곡이다. (사)
(2) 봄은 꽃이 피어나는 생생한 기운이 넘치는 계절이다. (의)
(3) 비발디는 계절에 따라 바뀌는 상황과 느낌을 표현하기 위해 「사계」를 만들었다. (사)

6. 다음 사회자의 질문에 대하여, 글의 내용을 바탕으로 비발디의 입장에서 답해 보세요.

인물에게 질문하기

사회자: 「사계」에서 분위기가 반대되는 두 계절은 무엇인가요?

비발디: (예) '여름'과 '가을'입니다.

세준이는 친구들에게 '피자'를 나눠 주는 일을 맡았어요. 세준이는 피자를 공평하게 나누기 위해 각 모둠에 피자 한 판씩을 줬어요. 그리고 피자 한 판을 모둠원들에게 똑같이 나눠 줬어요. 1모둠은 모둠원이 3명이에요. 그래서 한 판을 세 조각으로 나눴어요.

요. 2모둠은 5명이어서 다섯 조각으로 나눴고요. 그래서 크기가 서로 달랐어요. 2모둠은 1모둠과 비교했을 때 자신의 피자 조각이 작다고 불평했어요.

세준이는 두 모둠의 피자 조각을 살펴봤어요. 그러고는 깜짝 놀랐어요. 두 모둠의 피자 한 조각의 크기가 서로 달랐기 때문이에요. 왜 이런 일이 발생한 것일까요? 1모둠은 피자 한 판을 세 조각으로 나눈 것 중의 한 조각을 받았어요. 2모둠은 피자 한 판을 다섯 조각으로 나눈 것 중의 한 조각을 받았고요. 그래서 크기가 서로 달랐던 거예요. 각 모둠의 피자 한 조각을

'수'로 나타내 볼까요? 1모둠은 세 조각 중의 한 조각이므로 $\frac{1}{3}$로 나타내고요. 2모둠은 다섯 조각 중의 한 조각이므로 $\frac{1}{5}$로 나타내요.

이러한 $\frac{1}{3}$, $\frac{1}{5}$을 분수라고 한답니다. 분수에서 '분'은 '나누다'를 뜻해요. '수'는 '숫자'를 나타내고요. 이렇듯 분수란 '나눈 수'예요. 전체를 똑같이 나누었을 때 전체에 대한 부분을 나타내지요. 그래서 분수는 항상 1보다 작은 수예요.

분수에서 전체를 나눈 것 중 일부분을 나타내는 수를 ⊙ '모자란 수'라고 하고요. 이때 전체를 나눈 분모를 먼저 읽어요. 그다음 분자를 읽고요. $\frac{1}{3}$은 전체를 3개로 나눈 것 중에서 1개이니까 '삼분의 일'이라고 읽으면 돼요.

분수는 전체에 대한 부분을 나타내는 수이죠? 그래서 항상 1보다 작아요. 부분들을 다 합해야만 원래대로 전체인 하나가 되기 때문이에요. 그래서 1과 같거나 1보다 큰 분수는 가짜 분수예요. 이걸 '가분수'라고 말해요. 가분수는 전체 분수, '진분수'예요. 세준이가 실수로

을 안 하기 위해서는 어떻게 피자를 나눠야 할까요?

중심 화제 파악하기

1. 이 글은 무엇에 대해 설명하는 글인가요? (①)

① 분수의 의미
② 피자 한 조각의 크기
③ '수'를 나누는 다양한 방법
④ 피자를 공평하게 나누는 방법
⑤ 진분수와 가분수의 공통점과 차이점

→ 이 글은 분수의 뜻과 특성을 구체적인 사례를 통해 제시하므로, 분수의 종류에 대해 설명하고 있습니다. 그러므로 이 글은 '분수의 의미'에 대해 설명하고 있다고 볼 수 있습니다.

내용 파악하기

2. 이 글의 내용으로 알맞지 않은 것은 무엇인가요? (④)

① 전체 분수는 1보다 크기가 작다.
② 분자와 분모가 같으면 그 값은 '1'이다.
③ 가분수는 '분수'라는 말이 붙었지만 진짜 분수는 아니다.
④ 분수에서 전체를 나눈 것 중 일부분의 수를 '분모'라고 한다.
⑤ 세준이가 1모둠과 2모둠에게 나눠 준 피자 한 조각의 크기도 서로 달랐다.

→ 3문단에서 분모는 전체를 분자, 분자는 전체를 나눈 것 중의 부분을 가리킨다고 하였습니다. 분수에서 전체를 나눈 것 중 일부분의 수는 분자가 아니라 분자입니다.

그림으로 표현하기

3. 세준이가 나눠 준 1모둠과 2모둠의 피자 한 조각을 그림으로 그려 보세요.

1모둠   2모둠

→ 1모둠은 3명으로 구성되어 있으므로 피자 한 조각은 $\frac{1}{3}$ 조각으로 그리면 됩니다. 2모둠은 5명으로 구성되어 있으므로 $\frac{1}{5}$ 조각으로 그리면 됩니다.

어휘 익히기

1 낱말 뜻 알기

다음 빈칸에 알맞은 낱말을 <보기>에서 찾아 쓰세요.

<보기>

공평 불평 발생 반대말

1. '배고프다'의 (반대말)은 '배부르다'이다.
   뜻 그 뜻이 서로 반대되는 관계에 있는 말.

2. 모든 사람을 (공평)하게 대하는 것은 매우 중요하다.
   뜻 한쪽으로 기울거나 치우치지 않고 고름.

3. 작은 일에도 계속해서 (불평)을 하면 일을 진행하기 어렵다.
   뜻 못마땅하게 여기거나 그런 마음을 말로 나타냄.

4. 화재(발생)을 막기 위해 사용하지 않는 전자 기기의 전원을 끄는 습관을 기르자.
   뜻 일이나 사물이 생김.

2 관용 표현 알기

다음 빈칸에 알맞은 말을 쓰세요.

"(돌 다 리)도 두들겨 보고 건너라"

이 속담은 확실하고 쉬워 보이는 일이어도 다시 한 번 확인하고 생각해 보라는 말이에요. 세준이는 많이에요. 세준이는 각 모둠에 피자를 한 판씩 주면 된다고 쉽게 생각했다가 큰 실수를 했어요. 어떤 일을 할 때 이 속담이 말하는 것처럼 더 깊게 생각해 보는 것이 좋아요.

3 한자어 익히기

다음 한자어를 소리 내어 읽고 빈칸에 따라 써 보세요.

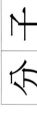

分 나눌 분
子 아들 자

分子(분자): 분수에서 나눈 조각의 일부분을 나타내는 수.
• $\frac{2}{3}$에서 분자는 '2'이다.
• 분자가 분모보다 작아야 진짜 분수이다.
• 분수에서 분모는 가로줄 아래에 쓰고 분자는 위에 쓴다.

분
나눌 분 | 子 아들 자

---

(1) 주요 개념 파악하기

4. ⊙의 뜻을 생각하며 '분수'의 의미를 다음과 같이 정리할 때, 빈칸에 알맞은 말을 쓰세요.

분수는 전체에 대한 부분의 수를 나타내기 때문에 항상 (1(전체))보다 작으므로 '모자란 수'이다.

3문단에서 분수는 전체를 똑같이 나누었을 때 전체에 대한 부분을 나타내므로 항상 1보다 작은 '모자란 수'라고 하였습니다.

글의 내용 적용하기

5. 다음 중 분수로 나타낼 수 있는 것을 모두 골라 √표 하세요.

사과 네 쪽	케이크 두 조각	생선 다섯 마리
(√)	(√)	( )

전체와 부분의 관계가 성립되어야 분수로 나타낼 수 있습니다. '사과 네 쪽'은 전체를 여러 개로 나눈 것 중에 '네 쪽'이므로, '케이크 두 조각'은 전체를 여러 개로 나눈 것 중에 '두 조각'이므로 분수로 나타낼 수 있습니다. 그러나 '생선 다섯 마리'는 전체 중의 일부가 아니므로 분수로 나타낼 수 없습니다.

문제 해결 방법 찾기

6. 세준이가 1모둠과 2모둠의 모둠원들에게 공평하게 피자를 나누어 줄 수 있도록 피자를 다시 나누어 보세요.

분수의 개념에 따르면 피자 한 조각의 크기가 모두 동일하기 위해서는 '전체' 값이 동일해야 합니다. 그러나 1모둠은 전체 값이 30이고, 2모둠은 50이기 때문에 모둠별로 피자를 조각내서는 안 됩니다. 전체 값이 같으려면 모둠을 2개로 구분하지 않고, 1모둠과 2모둠이 구성원을 전체 하나의 집단으로 보고 피자를 조각내면 됩니다. 그러므로 피자 두 판을 전체 인원수인 8에 맞추어 나누고 각자 한 조각씩 나눠 가지면 동일한 크기의 피자 조각을 먹을 수 있습니다.

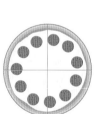

05회 읽기 방법 익히기

1 문장 관계 파악하기

글의 의미를 정확하게 이해하기 위해서는 글 속 문장들의 관계를 파악하는 것이 매우 중요합니다.

나열	앞 문장과 뒤 문장의 의미가 동등한 관점에서 제시되어 죽 벌어진 경우 [이어 주는 말] 그리고, 또한, 다음어, 뿐만 아니라, ~며, ~고
대조	앞 문장과 뒤 문장이 반대되는 관점에 있는 경우 [이어 주는 말] 그러나, 하지만, 반면, 이와 달리, ~나, ~지만
인과	앞 문장과 뒤 문장이 원인과 결과의 관계인 경우 [이어 주는 말] 그러므로, 그래서, ~이므로, ~이기 때문에
예시	뒤 문장이 앞 문장에서 제시된 대상이나 생각을 예를 들어 구체화하는 경우 [이어 주는 말] 예를 들어, 예를 들면, 구체적인 사례를 말하자면, 가령

★ 문장 관계를 파악하려면,

(1) 앞 문장과 뒤 문장의 의미를 각각 파악합니다.

(2) 두 문장을 이어 주는 말이 있다면, 이어 주는 말의 의미를 파악합니다. 이어 주는 말이 없다면, 각 문장의 의미를 바탕으로 두 문장의 관계를 짐작합니다.

(3) 앞 문장과 뒤 문장의 의미 관계를 생각하며 두 문장의 의미를 종합하여 해석합니다.

1 문장 관계를 파악하는 방법을 바르게 말하지 못한 친구에게 √표 하세요.

⊙발레에서는 무동작이 많이나 글을 대신해요. ⊙그래서 '라는 이어 주는 말이 의미를 제시하고 있어요. 독특한 무동작으로 인물의 감정이나 생각을 전달하는 거예요. ⓒ포옹을 판단할 때에는 발레 무동작의 의미를 해석해야 해요. ⓔ우리의 일상에서도 무동작으로 의미를 전달하기도 해요. ⓓ손짓과 발짓을 활용하여 인물의 감정이나 상태를 전달할 수 있으며, 구르기, 기어가기, 뛰기 등 이동하는 움직임을 통해 동물이나 사물이 특징을 표현할 수도 있어요.

(1) 신애: ⊙과 ⓛ 사이에 있는 '그래서'라는 이어 주는 말이 의미를 제시하는 것이 관계를 생각해야 해. (　　)

(2) 수정: ⓛ과 ⓒ 사이에는 이어 주는 말이 없으니 문장 간 관계를 파악할 수 없어. (　√　)

(3) 진아: ⓒ과 ⓔ 사이에는 이어 주는 말이 없으니, 각 문장의 의미를 파악하여 문장 간 관계를 알아봐야 해. (　　)

(4) 슬기: ⓔ의 앞부분과 뒷부분은 ~며'라는 이어 주는 말이 의미를 파악해서 문장 관계를 생각할 수 있어. (　　)

▶ ⓛ과 ⓒ 사이에는 이어 주는 말이 없습니다. 그러므로 각 문장의 의미를 파악한 후, 이를 바탕으로 두 문장의 관계를 추론해야 합니다.

---

2 다음 글을 읽고 물음에 답하세요.

생각이나 느낌은 말이나 글, 몸동작이나 표정, 음악이나 소리 등 다양한 방법을 통해 표현할 수 있어요. **또한** 색깔을 활용해서도 생각이나 느낌을 표현할 수 있어요.

⊙색깔을 통해 생각이나 느낌을 표현하기 위해서는 각 색깔의 특성이나 이미를 아는 것이 중요해요. **예를 들어,** 빨간색은 생명, 열정, 강력한 힘을 나타내요. ⓛ한국인들이 가장 좋아하는 색은 빨간색인 것도 이러한 특성 때문이에요. **이와 달리,** 한국인들이 가장 좋아하는 색은 파란색이라고 해요. 파란색은 평화를 나타내는 색이라고 생각하기 때문이지요. **그리고** 파란색은 자유, 조화로움, 우정, 믿음, 휴식, 순수함 등을 나타내기도 해요. **한편,** 노란색은 태양을 떠올리게 해요. **그러므로** 즐거움이나 활기찬 느낌을 표현하는 데 쓰여요. **뿐만 아니라** 노란색은 성숙함이나 권위를 나타내기도 해요. 과거에는 황제를 떠올릴 이들로 여겨 노란색이 황제를 상징한다고 생각했기 때문이에요. 파란색과 노란색을 쉬운 조목색은 안정감을 나타내기도 해요. **또한,** 주로 나무를 떠올리게 한다는 점에서 자연, 생명, 건강함을 나타내기도 해요. 색깔이 이미와 상징을 정확하게 알고 적절하게 많이나 근보다도 더 효과적으로 생각이나 느낌을 표현할 수 있답니다.

(1) 이 글에서 진하게 표시된 이어 주는 말 중 나열 관계와 인과 관계를 나타내는 말을 모두 찾아 쓰세요.

① 나열 관계를 나타내는 이어 주는 말: 또한, 그리고, 뿐만 아니라

② 인과 관계를 나타내는 이어 주는 말: 그래서, 그리므로

▶ 읽기 방법을 설명한 부분에서 제시한 '나열 관계'와 '인과 관계'를 나타내는 이어 주는 말이 쓰인 문장을 찾아 답합니다.

(2) ⊙, ⓛ에서 두 문장을 이어 주는 말의 의미를 생각하여 문장 간 관계를 설명해 보세요.

두 문장을 이어 주는 말		문장 간 관계
⊙	예를 들어	뒤 문장이 앞 문장의 구체적인 예를 제시하는 경우
ⓛ	이와 달리	앞 문장과 뒤 문장이 반대되는 관점이 내용인 경우

▶ ⊙, ⓛ에는 각각 '예를 들어', '이와 달리'와 같이 이어 주는 말 간의 관계를 분명하게 드러내는 이어 주는 말이 사용되었습니다. 이들 이어 주는 말이 각각 지닌 의미, 대조의 의미를 가지고 있습니다.

2 인물에게 질문하기

글을 깊이 있게 이해하기 위해서는 인물에게 궁금한 것을 묻고 답하며 읽는 것이 중요합니다.

★ 인물에게 질문을 하며 읽으려면,

(1) 질문하고 싶은 인물 정하기: 등장인물이나 글쓴이 등 글을 읽으며 궁금증을 갖게 된 인물을 대상으로 정합니다.

(2) 글의 내용과 관련하여 인물에게 궁금한 점을 중심으로 질문 만들기: 질문을 만들 때에는 깊이 생각하거나 오래 고민하기보다 떠오르는 대로 궁금한 점을 적어 보도록 합니다.

(3) 자신이 만든 질문 중에서 마음에 드는 질문을 골라 인물의 입장이 되어 질문에 답하기: 인물의 입장을 생각하며 글을 읽고 내용을 바탕으로 확인하거나 추측하여 답을 수 있습니다.

1 다음 글의 인물에 대하여 올바르게 질문한 친구를 모두 골라 V표 하세요.

지은이는 콩닥거리는 마음을 진정시키기 위해 몇 번이고 심호흡을 크게 들이마셨다.

'1년 동안 오늘을 위해 열심히 피아노를 연습했어! 긴장하지 말자! 열심히 연습한 만큼만 하자! 잘할 수 있어!'

마음속으로 계속해서 스스로에게 말하고 있었지만 긴장감이 풀어지질 않았다. 그때 대기실의 문을 열고 누군가가 들어왔다. 고개를 들어 보니 동생 지온이였다. 지온이는 손에 큰 손사탕을 들고 방글방글 웃으며 지은이에게 걸어와서 말했다.

"오빠! 이 손사탕 기억나? 예전에 나 동요 대회 나갔을 때 오빠가 이거 먹으면 하나도 안 떨고 잘할 수 있다고 했잖아. 나 이거 먹고 동요 대회에서 우수상 받은 거 알지? 그러니까 이 거 먹어. 그럼 잘할 수 있어!"

2년 전 지은이가 동요 대회 날의 기억이 떠오르며 지온이는 감자기 잘할 수 있다는 자신감이 생긴다는 듯이 웃으며 무대로 향했다.

지은이는 연습을 열심히 했는데도 왜 많이 긴장한 것일까?
서희
(V)

지온이는 왜 손사탕을 좋아 하는 것일까?
오선
( )

지온이는 손사탕을 보자 왜 갑자기 자신감이 생긴 것일까?
준우
(V)

▶ 서희와 준우는 글의 내용과 관련하여 등장인물에게 질문을 하였지만, 오선이는 글의 내용과 관련 없는 질문을 하였습니다.

---

2 다음 글을 읽고 물음에 답하세요.

▲ 안토니오 비발디

비발디는 이탈리아를 대표하는 작곡가이자 바이올린 연주자예요. 비발디의 또 다른 직업은 가톨릭 성당의 신부였어요. 비발디가 살았던 17세기의 이탈리아에서는 신부가 작곡가, 선생님, 지휘자 등 여러 직업을 동시에 가질 수 있었어요. 비발디는 몸이 약했기 때문에 예배를 진행하는 것이 어려웠고, 바이올린을 연주하는 것을 무척 좋아했어요. 결국 비발디는 신부 대신 음악원에서 바이올린을 전문적으로 연주하고 작곡하는 선생님으로 일하게 되었어요.

음악원에서 바이올린 선생님으로 일하게 된 비발디는 한 학생들과 함께할 공연회를 열심히 준비했어요. 학생들의 연주를 꼼꼼하게 세로운 새로운 음악을 안내했고, 공연회에서 새로운 음악을 연주하기 위해 고민하던 비발디는 한 가지 '빠름 – 느림 – 빠름'의 등을 열심히 만들었어요. 공연회 때마다 새로운 곡을 작곡하기 시작했고, 대표적인 곡이 「사계」이지요.

비발디가 만든 공연은 사람들 사이에서 큰 인기를 얻었고, '빠름 – 느림 – 빠름'의 형식을 활용하는 작곡 방식이 유행하기 시작했어요. 이 덕분에 비발디는 음악가로서도 인정을 받을 수 있게 되었답니다.

느는 것이 깊게 세 부분으로 구성하는 형식을 만들을 만들을 얻었고, '빠름 – 느림 – 빠름'이 세 부분으로 구성한 곡이 많이 작곡되는 계기가 되었답니다.

(1) 이 글을 깊이 있게 이해하기 위해 비발디에게 할 수 있는 질문 두 가지에 V표 하세요.

① 17세기 이탈리아에서 가장 인기가 많았던 직업은 무엇인가요? ( )

② 신부를 포기하고 음악원 선생님이 되기로 결심한 가장 큰 이유는 무엇인가요? (V)

③ '빠름 – 느림 – 빠름'의 형식을 활용하는 작곡 방식이 유행하게 된 이유는 무엇인가요? (V)

▶ 질문은 글의 내용과 관련된 것으로 인정합니다. 이 글은 비발디의 삶과 곡의 특성을 설명한 글이므로, 이와 관련된 내용으로 만든 질문만 타당한 것으로 인정합니다. ①은 글을 깊이 있게 이해하는 데에 적절하므로 관련된 질문이 아니므로 적절하지 않습니다.

(2) 이 글을 읽고 비발디의 입장이 되어 (1)의 두 가지 질문에 답해 보세요.

질문 (②)에 대한 답	예 몸이 약해 예배를 진행하는 것이 어려웠고, 평소 바이올린 연주를 좋아 했기 때문입니다.
질문 (③)에 대한 답	예 한 곡을 '빠름 – 느림 – 빠름'의 세 부분으로 구성하는 형식을 활용하면 새로운 곡을 쉽게 작곡할 수 있기 때문입니다.

▶ 질문에 대한 답은 글에 제시된 내용을 바탕으로 하거나 글의 내용을 단서로 타당하게 추측하여 마련해야 합니다.

MEMO

정답과 해설

★ 주차별 읽기 방법을 생각하며 읽으면 더 큰 학습 효과를 얻을 수 있습니다.

사실과 의견 구분하기

중심 문장과 뒷받침 문장 구분하기

문장 관계 파악하기

인물에게 질문하기

문장 관계 파악하기

글의 의미를 정확하게 이해하기 위해서는 글 속 문장들의 관계를 파악하는 것이 매우 중요합니다.

나열	앞 문장과 뒤 문장이 동일한 관점에서 제시되어 죽 벌여진 경우 [이어 주는 말] 그리고, 또한, 더하여, 뿐만 아니라, ~며, ~고
대조	앞 문장과 뒤 문장이 반대되는 관점의 내용인 경우 [이어 주는 말] 그러나, 하지만, 반면, 이와 달리, ~나, ~지만
인과	앞 문장과 뒤 문장이 원인과 결과의 관계인 경우 [이어 주는 말] 그러므로, 그래서, ~이므로, ~이기 때문에
예시	뒤 문장이 앞 문장에 제시된 대상이나 생각을 예를 들어 구체화하는 경우 [이어 주는 말] 예를 들어, 구체적인 사례를 말하자면, 가령

★ 문장 관계를 파악하려면,
❶ 앞 문장과 뒤 문장의 의미를 각각 파악합니다.
❷ 두 문장을 이어 주는 말이 있다면, 이어 주는 말의 의미를 파악합니다.
  이어 주는 말이 없다면, 각 문장의 의미를 바탕으로 두 문장의 관계를
  짐작합니다.
❸ 앞 문장과 뒤 문장의 의미 관계를 생각하며 두 문장의 의미를 종합하여
  해석합니다.

사실과 의견 구분하기

사실은 실제로 있었던 일이나 직접 겪거나 보고 들은 일을, 의견은 어떤 일이나 대상에 대한 생각이나 느낌을 말합니다. 글에 나타난 내용이 사실인지 의견인지 구분하기 위해서는 그 내용이 누구에게나 같은 뜻으로 받아들여질 수 있는지 아닌지를 생각하며 읽어야 합니다. 누구에게나 같은 뜻으로 받아들여지는 내용은 '사실'에 해당하고, 사람마다 다를 수 있는 생각을 나타내는 내용은 '의견'에 해당합니다. 사실과 의견을 구분하며 글을 읽으면 글 속의 정보들을 좀 더 정확하고 비판적으로 이해할 수 있게 됩니다.

★ 사실과 의견을 구분하려면,
❶ 글에 나타난 내용이 사실인지 아닌지 판단하기 위해서는 그 내용이 실제로
  있었던 일인지, 증명이 가능한 일인지 생각해 봅니다.
❷ 글에 나타난 내용이 의견인지 아닌지 판단하기 위해서는 그 내용이 어떤
  일이나 대상에 대한 생각이나 느낌을 나타내고 있는지 생각해 봅니다.

인물에게 질문하기

글을 깊이 있게 이해하기 위해서는 인물에게 궁금한 것을 묻고 답하며 읽는 것이 중요합니다.

★ 인물에게 질문을 하며 읽으려면,
❶ 질문하고 싶은 인물 정하기: 등장인물이나 글쓴이 등 글을 읽으며 궁금증을
  갖게 된 인물을 대상으로 정합니다.
❷ 글의 내용과 관련하여 인물에게 궁금한 점을 중심으로 질문 만들기: 질문을
  만들 때에는 깊이 생각하거나 오래 고민하기보다 떠오르는 대로 궁금한
  점을 적어 보도록 합니다.
❸ 자신이 만든 질문 중에서 마음에 드는 질문을 골라 인물의 입장이 되어
  질문에 답하기: 인물의 입장은 글의 내용을 바탕으로 확인하거나 추측하여
  알 수 있습니다.

중심 문장과 뒷받침 문장 구분하기

문단은 중심 문장과 뒷받침 문장으로 이루어집니다. 문단에서 나타내고자 하는 중심 내용을 쉽게 파악하기 위해서는 중심 문장을 찾아야 합니다. 중심 문장은 문단을 대표하는 문장이고, 뒷받침 문장은 중심 문장의 내용을 보충해 주는 문장입니다. 한 문단에서 중심 문장은 하나이지만 뒷받침 문장은 여러 개가 될 수 있습니다.

★ 중심 문장과 뒷받침 문장을 구분하려면,
❶ 글쓴이가 말하고자 하는 중심 생각이 무엇인지 살펴봅니다.
❷ 문단에서 중심 생각이 담겨 있는 문장이 무엇인지 찾아봅니다.
❸ 중심 문장을 자세히 설명해 주거나 예를 들어 주는 문장이 무엇인지 확인해
  봅니다.